"十二五"国家重点图书出版规划项目

中国通信史

（第二卷）

尼阳尼雅·那丹珠（白玉芳） 著

北京邮电大学出版社
www.buptpress.com

内 容 简 介

本卷叙写内容为民国时期邮电通信的艰难经营与发展。1912年，民国政府改邮传部为交通部，时逢军阀混战，先后设北京交通部、武汉交通部，至1928年，在南京设立交通部后，邮电事业有所发展。1931年，日本在东北发动九一八事变，悍然侵略中国领土，中国人民长达14年的抗日战争由此开始。中共中央于1928年在上海建立无线电台，并建立了东北抗日联军、八路军、新四军无线电通信网。该通信网与民国政府交通部修复重建的长途电话网、无线电通信网、防空通信网以及敌后秘密电台一起，向世界传递中国军民抗日战争的信息，在世界反法西斯战争中发挥了重要作用。中国通信业以世界电信五强的身份受到世界的尊重，中国成为国际电信联盟理事国。

图书在版编目(CIP)数据

中国通信史. 第二卷 / 尼阳尼雅·那丹珠（白玉芳）著. -- 北京：北京邮电大学出版社，2019.5（2024.8重印）
ISBN 978-7-5635-5310-5

Ⅰ. ①中… Ⅱ. ①尼… Ⅲ. ①电信－邮电业－经济史－中国 Ⅳ. ①F632.9

中国版本图书馆 CIP 数据核字（2017）第 262870 号

书　　名	中国通信史（第二卷）
作　　者	尼阳尼雅·那丹珠（白玉芳）
责任编辑	徐振华　孙宏颖
出版发行	北京邮电大学出版社
社　　址	北京市海淀区西土城路10号（邮编：100876）
发 行 部	电话：010-62282185　传真：010-62283578
E-mail	publish@bupt.edu.cn
经　　销	各地新华书店
印　　刷	保定市中画美凯印刷有限公司
开　　本	720 mm×1 000 mm　1/16
印　　张	18.25
字　　数	392 千字
版　　次	2019 年 5 月第 1 版　2024 年 8 月第 2 次印刷

ISBN 978-7-5635-5310-5　　　　　　　　　　　　　　定　价：85.00 元

· 如有印装质量问题，请与北京邮电大学出版社发行部联系 ·

卷 首 语

1912年，民国政府建立交通部，管理全国电信、邮政。然而，在接踵而来的军阀混战中，电信成为军阀之争的战争利器，电信收入被挪作军费，电信建设停滞不前。

在各派政治力量争夺国家政权，中国社会陷入政体动荡，动乱频发之时，一代交通部官员虽各属不同军阀派系，但他们在主持通信网络的建设中却有所成就，点燃了中国广播电台、市内电话自动化、国际无线电通信、传真之星火。他们建成了沈阳国际电台、中国国际大电台、九省长途电话通信网等基础工程，先后加入国际电信联盟各专业委员会和国际邮联，收回了外商经营的水线，实现了邮电营业合设。

1931年，日本军队在沈阳发动九一八事变，中国长达14年的抗日战争由此开始。在举国抵抗日本侵略的历史时期里，全国通信网络受到严重破坏，一张完整的通信网四分五裂。为保证中国军民抗日以及中国远征军赴滇缅等世界反法西斯战场通信联络的需要，交通部组建通信队赴前线随军作战，在上海等地建立了敌后秘密通信基地，在大后方重新建立了国际、国内通信网，防空警报网，为中国抗日战争的全面胜利，为人民群众的生命安全，提供了可靠的通信保障。抗日战争胜利后，国民政府交通部全面接收日本在华经营的电信企业，收回台湾电信、邮政，迅速恢复了全国通信网络，支离破碎的中国通信网连成一体运转。中国电信业以其在国际反法西斯战场所做出的贡献，受到国际电信业的尊重，中国以世界电信五强的身份荣誉成为国际电信联盟理事国，成为国际电信业大家庭的成员。

在抗日战争期间，中共中央在上海建立了秘密无线电台，在根据地建立了无线电通信网，日夜不间断的无线电波，源源不断地发出八路军和新四军以及中国军民英勇抗战的信息。这些电报凝聚了中国抗日统一战线抵抗日本侵略的民族感情，为抗日战争的胜利做出了不可磨灭的贡献，也奠定了20世纪40年代诞生的"人民邮电"之源。

民国时期的中国通信史见证了中国社会又一次的春秋之乱，记录了一代电信工技人员在国家需要之时，以通信科技为国家复兴而做出的贡献。

序一

中国近现代通信文明信息的传递历史起源于清朝。

1861年,洋务运动兴起,清政府总理各国事务衙门成立,下设海防股,主管船政、电线、邮政、铁路。中国邮电通信管理体制由此发端。

1871年,丹麦大北电报公司水线在上海登陆,中国电文明信息的传递方式电报开源。从此开始,中国的电信事业之创始和建设发展,每一步都与国家命运息息相关,紧密相连。在八百里驿马与电报传递对比的弱势下,创业者们从一张白纸起步,以"一切用人行政始终保持独立精神,丝毫不受外力之束缚,实为此后我国电信建设树立良好之规模"为宗旨,开始了电信事业的建设。至清王朝逊朝,在邮传部的主持下,创业者们薪火传承地建立了中国第一张覆盖全国、连通海外的电报网;建立了电话、无线电网络;建立了电信教育体系;建成了可以仿制西方电报机的电信工业;为报纸媒体建立了新闻电报;为中国第一条铁路京张铁路架设了通信线路;在国际电信方面,首次列席国际电报联盟会议,挽回了国家通信主权,等等。其创业的过程可谓是开天辟地,惠泽千秋。

1912年,中华民国成立。在交通部的主持下,中国加入国际电报联盟与万国邮政联盟。在此时期,一代电信人以继往开来的接续传承建立了中国国际电台、全国广播网;收回了外国电报公司在中国收发商报的权利,挽回了中国电信业每年数百万元的电信利益。抗日战争爆发后,在国共两党共同组建的抗日民族统一战线上,中国电信业员工组成有线、无线通信队,随军作战,重新建立了国家通信干线网,开设了国际电台,建立了防空情报网、警报网;在沦陷地进行秘密通信,与大后方保持紧密的联系,源源不断地向世界传递中国抗日战争的信息,与全国人民共同迎来了抗日战争的胜利;成功地收回了原沦陷区的电信事业,接收了台湾电信,中国电信业也因此跻身于世界电信五强。

1949年,中华人民共和国成立。在邮电部的领导下,实现了邮电合一管理。至1999年,邮电分开。在五十多年邮电合一运营的历史里,中国邮电通信事业以"人民邮电为人民"为宗旨,发扬"独立自主,自力更生,艰苦奋斗,勤俭节约"的精神,以"自己动手,丰衣足食"的智慧,建成了全国统一运转、全程全网的邮电通信网络,建成了邮电教育、科研、工业体系,为中国航运、航天、广播电视、医疗救护、抗洪抗震通信网的建立输送技术人员和传递信息。在改革开放的年代里,中国的电信事业以"引进、吸收、消化、创新"之理念,进入国际电信资本运作,建成了中国卫星通信网、海缆通信网、数据通信网、程控电话网、光缆通信网、移动通信网、互联网。继1997年香港电信主权回归和1999年澳门电信主权回归后,大陆与台湾建成直达海底光缆，全面实现直接通电，一张全面现代化的信息通信网架海擎天，凝聚着海内外同胞"同为一个中华"的感情认知和心理认同。

在电信普遍服务上，中国通信业完全实现了市场化经营，实现了村村通电话，建立了国家宽带工程，使广大电信用户可以享受个性化、自由化的电信服务，中国的网络规模和用户总数在国际电信网里均跃居世界首位。如此之成就，是中国信息通信业依靠科技进步、跨越式发展得来的，更是依靠国家改革开放政策的扶持，依靠社会各界的支持，以及依靠全国通信业员工的努力工作造就的。

翻开《中国通信史》丛书，我们可以看到中国长达百余年的电信发展史实，电信网络以其承载的电信文化的科技性、网络性、前导性、多元性的特质，以信息沟通和传递的功能，记录并传播社会信息，隐形引领和支撑社会政治、经济、文化的发展与进步。一张电信/信息通信网络伴随着中国社会历史走过的道路，为社会民生的信息沟通服务，是传播政府管理、文化交流、国防建设、工业经济等信息的重要载体。因此，《中国通信史》丛书所叙写的不仅是一部电信史，还是中国社会史、文化史、经济史与军事史的一部分。

《中国通信史》丛书诚如作者所言，是电信业百年来一代又一代创业者、建设者、亲历者留下的真实历史资料。

一个半世纪以来，开源者草莽发轫，以电报开创中国封建社会信息传递方式的数千年之变；一个半世纪后的今天，我们薪火传承地建设了一张现代化的信息通信基础网。对于与众多同仁一起主持建设中国现代化信息通信事业的我来说，从这部作品里回望百年中国通信史之路，既对我们与通信工技人员曾经做出的努力和创造倍感欣慰，也深感中国通信业界人员作为社会企业公民使命的责任重大；同时也钦佩作者为出版本套丛书所付出的不懈努力。

在中国信息通信事业持续发展、科技日新月异的今天，走过一个半世纪的中国信息通信业，还有很长的路要走，愿与业界同仁共同缅怀历史，接棒再传，造福人类社会。

是为序。

吴基传

（原邮电部部长、原信息产业部部长）

序二

作为毕生从事通信事业的一员，很希望能有一本讲述中国通信发展史的书，曾经与有关同志说过此事，但一直未能实现，因此在知道白玉芳女士主动挑起了这个实现中国通信人共同愿望的担子时，欣喜之情不禁油然而生。

中国的现代通信事业是从处于半殖民地状态的封建王朝末期开始的，因此不像西方发达国家那样，随着技术的进步和业务的发展，基本上是一路顺风地前进的，而是历经坎坷，一步步走出来的。在向西方发达国家学习先进技术的同时，要与其作艰苦的通信主权斗争。由于中国通信人的努力，到中华人民共和国成立时，基本保存了全国性的通信网络，尽管规模容量很小，技术水平很低，但保证了全国政令、军令的通达。

中华人民共和国成立后，建立了自己的通信设备研发生产体系和通信人才教育培养体系，从国外引进了一些新的通信装备和技术（尽管受到较大限制），国家通信事业有了较快的发展。传输媒介从架空明线到地下电缆，后又到同轴电缆和微波；传输设备从只有几个电路的小容量系统到上千个电路的大容量载波系统；从电报自动转发到引入传真，再到海底电缆、数字通信、光纤通信、卫星通信等逐步展开，进步速度远超中华人民共和国成立前。当时我国实行的是计划经济体制，经济建设又碰到种种内外干扰，人民生活水平虽有较大提高，但仍处于低收入状态，因此当时的通信主要还是为党政军服务，经济、业务往来需求不大，个人之间的通信占很小的比重，并且主要靠电报，私人家庭电话是凤毛麟角。

改革开放迎来了中国通信事业的又一次巨大变化。当时有一句俗语"要致富，先修路"，其中的"路"不仅是指交通，也包括通信，而且更迫切的是通信。经济体制逐步由计划经济向市场经济转型，这就要求提高效率和效益，同时实现农业转型、城市发展，所以大量农民工进城，突然爆发了全国性的大量人口流动，这就需要尽可能地满足他们与家庭的信息沟通。当时中国的通信人面临着前所未有的巨大压力，同时也面临着前所未有的发展机遇。在这样的条件下，电话普及率迅速提高，全国自动电话网快速建成。数字化、光纤化快速推进，经过十多年的努力，到20世纪末，中国通信网已面目全新，逐步向先进行列发展。目前无论在规模上还是在水平上中国通信网均处于世界前列。

概括地说，中国通信事业的发展可分为三个阶段：第一阶段（中华人民共和国成立前）是从无到有；第二阶段（中华人民共和国成立后到改革开放前）是从分散到集中；第三阶段（改革开放后）是由少到多、由差到优。发展进步的基本条件也有三个：第一是国家统一，领导坚强有力；第二是人民富裕，有了需求；第三是技术进步，即电子信息技术的超常快速进步、网络系统装备的加速更新换代，创造了有利于赶超的基础条件。正是几代中国通信人的不懈努力，成就了辉煌的业绩。

进入 21 世纪以来，中国通信进入了一个新的阶段，环境条件发生了很大变化，通信业本身也历经变革，体制上历经分合，增速上逐步趋缓，业务上新旧交替，发展前景似乎不清晰。

环顾世界，通信中标志性的几件大事都发生在西方国家，且大多在美国。在技术方面，从 19 世纪中期发明电报，后期发明电话，到末期发明无线电，美国开创了现代通信的基本方式。在体制方面，20 世纪初，美国政府和美国电话电报公司达成基本垄断协议，世界各国大致循着这条路走下来了，区别在于美国是政府限定下的企业相对垄断，而很多其他国家是政企合一的垄断，包括中国在内。而到 20 世纪后期，又是在美国发生的几件事，引起了世界通信的变化。一是技术上发明了蜂窝移动通信和互联网；前者是通信方式的改变，极大地方便了用户使用，使用内容、使用范围有了巨大扩展，短短二三十年的发展就超过了固定电话百年的成绩，目前已远远超过并大大加快了现代通信在世界上的普及程度；后者则使通信从单纯的内容传递（中间管道）扩展到了两端，即信息源和信息应用，使信息成为一个完整的系统，并且日益渗透到经济、政治、文化、社会的各个方面。二是 20 世纪 80 年代初美国法院与美国电话电报公司达成协议，拆分美国电话电报公司，在原来自然垄断的体制中引入了竞争，由于自然垄断性质还在，所以实际上也还带有寡头竞争的局面。在美国的带头和坚持下，世界各国（包括中国在内）大多进行了体制改革，形成了多个企业并存、相互竞争的局面。三是这两点相结合，出现了互联网企业。互联网企业发展壮大后，产生了与通信企业的竞合问题。一方面，互联网企业是轻资产型企业，不会再投入大量资源去建设基础设施网，因此离不开通信网的管道，同时通信网已经建设的管道也离不开互联网这个大客户；另一方面，互联网企业体制比较灵活，创新速度快，其创新业务中有些与通信业务是同质或者替代关系，规模大了就对通信企业形成威胁，同时通信企业看到互联网企业的各种业务后，也想用自己的管道资源开展类似业务，但由于种种原因做得又不是很好。这个矛盾在世界各国都有，并已成为通信企业进一步发展的一道难题。随着国家改革步伐的推进和国企改革的深化，通信企业的改革局面面临新的考验。

展望未来，期许中国通信业界能以史为鉴，认真分析形势，认清事物本质，坚持改革开放，在新时期闯出一条新的发展路子，为中国通信业再创辉煌。本书作者查阅和引证了大量历史档案和资料，呈现了一百多年来中国现代通信发展的历程，既展示了巨大的成就，也不回避历经的困难问题，史料翔实、文笔流畅，再现了历代通信人的风貌，这是一个良好的开端，希望能引起更多人的关注，发掘出更多、更细的史实，供人们了解和思索。

朱高峰

（原邮电部副部长、中国工程院首任常务副院长、中国工程院院士）

序三

不久前，很意外地收到了一封来自上海的中国满族作家尼阳尼雅·那丹珠（白玉芳）女士发来的邮件。素未谋面的她热情邀请我为她即将出版的《中国通信史》丛书作序。

中国电信业百年历史与中国近代百年史息息相关，并从一个侧面反映出中国百年由弱到强、由衰到盛的巨大变迁。我虽然对此一直关注，但见到的资料甚少，以丛书面世的更是难得一见。白玉芳女士自称是业余作者，也不是史志工作者，她的作品将是一部怎样的作品呢？

带着期盼，我尽快地浏览了白玉芳女士寄来的书稿。初读之后，我发现这是一部史实的、人文的、文学的中国近代通信史，全景叙写了中国电信业的百年事业发展之路，确是一本难得的好书。据我所知，她是当代电信人凭个人信念并以个人之力为中国百年电信写史的第一人。

在她的书稿中，扑面而来并洋溢始终的是她与生俱来的少数民族人士特有的热情、女性特有的细腻和社会工作者特有的敏感。此丛书立意写史，但史要守信，书应易读，把时间上前后百年、发展上错综复杂的电信发展史在有限的书籍中表现出来，还要让人信服，殊非易事。作者基于三十多年电信系统内工作的亲身经历，历时多年的辛劳，走访了很多业内人士，精心甄选珍贵资料，反复推敲，完成了《中国通信史》丛书的创作，她的努力实在难能可贵，我钦佩她的奉献精神，我为我们行业感谢她。

对于《中国通信史》丛书的出版，我向白玉芳女士表示衷心的祝贺，并希望白玉芳女士为我们行业创作出更多更好的电信文学作品。

赵厚麟
（国际电信联盟秘书长）

前　　言

　　中国通信业发轫于清代洋务运动，颠沛流离于民国，繁荣于中华人民共和国。其百余年历史，留下大量历史资料于各地的《邮电志》《电信志》中。但是，由于政权的更迭、行政区划的变动以及电信行业的专业性，至本丛书前，没有贯通于中国通信业百余年历程的综合性叙述丛书。作为一名亲身经历，感知中国通信业巨变，由中国电信、中国移动通信培养的中国作家，有使命、有责任来记录中国通信业的百年历史。

　　本套丛书的体例和编写原则为：以编年体例撰写本套丛书，以时间为中心，按年、月、日顺序设立章节，结合国家重大历史事件中的电信史实与国际电信联盟电信技术开源历史记述电信历史事件，收录了电信同仁和电信用户的亲身经历，以此翔实记录电信社会的人文与科技历史。

　　关于本书的篇幅：以邮传部、交通部、邮电部、信息产业部、工业和信息化部的中国通信业管理体制划分为四卷，第一卷为1861—1912年；第二卷为1912—1949年；第三卷为1949—1997年；第四卷为1998—2016年。

　　本套丛书的通信科技定位为：列出中国通信业科技进程。中国通信科技进程分为如下三个阶段：一是清代从无到有的人工传递；二是民国年间从人工到中华人民共和国20世纪70年代半自动化的传递；三是中华人民共和国20世纪80年代到21世纪全自动化、信息化的传递。通过以上三个阶段的通信科技进步，中国通信业完成了电信的普遍服务，也实现了与国际通信网的全面对接。

　　本套丛书的主题定位为：致力于连通世界。中国的电信业源起于由鄂霍次克海而来的丹麦大北电报公司水线。中国电报发源于此。中国建成了遍布全国，连接欧亚、东南亚、东北亚的电报线。中国成为国际电信联盟理事国，为建设连通世界的中国通信网、国际通信网，为沟通世界人类文明做出了贡献。

　　本套丛书的社会人文历史价值定位为：一部中国社会历史与中国通信业历史相结合的史书。电信与邮政是中国通信业的主要内容，与中国社会文明史、世界人类文明史息息相关。中国百余年通信史，由一代一代中国通信业者继往开来，砥砺前行而创造。

　　由于一些条件的限制，本套丛书难免会有疏漏之处，敬请中国通信业前辈、同仁和广大读者批评指正。

本卷目录

(1912—1949 年)

凡例		I
第一章	**日据时期的台湾邮电**	**1**
第一节	日据时期的台湾电信管理体制	3
第二节	日据时期的台湾电信业务与建设	5
第三节	日据时期的台湾邮电局所	8
第二章	**民国初期的中国电信业**	**9**
第一节	接收邮传部与成立交通部	11
第二节	军阀争抢上海电报局局长宝座	14
第三节	无线电管理权移交海军部	22
第四节	订立中国第一部电信和邮政条例	24
第五节	中国加入国际无线电报公约组织	25
第六节	出席国际电信会议	27
第七节	制定无线广播电台装机规则	30
第八节	全国电报局员工总体辞职	31
第三章	**电信网络建设与业务的创立**	**37**
第一节	创办无线电广播电台	39
第二节	主权无线电报传递国际新闻	41
第三节	开创东北无线电通信网	42
第四节	沈阳首建国际无线电台	46
第五节	创办天津自动电话	48
第六节	开办津沈长途电话	50
第七节	传真电报首在北京至奉天开通	51
第八节	国民革命军的无线电通信建设	54
第四章	**国民政府交通部成立**	**57**
第一节	交通部的成立	59

13

第二节	公布《电信条例》,制定电旗、邮旗	63
第三节	统一管理全国无线电台	64
第四节	统一管理全国广播电台	67
第五节	开办无线电中等训练班	70
第六节	中国国际电台隆重开幕	73
第七节	美商电话公司进入上海	81
第八节	国际通信实现主权经营	84
第九节	加入国际电话咨询委员会	89
第十节	推行邮政与电信营业合一	89
第十一节	建设九省长途电话	91
第五章	**中共中央创建无线电通信**	**93**
第一节	共产国际代为培养无线电通信人员	95
第二节	在上海与香港建立秘密无线电通信	97
第三节	在上海秘密进行无线电训练和通信	99
第四节	红军中革军委总参无线电大队成立	102
第五节	创办中国工农红军无线电通信学校	104
第六节	军委通讯局(军委三局)成立	106
第七节	东北抗联创建无线电通信学校	108
第八节	八路军、新四军的无线电通信	111
第六章	**抗战时期的中国通信网**	**115**
第一节	中国电信网的裂变与分布	117
第二节	淞沪抗战中的中国电信业	119
第三节	中国电信业分为南北运营	124
第四节	马可尼访问上海国际电台	126
第五节	中日美无线电话在上海开通	129
第六节	七七事变中的长途电话和电报	133
第七节	淞沪会战中的长途和国际通信	135
第八节	交通部上海电信企业全部沦陷	143
第九节	南京沦陷电话留守工程团撤退	145
第十节	日本在占领区的电信经营	147
第十一节	国家通信在沦陷区秘密运行	150
第七章	**组建国家抗战电信网**	**153**
第一节	制定战时电信管理体制	155
第二节	组建有线和无线电通信队	157

第三节	坚守通信岗位的电信员工	159
第四节	建设以重庆为中心的长途电信网	162
第五节	建设防空侦察警报情报网	165
第六节	建立成都、云南国际电台	168
第七节	中国远征军的无线电通信	171
第八节	建立重庆国际电台	172
第九节	抗战时期台湾义勇军的电报	174
第十节	抗战时期的国际、国内电报	176
第八章	**国民政府接收全国电信机构**	**179**
第一节	建立新的电信管理体制	181
第二节	中国抗日战争胜利	182
第三节	台湾光复回归祖国	184
第四节	组建各大区电信接收委员会	187
第五节	接收满洲电信电话株式会社	188
第六节	接收台湾区电信与邮政机构	192
第七节	接收上海华中电信和广播机构	194
第八节	接收抗战时期沦陷区电信机构	197
第九章	**光复后的电信建设成就**	**199**
第一节	制定电信事业建设规划	201
第二节	恢复和重建上海电信	202
第三节	恢复和重建台湾电信	206
第四节	恢复建成全国通信网	210
第五节	改善电信服务的进展	212
第六节	复办电信人员训练所	216
第七节	中国成为国际电信联盟理事国	219
第八节	隆重举办第一届电信纪念日	221
第九节	举办第一届电报工作技能竞赛	228
第十节	建立国际电台台北支台	231
第十章	**中国人民解放军接管全国电信与广播**	**233**
第一节	召开关内通信工作会议	235
第二节	接收调整东北邮电管理体系	238
第三节	接管天津、北平电信与广播电台	244
第四节	接管南京电信局与广播电台	249
第五节	中共中央军委电信总局成立	251

第六节	上海战役中的上海国际电台	253
第七节	大陆至台湾电路全部关闭	260
第八节	接管上海电信局与国际电台	262
第九节	电信专营与无线电统一管理	266
第十节	联合召开华北电信工作会议	269

表录

表1	国际电台与外商水线公司美欧间电报每字报价比较	79
表2	国际电台直达电路	79
表3	国际电台开放国际电报种类一览表	80
表4	国际电报水线	88
表5	国内电报水线	88
表6	通信网络设备战前与光复后建设对比	211
表7	战前与光复后电信业务及局所人数比较	211
表8	国际电台国际电路开通时间表	212
表9	公众意见分析表	213
表10	公众对电信改进满意与进步百分比统计	215
表11	第一届电报工作技能竞赛优胜人员姓名及其成绩	230

凡 例

一、《中国通信史》丛书所记述的是1861年至2016年中国通信业行政管理体制、业务管理体制的历史进程。本丛书所写内容的具体年代为清代、民国、中华人民共和国。

二、本丛书的中国通信业分为广义、狭义两个方面。广义上为邮政、电信、广播、航运、铁路、电视、航天通信、数据通信、网络通信等。狭义上为邮政、电信（含民国时期管辖的广播）。本丛书依据行业年代历史，分别以"电线""电信""邮电通信""信息通信"等名词叙写。本丛书叙写的内容为邮传部、交通部、邮电部、信息产业部、工业和信息化部管辖时期的电信和通信信息业务。

三、本丛书叙述的内容主要为电信国家管理体制和行政管理的建立和嬗变、电信网络和业务的初建和发展、电信科技和电信法制的递进和建立、电信运营和服务对象与方式的转变。另本丛书附有电信建设大事记、电信法规条例等历史文件的内容。

四、电报是电信开创之源。本书以美国发出第一封电报、丹麦大北公司电报水线在上海登陆为中国电信事业之开源，叙写清朝公众电报网、固定电话网、无线电通信网、长途通信网的诞生与日后现代卫星通信网、海缆通信网、移动通信网、互联网等信息通信网络的创建和发展。中国是国际电信联盟理事国，因此，本书还叙写了中国加入国际电信联盟，参与国际电信联盟组织的会议及活动等情况。

五、中国邮政事业与电信事业同为中国邮电通信历史中重要的组成部分。本丛书叙写了清代开创邮政总局、民国时期邮电营业合一、中华人民共和国邮电统一的过程，并简写了邮电分营、邮政总局划归交通部的历史情况。

六、本丛书引用了清代、民国历史史料中的内容，这些内容中有一些标点符号、字、词的用法不符合现在的使用习惯。例如，文中部分引用的原始资料在每个断句处都使用了句号，不符合现在的标点符号的用法，作者出于尊重的目的未对其进行改正。

七、本丛书引用了地方志中的邮电志、电信志史料，选用了清代电报诞生以来，电信历史事件与文字相配的线路图、机件图等历史图片，使用的统计数字来自清代、民国、中华人民共和国时期的电信类图书，电信历史事件的亲历者及电信客户的回忆；引用的电信学者之论点，见于其著作或者论文。本丛书使用了部分以上历史资料对于中国通信业的记录和评价。

八、本丛书各卷的章节布局按历史年代设置，部分卷的内容或有内容交叉。例如，1912—1949年的电信网运营状况则根据当时的历史情况而综合设立章节，以求完整地叙述当时历史年代的中国通信业状况。

九、本丛书中使用的通信科学技术术语、名词、名称等，以清代以来有关电信书籍、资料刊登的为准，也采用社会习惯的俗称。

十、广播与电信业务关联，从1921年诞生至1949年皆由电信管理，因此本丛书就其开源与管理做叙述。本丛书简写了中华人民共和国成立后广播、电视中与电信关联的业务。

第一章

日据时期的台湾邮电

　　1894年（光绪二十年），因在日本发动的甲午战争中战败，清政府与日本政府签订《马关条约》，将台湾全岛及澎湖列岛割让予日本，台湾邮电通信网与祖国分离。

台湾淡水河畔

第一章 日据时期的台湾邮电

清代台湾布政司衙门

第一节　日据时期的台湾电信管理体制

1894年（光绪二十年），日本侵略中国和朝鲜的甲午战争爆发，清王朝战败。

次年4月17日，清王朝与日本签订《马关条约》，将台湾全岛及澎湖列岛割让予日本。6月1日，清政府代表李经方与日本签订《交接台湾文据》，台湾正式割让给日本。3日，日本陆海军向基隆发起进攻，基隆失陷。7日，日军进入台北城。17日，日本首任台湾总督桦山资纪在台北举行始政仪式。9月16日，日军成立"南进司令部"，调集4万大军，海陆并进，向台湾南部进发。至10月21日，日军占领台南府，至此，台湾全岛进入日据时期。

1895年，台湾总督府在原台湾电报局原址设立台北电信通信所。次年4月，接收军邮局及兵站电信通信所，并将它们合并改组为日台北邮便电信局，个久又更名为台北邮便局。至1928年，邮政与电信分设，成立台北电信局[①]，下设通信、受配、庶务三课，另有监察、教养主任，暨检阅主任等。邮便电信事务由递信大

---

① 民国交通部台北电信局编，《台北电信局接收一年来工作概况》，接收前一般情形，组织，第2页。

台南野战邮局内部

总督府通信局

臣监督，相关主法如《邮便条例》《电信条例》《邮便法》《邮便为替法》等均依敕令形式公布于台湾。依敕令第95号《台湾总督府邮便及电信官制》，邮便及电信局均属于台湾总督府管理。其主管单位因配合政策而多次改组，包括民政局邮便部、陆军局邮便部、民政局通信部、民政部通信课、民政部通信局、民政局递信局、交通局递信部7个阶段。

太平洋战事爆发后，原有通信课改称第一通信课，兼管气象台分室及飞行场分室通信；增设通信第二课，专司郊外报房（即圆山代位局）管理；添设同盟通信社分室及彭佳屿、红头屿、阿里山等分室，负责新闻电报播送及气象电报收发①。

台北电信事业，由总督府交通局递信部综理，工务与业务机构分设。

业务方面：①台北电信局管辖台北电报业务；②台北电话局管辖台北电话业务；③台北无线电信局设为台北总局的接收站，办理海底电缆陆上受信工作的淡水无信受信所②。

工务方面：①台北线路工务出张所管辖台北市内及台北区（桃园、汐止、淡水、士林、北投等地）之报话线路；②台北电信试验工务出张所管辖台北电信局及台北区及各局有线电报机械；③台湾电话试验工务出张所管辖台湾电话局及台北区各局之电话机械；④桃园无线电工务出张所管辖无线电收讯及发讯机械；⑤板桥无线电工务出张所管辖无线电报发讯机械；⑥淡水电信电话技术官驻在所管辖水线设施；⑦中坜送信所管辖无线电话发讯机械；⑧观音受信所管辖无线电话收讯机械③。

---

① 民国交通部台北电信局编，《台北电信局接收一年来工作概况》，接收前一般情形，组织，第2页。
② 茅绍襄，《日治时代台湾的海岸、通空及特种无线电通信业务概况》，电信界，第6卷，第2期，第3页。
③ 民国交通部台北电信局编，《台北电信局接收一年来工作概况》，接收前一般情形，组织，第1页。

第二节 日据时期的台湾电信业务与建设

日据时期，因军事和社会管理及民用通信需要，总督府交通局递信部进行了台湾电信的建设。

电报以1942年最为繁忙，当时电线电路约有18路，无线电路约有10路，先后与东京、大阪、鹿儿岛、马尼拉、厦门、海口、汕头、上海等处通报。1942年全年报务总次数计达457万次①。

开放市内与长途电话业务。 1897年，台湾架设第一条用于澎湖守备各部队及澎湖邮便电信局与马公西屿灯塔之间联络的电话，此外，台北总督府与基隆运输通信支部之间的电话线路，也在这一年完成架设并开始通话。1900年7月，台北、台中、台南、基隆、斗六五地装设了电话交换机，并开放市内电话业务，时全台用户数是431户。至1941年，全台湾的用户有25 000多户②。

台南邮便局电话交换所

台湾的长途电话网路也陆续建置完成，以台北电话局、台中邮便局及台南邮便局为三大集中局，借由线路相连至各乡镇，当时全台共计有207局，130局办理长途电话业务，收费以3分钟计算，未满3分钟以3分钟计算，收费最低为5钱③，最高为1元30钱。至1943年，长话去话次数为73万余次④。

开放呼出通话业务。 时邮便局推出电信人员上门通知用户到电话局或者有电话的地方接听。呼叫范围限制在4千米之内。

台南邮便局公众服务处

海空无线电通信与海缆建设。 台湾多山，高山和丘陵面积占全部面积的2/3以上，而台湾是日本本土与南洋航海航空的中途转运地，因此，于19世纪初进行无线

---

① 民国交通部台北电信局编，《台北电信局接收一年来工作概况》，报务，第4页。
② 李如菁，《台湾电信的故事》，台湾科学工艺博物馆、中华电信股份有限公司，第18页。
③ 时台湾使用的洋钱。
④ 民国交通部台北电信局编，《台北电信局接收一年来工作概况》，话务，第4页。

基隆邮便局

淡水无信受信所

台湾至长崎海底缆施工

电建设。

海岸电台与渔业电台。1901年，日本递信省与海军省协议，在台湾最北端富贵角建立专用于船舶通信的无线电台一座。后因被台风摧毁，于1920年在基隆重建。1925年在台湾最南端设鹅銮鼻电台，后因交通极不便利，维持困难而迁台南。另设有基隆渔业电台、花莲港电台、台东电台。

通空电台。1936年1月在台北板桥设立对空电台一座，该收报台设在淡水，后又在桃园建立大规模收发报台，并在松山机场内设立专台，该台为全日工作，亦为公众通信服务，每字收费60生丁[①]。

时依照开罗1938年版无线电规则附录的规定，开出的无线电特种业务如下。

测向与航行标识。1937年1月在宜兰、1942年在大圌及台南三地方设立标识电台，机件大都已装置完成，又拟在淡水设立两座测向电台，后因日本战败而停。

海底与河底电缆建设。海底电缆：台北至福州线；台北至八重山线；澎湖至厦门线；台南至广东线；台湾至长崎二线；台北至琉球（冲绳岛那霸）一线。岛内通信海底电线有：台南至澎湖线；高雄至澎湖二线；岛内通信河底电线（从台北大稻埕六馆街经淡水河底通至对岸）。

海洋气象报告与航行警报。日治期间，船舶在海洋中航行，按照东京中央气象

---

① 日据时期钱币。

台规定的钟点，将所测得的气象利用无线电，经最近海岸电台报告东京中央气象台。每座海岸电台均有发送台风警报的义务，在台风期间，台风警报由东京中央气象台随时发布，电台收到警报后，立即广播一次，以后每在静止时间之末，重复一次。警报先用日文，后用英文广播两次。如有船舶用ST（海岸电报业务的种类之一）要求，还可以每字加收海岸报费60生丁以英文重发。同时，海岸电台还负责发送航行警报。遇有海道变迁、浮标及灯塔的变更与拆建等足以危害航行安全的情况，经通知后，每座海岸电台均应立时拍发一次，此后每在静止时之末及上午9点18分、下午5点18分各再重复一次。

淡水测观所

飞行气象报告。1937年，建成日据时期北部最重要淡水测观所①之后，于1938年10月，台北电信局内加装中周发报机，专对飞机播送气象报告。太平洋战争后又增加高周率发报机，每日播送气象报告20余次。1941年9月，在彭家屿设气象专用电台。1942年，在红头屿设专台，1944年4月4日被炸毁，停止工作②。

高雄旗后灯塔和无线电设施

医疗电报。任何国籍的船舶上，如有患病或受伤等不幸事件，船主可将病情用无线电报经基隆海岸电台报告基隆医院，或经台南电台报告高雄医院，每次电报至少需先付5～15生丁的预付回报费，另需支付30生丁的海岸报费、20生丁的船舶费及15生丁的路线费。如遇有紧急情形，于呼叫前可发紧急信号"XXX"②。

---

① 现被台北县政府列为古迹"淡水气候观测所"。
② 茅绍襄，《日治时代台湾的海岸、通空及特种无线电通信业务概况·特种业务》，电信界，第6卷，第2期，第3页。

第三节　日据时期的台湾邮电局所

台北邮便局

基隆邮便局

设立在台北街头的邮箱

日据初期，台湾邮政实施军政，配合军事，全台于兵站要地设野战邮便局20所，邮便局除邮便事务外，兼办汇兑、贮金储金业务，此属军邮时期。

1896年（明治二十九年）4月起施行民政，野战邮便事务移交民政局接管，分设一等邮便电信局于县厅所在地，二等邮便电信局于岛厅及支厅所在地，由一等局按照行政区域管辖境内二等局。各局人员配置有局长、邮便电信书记和通译生。同时设置邮便受取所（邮件收交）与邮便继替所（邮件转递）辅助二等邮便局的数量不足。

1898年，于各地设置三等邮便电信局。次年以府令20号公告邮便及电信局出张所制度，授权地方设置办理邮件收投及发售邮票等事务。

1904年，进一步制定邮便电信局分课规程，规定一等局设邮便、电信、建筑、庶务4课；二等局设通信、庶务、建筑3课。

1907年，各级机构统称为邮便局，仍分为三等。后为配合行政区域调整，原由邮便局兼掌电信与电话，改为分设邮便局、电信局与电话局，但未设电信局之处，邮便局仍兼掌电信、电话。

1941年，太平洋战争爆发后，废三等局制度，改为普通及特定邮便局两类，特定邮便局即原本三等局。

第二章

民国初期的中国电信业

民国元年（1912年），民国政府交通部成立。成立伊始的民国迎来军阀混战年代，各派军阀强硬染指电信业，致使电信事业陷入难以为继的经营局面，但在历任交通部部长的苦心支撑下，电信业的发展和建设仍然有所作为。

民国年间京津地区的话务员

第二章　民国初期的中国电信业

第一节　接收邮传部与成立交通部

宣统三年（1911年），清王朝即将逊朝，各派政治势力蜂起。10月9日，中华民国军政府鄂军政府谋略处宣布成立中华民国，以代表十八省之意设十八星旗。11月3日，上海革命党人打出了"红、白色民国军旗"。由此开始，国家管理权处于各方的争夺、谈判和协调中。直至民国元年（1912年6月），袁世凯发布命令，正式公布中华民国第一个具有法律意义的国旗方案：以五色旗为国旗。在这国家政权管理短时间风云变幻期间，邮政、电信事务仍由邮传部暂时代理，时邮传部还发布电报减价公启①等事宜。

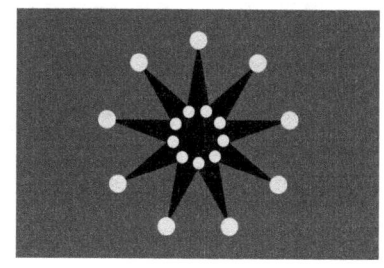

十八星旗

五色旗

但随着民国的成立，原由邮传部统一管理的全国邮电体制分裂，南北三派军事政治力量先后成立了交通部，仅一年多的时间，中国先后出现3个交通部：一是黎元洪②成立的鄂军政府；二是孙中山成立的南京临时政府；三是由袁世凯成立的民国政府交通部。因此，接收邮传部，成立实施国家统一管理邮电事业的交通部之事一波三折。

从3个交通部成立的时间来叙述。

一、湖北军政府交通部

宣统三年（1911年），鄂军起义前任命的交通部部长为丁立中，副部长为王炳楚等。10月11日，鄂军政府议决的第一个文件中明确规定，称中国为"中华民国"，政体为"五族共和"，将原定十八星国旗改为"国旗为五色，以红黄蓝白黑代表汉满蒙回藏为一家"。10月12日，湖北鄂军以《军政府暂行条例》，组建以黎元洪为都督兼司令部总长的军政府，时政府机关设交通局。10月25日，军政府修改《军政府暂行条例》，颁布《中华民国鄂军政府改订暂行条例》。都督府改设内务、外交、理财、交通、司法、编辑6个部，交通部部长为熊继贞③，副部长为傅立相。11月17日，各省都督府代表联合会议决定，承认湖北军政府为中华民国中央军政府。

---

① 苏全有，《清末邮传部研究》，中华书局，2005年8月，第78页。
② 黎元洪（1864—1928年），中华民国第一任副总统、第二任大总统。武昌起义时，任革命军湖北军政府都督。南京临时政府成立时，当选为副总统。袁世凯去世，继他任总统。晚年投资实业。
③ 熊继贞（1883—1958年），1904年留学日本路矿学堂，1907年加入同盟会，1910年毕业回国，清政府授以工科举人。武昌起义，先后出任鄂军都督府交通局课员、交通部部长、交通司司长等职。中华人民共和国成立后，历任湖北省副省长、民革湖北省主任委员等职。

交通部关防

二、民国临时政府交通部

宣统三年（1911年12月29日），在南京举行的17省代表会议上，孙中山被推举为中华民国临时大总统。民国元年（1912年1月3日），民国临时政府成立交通部，任命由素有"布衣都督"之称的汤寿潜①为首任总长，于右任②担任次长。但是，曾经担任杭州新军政府都督的汤寿潜未到任，他自请担任劝募公债总理，赴南洋各地募集捐款，之后逐渐远离政治，致力家乡水利事业。于右任则在孙中山辞职后也辞去次长职务，回上海继续办《民立报》。

三、民国政府交通部

民国元年（1912年）3月10日，袁世凯在北京宣誓就任中华民国大总统。3月12日，成立交通部。4月1日，南京临时民国政府迁往北京。4月23日，交通部通行各院等处：中华民国元年四月初八奉临时大总统令，任命施肇基③为交通总长，此令。施肇基于4月22日就任交通总长之职，即日在旧邮传部办公，相应通行各院各旗都统并南京留守各直省都督民政长查照可也④。

汤寿潜

于右任

施肇基

交通部下设电政、邮政、路政、航政4个司，负责管理全国铁路、邮政、电政、航政等事务，裁撤设在上海的电政总局。上海电报局归电政司直管辖。电政司下设

---

① 汤寿潜（1856—1917年），清末民初实业家和政治活动家，是晚清立宪派的领袖人物，因争路权、修铁路而名重一时。

② 于右任（1879—1964年），中国近现代政治家、教育家、书法家。早年系同盟会员，长年在国民政府担任高级官员，1949年后去台湾。

③ 施肇基（1877—1958年），美国康奈尔大学第一位中国留学生，1905年（光绪三十一年）随端方等五大臣出洋考察，任一等参赞。翌年（1906年）任邮传部右参议兼京汉铁路局总办，1912年（民国元年）任唐绍仪内阁交通总长、中华民国驻美利坚合众国第一任大使。

④ 《交通部通行各部院等处本部即在九旧邮传部办公文》，《临时公报》，1912年4月24日，第1页。

第二章　民国初期的中国电信业

朱启钤　　　　　周自齐　　　　　汪大燮　　　　　曾毓隽

13个电政管理局，分别负责管理全国的13个电政区域，由电政监督主持。并将电报局分等管理，时被列为特等电报局的有北京、上海、汉口、南京、天津、重庆①。是年，交通部下令裁撤全国驿站，通信由邮政机构承担。

从民国元年至民国十七年（1912—1928年），先后由朱启钤②、周自齐③、叶恭绰④、梁敦彦⑤、汪大燮⑥、权量、龙建章⑦、曾毓隽等人担任交通总长，正是在这些民国精英的接续努力下，邮电建设才有所成就。

交通部进行的主要工作有：制定中国第一部《电信条例》《中华民国邮政条例》，接收中东铁路地方无线电台，成立无线电报局，重点进行无线电建设，首建沈阳国际电台，开以无线电接收机接收欧美各国广播新闻先河；首开无线电商报、电报传真、国际无线电业务，创立天津自动电话、长途电话通信建设；加入国际电报联盟、国际邮联，制定最初的邮旗等，在国际会议上，经与各会员国的谈判，使中国电报码成为国际电联电报业务使用文字；邮政加入了万国邮政联盟，发行了第一张临时中立邮票等。

---

① 钱其琛主编，《电信组织之演变》，《铁路电信七十五周年纪念刊》，台湾文海出版社，第13页。

② 朱启钤（1872—1964年），自1910年任邮传部丞参，至1912年任总长，于1915年在内务总长任内又兼了一任交通总长。

③ 周自齐（1869—1923年），字子廙，祖籍山东省单县，外交家、政治家、教育家、经济学家、实业家，也被历史学家认为是交通系政客。

④ 叶恭绰（1881—1968年），清末历任邮传部路政司主事、员外郎、郎中等职。民国后历任路政司长、次长、总长，交通部总长兼校长、国学馆馆长、国民政府全国经济委员会委员、中国红十字会监事等职，并兼理交通银行、交通大学。

⑤ 梁敦彦（1857—1924年），历任汉阳海关道、天津海关道、外务部尚书、外务部大臣等职。民国成立后，任北京政府交通总长。

⑥ 汪大燮（1860—1929年），历任留日学生监督、外务部左参议、驻英公使等职。1907年回国，与达寿、于式枚等人任考察宪政大臣，出访英、日、德等国。1916年，任段祺瑞内阁交通总长。晚年热心教育，创办北京平民大学，并致力红十字会等慈善事业。

⑦ 龙建章（1872—1925年），历任内阁中书，户部主事，吏部员外郎，邮传部郎中、佥事，京察一等，出使各国考察政治大臣参赞，邮传部参议等职，民国元年（1912年）5月起担任北京政府参事。次年，任电政司司长、航政司司长、邮传局局长等职，民国六年（1917年）6月，任李经羲内阁署理交通总长。

第二节　军阀争抢上海电报局局长宝座

民国元年，中国陷入剧烈的社会动荡之中，电报既是各派政客的喉舌，也是各路军阀掌握战争信息、调兵遣将掌控战争态势的重要工具，电报收入更是添加武器和发放军饷的最好来源之一。

时上海电报辖江苏省54个电报局、5个电话局，以及江苏省境内的所有电报干线、支线线路工程，同时又是全国电报通信重要的中转枢纽局，如此的通信管理权力和丰厚的经济收入，自然受到各地枭雄们的重视，随着国内外局势的变化，得势军阀们纷纷染指上海电报局局长的宝座。

一、民国初年的局长双包

唐元湛　　　　　袁长坤

民国元年（1912年7月），袁长坤[①]由交通部任命走马上任上海电报局局长。

此时，与袁长坤一起去美留学的唐元湛也由江苏省督军程德全派遣来当局长。

当年清王朝选送幼童出国留学，唐元湛从珠海来，袁长坤从绍兴来，一起在上海乘上轮船，扬帆远航去了美国。7年学成回国后，他们都曾任要职，参与清廷早期电报线建设和建立全国各省电报局的工作。到了民国却要各司其主。两个局长都郑重其事地于民国二年（1913年7月）函告大北电报公司总经理。

一封是唐元湛的，内容如下。

亲爱的先生：

　　我谨通知您：我本日受江苏省督军程德全之命，担任上海电报局局长。

您的忠诚的

Y. C. Tong

---

① 袁长坤（1862—1920年），1880年回国，分配天津电报学堂学习收发报、勘测和电讯原理。离开学堂后即投入大规模的"电线"建设，历任清朝邮传部电政负责人、交通部电报总局局长兼教育部副主考等职。

另一封是袁长坤的,内容如下。

亲爱的先生:

请注意我仍是上海电报局局长,并正式由任命,虽然有相反的报道。

您的忠诚的
C. K. Yhu（局长）

一番较量,强龙不压地头蛇,北京交通部任命的袁长坤败下阵来。在枪杆子的支持下,唐元湛坐定下来。然而,他的局长位置并不稳定。此时交通部派系之争的电报局局长宝座,将因为第一次世界大战爆发,中国社会政治也错综复杂随之动荡,成为政治人物都极为关注并竭力安排自己人掌控的重要岗位之一。电报局局长的宝座即将在政客与军阀、政府与军队体系中展开争夺,而对于新闻媒体来说,一个个电报局局长宝座的更换,将由报纸的传播,成为社会的公众事件。

二、军阀混战期间电报局局长屡屡更换

民国二年（1913年）,北洋政府交通部在全国设立了13个电政管理局,由电政监督主持负责管理全国的13个电政区域。其中江苏省自成一区,江苏电政管理局设在上海①,上海电报局改由江苏电政管理局管辖,并列为一等甲级电报局。

民国三年（1914年）8月,太平洋、大西洋、印度洋掀起狂澜,奥匈帝国向塞尔维亚宣战。俄国、德国、法国、比利时、英国纷纷进入第一次世界大战战场。

由于日本对德宣战,日本电信资本也立刻出击：上海、青岛、烟台水线和上海—耶普岛水线一部分被日本夺取,电路停通。沪耶水线在上海一端被荷兰驻沪总领事馆接管。次年1月,北洋政府和日本政府敷设的上海—长崎水线竣工,在东熙华德路（今长治路）25号建上海日本电信局,对外营业,收发商报和中日官电。

民国四年（1915年）4月,上海电报局又改隶北洋政府交通部管辖,电政总局将电报局分等管理,时被列为特等电报局的仅有北京、上海、汉口、南京、天津、重庆。是年10月,上海电报局局长宝座开始易主,新主人首先是陶延赓。可他上任不到两个月,国内政治风云突起。袁世凯宣布实行帝制,改元洪宪,此举立刻遭到全国上下一致反对,蔡锷等人在云南发起讨袁护国战争,并通电全国。一时间,贵州、广西、广东、浙江等省纷纷响应。

在护国战争中,电报编织了一张宏大透明的通信网,报纸上连篇累牍的"电版"文章,将讨袁护国的信息迅速传遍全国。民国五年（1916年3月22日）,袁

---

① 上海：时由江苏省管辖。上海特别市成立,直辖于中央政府,上海始有直辖市一级建置。

曹汝霖（北）

胡汉民（南）

世凯被迫宣布取消帝制，仍称大总统。6月6日袁世凯去世。黎元洪①、冯国璋②于8月间交接大总统职权。是月，北洋政府撤销江苏电政管理局，上海电报局定为交通部直管的一等电报局，受命管辖江苏省54个电报局、5个电话局，以及江苏省境内的所有电报干线、支线线路工程。

民国六年（1917年），天下大乱，第一次世界大战尚未结束，中国的第二次革命拉开帷幕。孙中山在广州组织护法军政府，任海陆军大元帅，第一次在广州建立政权，并设置"交通部"，由胡汉民③首任总长，与时北洋政府交通总长曹汝霖④分治电信版图，于是，中国就有了南北之分的交通部。9月，北洋政府对德宣战，参加了第一次世界大战，接收了德国在上海设立的德国书信馆和德意志荷兰电报公司，并接收其财产，该馆房、设备等均调拨给上海电报局。

在此乱世之中，交通总长一职虽仍频繁更换，但其中多为赴美留学幼童、教育家等，他们委派"海归派"周万鹏担任民国六年至民国十一年（1917年至1922年）的第四任局长，在任职5年的时间里，他恪尽职守，以自己的学识才干和谋略，殚精竭虑，千方百计地维护国家电报通信的利益，为中国电报事业的发展作出了承前启后、规范发展的重要贡献。

此一历史时期，由于袁世凯去世，中国结束了北洋集团的大体统一局面，开始了群雄纷起、兵连祸结的军阀割据年代。北洋内部分裂为直、皖两大系，奉系在东北迅速崛起，各地大小军阀如晋系、滇系、桂系等无不割据一方，先后形成了直军、皖军、奉军、直鲁联军、五省联军、中央军、西北军、晋军、桂军、川军、滇军、黔军、湘军、粤军、陕军、西北军、马家军、豫军等二十大派系军阀争权夺利的局面，军阀混战之战事达到577次。

---

① 黎元洪（1864—1928年），鄂系军阀。中华民国第一任副总统、第二任大总统。南京临时政府成立时，当选为副总统。袁世凯死后，继任总统。

② 冯国璋（1859—1919年），直系军阀。毕业于北洋武备学堂，曾任北洋步兵学堂总办兼督练营务处总办。1903年于中央练兵处任军学司正使，后历任统制和第一军总司令等。

③ 胡汉民（1879—1936年），历任广东都督、南京临时政府秘书长。1913年，参加二次革命，失败后于1914年随孙中山在日本成立中华革命党。1917—1921年随孙中山在广东活动，先后任交通部部长。

④ 曹汝霖（1877—1966年），1900年赴日本留学，1916年4月任交通总长，1917年7月任段祺瑞内阁交通总长，成为新交通系的领袖人物。

当时，全国电报营业网点已有600余处。电报一串串的"嘀嗒"声，闪电一般飞传，是军阀们掌握战争信息、调兵遣将掌控战争态势的重要工具，电报收入更是添加武器和发放军饷的最好来源之一，各地电报局成为军阀们的争夺目标。虽说是北平交通部掌管着全国的电报局，可是天高皇帝远，对于那些耀武扬威、割据一方的军阀们也难以招架，各地电报局就如一张张诱人的千层饼，轮番被军阀们抢来抢去。而上海电报局作为全国重要的

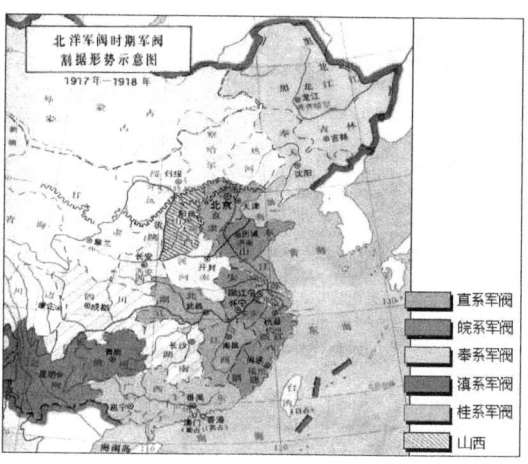

民国年间军阀混战分布图

电报中转局，电报报费收入自然受到各地枭雄们的重视，得势的军阀们纷纷染指上海电报局局长这一宝座，要在上海滩以电报为武器，抓得左手是金，右手是银，有钱有势坐江山。上海电报局屡被各派军阀接管。

民国十一年（1922年11月），在更换了5个局长以后，第二次局长双包、两个局长同时任职的滑稽戏再度上演。

北洋政府交通部任命罗肇骥为上海电报局局长。同月，江苏电政监督沈维新抢先到上海电报局任局长。这事对于交通部部长来说，是左右为难，束手无策，无奈地混了两个月后，将沈维新调往北京，才结束了双局长管理一个电报局的尴尬局面。

民国十三年（1924年），上海电报局直达汉口、杭州、苏州的线路刚刚修通，江苏军阀齐燮元的眼睛就盯上了电报局局长的宝座。是年10月，刚任职两年的上海电报局局长罗肇夔就因"病"自行离职。

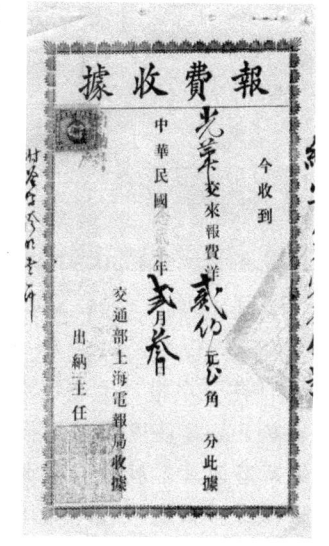

民国上海电报局收据

这是自民国元年（1912年）以来第三次同时出现两个上海电报局局长，这次局长的接替是军事接管，惊心动魄。由齐燮元[①]任命的上海电报局局长邢明凯走马上任。因名不正位不顺，当然要郑重其事地广而告之。10月24日，邢明凯以上海电报局局长的身份在《申报》刊登启事：启者案奉苏皖赣巡阅使训令委上海电报局局长并经电请交通部加委备案等因兹以十月十六日接事业经分别呈报咨行各在案所有前局长罗肇夔已了未了手续概由个人自理与本局长无涉合特登报声明此启。

---

① 齐燮元（1879—1946年），北洋陆军学堂炮科毕业，曾任江苏军务督办、苏皖赣巡阅副使。

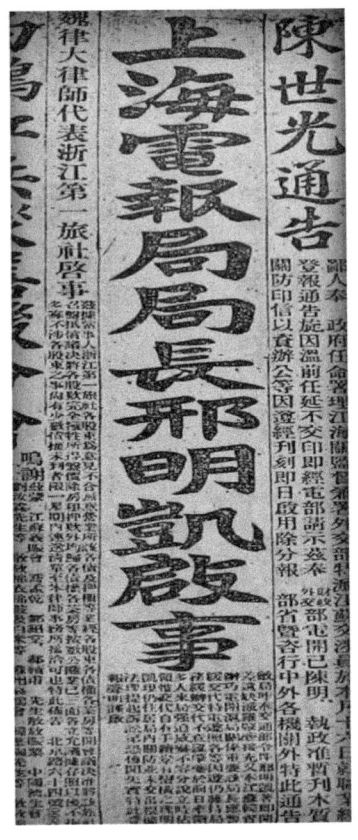

邢明凯刊登在《申报》上的启事

邢明凯不负齐燮元使命,以武力接管了上海电报局后,把全部电报收入挪为军费使用,并随意扣压、延误,甚至销毁电报。受到全局员工的反对,不到1个月,交通部命罗肇夔仍回到任上。

12月20日,罗肇夔以上海电报局局长身份在《申报》刊登启事:启者案奉交通部调令开上海电报局局长邢明凯另有开差候任用所遣之罗肇夔接允等因遵于12月16日接事业经分别呈报咨行各在案所有前局长在差已了未了手续概由个人自负与本局长并无涉合特登报声明。

这样一来,明摆着是要邢明凯走人了,他当然不愿意,于21日在《申报》上刊登一则启事:敝局昨奉交通部令邢明凯着即开差遗缺派罗肇夔接允又奉江苏韩督办电开沪局关系重要该局长应暂缓交代特电遵照各等应遵仍维持局务缓办交代不意罗肇夔于前日率领多人来局强迫威吓不由分说立即占领惟交代自有手续岂有蛮横之理明凯现仍住居局内关防(公章)并未交出根据法理提起诉讼口恐传开失实特此登报声明谨启。

这事惊动了新闻媒体,它们纷纷前往电报局一探究竟。邢明凯在接受采访时说不走是有原因的,是因为罗肇夔欠发电报局职员的薪水。这与事实不符,本来就对邢明凯心怀不满的电报局职员于12月24日在《申报》上登报声明:据报载前上海电报局罗局长现奉执政府命令来沪复任昨罗至局接任现任邢局长不允交卸即一般职员认罗上次走时未发欠薪故一致表示拒绝等语阅之不胜惊异查本局职员薪水均照章按月如期发领与新旧局长交替之时间无影响且亦并未所说罗欠薪。

如此一来,在电报局全体职员的抵制下,邢明凯不得不走了。在离职时,他一不做二不休,把电报局所有的关防(公章)和局长章全部带走。这更是乱了套了,电报局赶快在《申报》上刊登紧要通告:敝局关防图章自邢行前任带走后业由敝局长呈奉交通部敬电开上海罗局长口电系该局关防图章已由本部另行刊发在部章未颁到以前一切公文均需用局长名章其旧关防图章应登报声明作废等因奉此除遵照外特此声明。

眼见上海电报局局长的宝座落入他人之手,齐燮元又生出一计,以江苏电政监督处的名义,把电信器

北洋政府上海电报局关防

材专营权抓在了手上,并于12月28日在《申报》上发布通告:案奉十一月二十九日交通部令派本处监督兼充驻沪电料管理局长现在孙监督已于电料局杜局长约期交代暂于本处先行办公除报部外特此通告。

可是,由交通部派来的罗肇夔之局长宝座并不安稳。此时,东北的奉系军阀张作霖在北方建设无线电的同时,也把眼光瞄准了远东最大的经济城市——上海。东北到上海之间相距遥远,快捷的信息是兵家胜算的重要因素,要掌控江、浙、沪,必须先要掌控上海电报局。民国十三年(1924年9月),张作霖的势力范围扩展至山东、安徽、江苏,直逼上海。民国十四年(1925年)的初春,他的手越过山海关,伸到了上海滩,要把自己的心腹之人安插在上海电报局局长的宝座上。

这次是上海电报局第四次双局长接替,其过程是翻手为云,覆手为雨。

民国十四年(1925年2月),山东军阀张宗昌①占领上海,委任汤德年为上海电报局局长。5月,汤德年随军北撤离职。奉系军阀立刻跟进,通过交通部任命陈世光接任上海电报局局长。6月陈世光到任。张宗昌获知后,怎舍得那到嘴的肥肉,他命汤德年立刻返沪再掌局长大印。于是,汤德年马不停蹄地赶到上海,再登上海电报局局长宝座,并于6月22日在《申报》上刊登启事:上月念六日奉鲁督办张电召

张宗昌

赴津面商要公在津时风闻沪局局长另有他人接办其实并未易人德年已于21日回局仍照常办公兹恐各界误会特此通告。

为解决这个问题,交通部于8月派余怀德任上海电报局局长。但仅一个月,就被奉系的吴梯青②取代。尔后,随着军阀混战的此起彼伏,电报局局长仍然在军阀手中轮番更换,据原上海电报局有关历史资料显示,整个军阀混战期间,上海电报局局长平均任职时间不到一年,其中,担任局长时间最长的不到5年,最短的仅几天,这些局长及其具体的军阀派系分别为:邢明凯(江苏军阀)、汤德年(山东军阀)、陈世光(奉系军阀)、余怀德(交通部派出)、吴梯青(奉系军阀)、沈卓吾(武汉政府)、丁达元(五省联军)、高觐宸、白崇庸(桂系军阀)、王剑钦(蒋系军

---

① 张宗昌(1881—1932年),辛亥武昌起义后,亲率百余人投山东民军都督胡瑛,随至上海,任光复军骑兵独立团团长。1925年年初,任苏皖鲁剿匪司令,4月任山东军务督办,7月兼任山东省省长。1926年年初,任直鲁联军总司令。

② 吴梯青,北洋政府主管电信业高官,陆军整理处工务科长,曾任天津电话局局长、哈尔滨广播电台台长,中国广播事业开创人之一,后授北洋政府将军。

阀）、陈希曾（蒋系军阀）①。整个军阀混战期间，上海电报局就换了18个局长。

军阀混战期间，上海电报局局长屡被军阀们争抢，并出现由国家和军队都派出局长的"局长双包案"，这与当时的社会历史状态有关。据有关资料显示，袁世凯去世后，军阀的各个派系先后掌控北京政府，内阁就有38届之多。如此看来，上海电报局的局长频繁更换，也就不是天下奇闻了。

三、电话局长的宝座也不安宁

上海电报局局长的宝座不得安宁，属于上海电话局管辖的上海电话局局长宝座也被湖北军阀盯上了。因为这时上海电话局已拥有自动电话及长途电话业务，虽然说长途电话的线路并不多、不远，但是，"钱"途是光明的，而且还有一个能赚更多钱的发展前景——全市电话互通。

上海电话局关防印模

当时，上海租界电话和华界电话各自运营，互不连通。早在清光绪三十四年（1908年）起，成立伊始运营一年的上海电话局就多次与华洋德律风公司商洽互通接线。但是，从清代谈到了民国，从天下大乱谈到了军阀混战，始终是时断时续没有成果。上海全市电话互通之所以这么艰难，一是由于国家连年处于军阀混战之中，国家经济困难，百姓民不聊生，上海电话局自己本身也陷于军阀争夺中，业务发展缓慢，至民国十一年（1922年）时安装共电式交换机。这是中国电话的第二代交换机系统，装机容量为2 320户，实际装机用户为1 047户，而外商的华洋公司已达到17 653户②。二是因为英商华洋德律风公司的业务扩张。长期以来，他们在上海屡屡跨越租界发展用户，在上海抢占华界电话业务。1924年又在今兰州路的东区交换所开通上海第一部1 000门自动交换机，电话号码为5位数。其资本也从1900年的15万两，积累到1925年的250万两。

民国十三年（1924年10月27日），湖北鄂系军阀派出两个人来当局长，接收上海电话局，将局长顾廷实"请"出，并堂而皇之地在《申报》上发出通告，宣布

---

① 梅绍祖、宋刚刚主编，《百年电信铸辉煌》，中国计划出版社，1998年6月，上海电报局局长名单，第550页。

② 上海市电话局史志办公室编，《上海市内电话》，上海电话企业局所、容量和用户数量一览表，第239页。

第二章 民国初期的中国电信业

接管上海电话局：本局奉鄂军总指挥张令开着叶鸿绩张仲彬等前往接收上海电话局事宜等因奉此业于本月二十三日由顾前局长将上海电话局关防官章文卷移交惟局中账目正在清理除呈报外特此通告。

为了用户和局方利益，顾廷实以辖上海电话局局长的名义于28日在《申报》上发布通告：廷实奉命令忝长上海电话局突于十月二十三日有叶鸿绩张仲彬二人持湖北陆军第五混成旅第十团团长武铭之令到局取去关防官章廷实暂时不能行使职务所有一切局务现暂行委托主任工程司罗泰兼理员生工匠仍各照常办事以维交通至未经取去之文卷簿册款项等件在未奉明令以前决不交代除点陈外特此通告。

并以通告告知闸北、南市、南翔的电话用户：所有各用户应缴月租于本月二十三日以后本局暂不派员收取各用户在未接本局长缴费通告以前如有冒名收取者万勿受愚倘有交付本局长概不认诸希遵照。

湖北鄂军两位接收大员也以上海电话局的名义再登两则公告：鸿绩仲彬奉令接收上海电话局事宜业于十月二十三日到局视事所有本局与各商号往来账目等项在本月二十三日以前者概归顾前局长负责清理嗣后即如续有往来另有本局通知接洽查所用本月份电话月租收据自本日起一律加盖局长印记以昭郑重希各者查照为荷。

在这一天的《申报》上，军阀"局长"刊登的通告，上海电话局局长顾廷实刊登的通告，以及告闸北、南市、南翔用户的通告依次排列，这3个通告，真可以说是那个年代混乱至极的一个集中展现！

从此，上海电话局局长轮番上任，真是如同儿戏一般。在这局长位置大轮换中，有关与租界电话互通的谈判也时断时续，这是一场马拉松式谈判，谈来谈去，始终谈不成功。直到上海电话局开通了长途电话，这才让英商华洋德律风公司不敢小觑，

"军阀"局长与上海电话局局长、
上海电话局刊登在《申报》
上的通告

他们明白，如果再不与华界的电话互通，将会大大影响到自己的电话业务发展，于是，他们才真正地坐下来，与上海电话局商谈互通电话的相关事宜。双方谈到1926年2月1日，即在上海电话局开通至吴淞、无锡、苏州长途电话的当天，上海电话局与英商华洋德律风公司的代表平起平坐，在互通协议上签字，实现了上海全市电话的互通。

当时上海电话的互通方式是双方互设人工话务员座席,为用户转接所要的电话。如租界用户拨打华界时,拨"02"号码,由租界话务员为之转接;华界用户则拨打"0"号码,由华界话务员为之转接。

四、媒体对电信混乱的剖析

时上海电报局的局长双包案,成为上海滩媒体争相报道的新闻,时《民国日报》对军阀混战中的电信业态曾以"改良电政的前提"为题发表评论[①]:

现在的中国,名义上虽还有一个交通部,实际各地的电政,已被割据式的军阀擅劫破坏殆尽,电杆随时可以斩为薪柴,电线随时可以此割彼联,改变为军用电通,这是一个现象。任何区域内某种军队势力所及,就照例要据有电通机关,这是一个现象。官电络绎,长篇累牍,甚至私电官印,绝无限制,以致民间电报,都感不便,这又是一个现象。因为军阀和兵士只图一时一己的便利,不顾国家的电政,就算十日一修,总抵不到一日数毁,因此未设的无从添设,要修的不胜其修,这又是一个现象。凡此种种,都是大家知道的,都是在最低限度中应该改良的;然而军阀不倒,割据式的局面不摧毁,交通当局也实在束手无策。

国民政府因军阀势力而呈现轮流执政之状,总统换了15任,交通总长换了17任。国家乱,则通信乱,时全国各地大小电报局600余处,也屡被各系军阀频繁接管。管理混乱,经营困难成为各地电报局的通病,正如国民政府新闻局在《电信事业》一书(民国三十六年版)"30年来电信建设概况"一节里写道:至民国初年,全国已有电报局六百余所,电线约五万公里。其后军阀内乱,电信建设到处遭受破坏,不被破坏的,也都在停滞状态之中,无法进展。

第三节　无线电管理权移交海军部

民国五年(1916年),驻北京英使馆向交通部交涉,要求在当时外蒙的库伦(今乌兰布统)、新疆的迪化(今乌鲁木齐)和喀什噶尔(今喀什)3处,由英商福公司建立无线电台3座。所需的设备和工程费用为:电机每架2.2万英镑,3家共合6.6万英镑;工程费3处合计13.4万英镑;共计20万英镑。这笔款项全部由福公司垫支,20年内由中国政府分期还清;在借款未还清前,电台由债权人派员监督,该约由当时的交通总长代表北洋政府签订[②]。

民国六年(1917年),英公使前来催办此事,交通总长曾毓隽命电政司司长蒋尊袆与吴梯青发展办理。当时因欧战关系,英镑价格大跌,每磅折合中国货币不过

---

① 《改良电政的前提》,《民国日报》,1925年9月29日。
② 吴梯青,《有关北洋时期电信事业的几件事》,《文史资料选辑》,中国人民政治协商会议全国委员会文史资料研究委员会编,第150页。

4元多，吴认为目前借用英镑，等将来归还时，倘英镑恢复到平时汇价10元左右，我国将大受损失。因此，他建议除了机价6.6万英镑已经订约购用不能改变外，工程费我们可以不必动用，而改由我国电报、电话等局筹拨，这一意见得到部内负责人的赞同和嘉许。

与此同时，西北筹边使徐树铮①也要求交通部在库伦、科布

蒋尊簋　　　　　　徐树铮

多、乌里雅苏台3处各设电台一座，并限期完成。曾毓隽与徐树铮同属皖系，当即严令电政司从速照办。蒋尊簋以时限紧迫，命吴梯青同福公司商洽，拟将原定设在迪化和喀什噶尔的两座电台移设科布多、乌里雅苏台，但未获同意。当曾与

高恩洪

蒋二人正苦于无计应付时，吴在整理电政档案时，发现有外交部转来没收的上海德商西门子敌产一批，存在龙华一库房，其中有整套火花隙式样无线电台3座，恰好满足筹边使署的需要。当即报告曾等核准，除原与英商订约设立的3座仍按原计划建立外，新获得的德产火花隙式3台，其中两台即按筹边使署的要求设在科布多、乌里雅苏台，另一台改设唐努乌梁海（因库伦已有英建的1台）。后库伦、迪化两台先后建成通电，科布多、乌里雅苏台的电机亦由张家口起运，但后因该处发生战事，工程被迫停止进行，两台电机后来下落不明。

上述几处大厅的工程和运输费用，都是由电报、电话各局筹拨的，未曾动用英商借款。当时，由于无线使用尚在草创时期，营业收入不丰，因而被主管有线电方面的人员视为赔钱买卖。加以在建设上述各处电台时，动用了电报、电话各局款项，便引起电政司总务、会计等科及各地电局人员的反对，认为既有英商借款可用，何必拨用有线电方面的收入而影响电报扩充工程。

---

①　徐树铮（1880—1925年），北洋军阀皖系名将，陆军中将加上将衔、远威将军。1919年因派兵收复外蒙古而声名远扬。1925年12月11日，徐考察结束回到上海，12月29日晚乘专车离开北京南下，途经京津间廊坊车站，被冯玉祥部张之江劫持，于12月30日凌晨被杀，时年45岁。其著作有《建国铨真》《视昔轩文稿》《兜香阁诗集》《碧梦庵词》等。

民国十一年（1922年），第一次直奉战争后，吴佩孚派其亲信高恩洪①来掌交通部，他怀疑吴梯青在修建上述几座电台时，不用英商借款，反在有线电局调拨，可能有贪污舞弊行为，便下令将吴撤职查办。同时，高恩洪还认为，无线电应归军用，便呈经国务院批准，将原由交通部主办的一切电台以及无线电方面的种种设施，全部拨交海军部接管。海军部意外地收到大批资材和人员，当然欢迎。到后来一些不应由海军部主管的非军用无线电台，也因无人过问而全部由海军部掌握，连由日本投资兴建的双桥（北京东郊）大电台②也不例外。

第四节　订立中国第一部电信和邮政条例

民国七年（1918年），民国政府交通部订立了中国第一部《电信条例》。

该条例共二十二条，是继清政府制定电报章程以后，对电信的含义做了明确解释，对经营做了规定的法律文件。

对电信的解释和规定如下。

第一条：电报电话，无论有线无线，均称为电信。

第二条：电信由国家经营。

规定电话之通信范围为：

限于一定之区域者。但以该区域尚未有电话之联络为限。前项之规定。除第四款第五款外。于无线电报。不适用之条例对电报的服务做了界定：电报局所收电报。除有命令特定者外。须依指定地点递送。因受信人所在地之不明。致无从递送者。公告之。自前项公告之日起。满四十二日。尚无认取者。得毁弃之。电报局收受密码电报。或用密词隐语者。认为必要时。得使发信人说明意义。发信人若拒绝说明。或说明不真确者。得停止其传达。

对电报电话的建设给予支持：

电报电话所用材料概免课税。但海关税不在此限。对于正在谋求回收电报、电话利权的电信业，给予了法律上的界定：本国与外国间之电报。法律命令或条约有明文者。各依其规定③。

---

① 高恩洪（1875—1943年），先后就读于上海电气测量学校、英国剑桥大学，曾任清廷驻英使馆翻译。回国后，历任参赞、西藏通商交涉事宜督办、东三省军政事宜督办、交通部秘书等职。民国后，高恩洪历任汉口和成都电报局局长、湖北军政监督、川藏电政监督、驻上海全国电料管理局监督、交通部顾问、交通总长等职，后退出政界经商。

② 双桥大电台：位于中国北京市朝阳区豆各庄乡双桥村，建于1918年2月21日，1923年7月底竣工，是中国最早的电台，1997年定为北京市级文物保护单位，2013年被国务院定为第七批全国重点文物保护单位。

③ 上海邮电志编纂委员会编，《上海邮电志》，上海社会科学院出版社，1999年10月，附录，第839~840页。

民国十年（1921年10月12日），中华民国以大总统令公布《中华民国邮政条例》。其主要内容为：

一、邮政专业由国家经营。

二、信函、明信片之收取、寄发及投递为邮政事业。

三、邮政机关负责事务为汇兑、包裹、储金、凡加入万国邮会各国之邮政所经营之事务等[1]。

民国十四年（1925年3月1日），中国加入万国邮政联盟[2]。以上邮电法律文件的出台为国民政府交通部进行邮电事业建设、维护中国通信权利提供了法律依据。民国十一年（1922年12月），北洋政府依照电信由国家经营之规定，接管日本占领当局在团岛建立的长波无线电台[3]。

民国十四年（1925年3月1日），中国加入万国邮政联盟[2]。

第五节　中国加入国际无线电报公约组织

交通部成立后，为保持与国际电报联盟的联系，先后加入《国际无线电报公约》《万国电报公约》组织，并正式出席国际电信会议，加入国际电信联盟。时国际电信联盟与中国电信事业相关联的历程如下。

一、统一规定海上无线电救援信号

1912年，国际电报联盟在伦敦召开国际无线电报会议。规定中国无线电呼号范围为XNA—XSZ。会议后，统一规定国际海上无线电救援信号为"SOS"[4]。

国外轮船上的无线电工作室

统一规定国际海上无线电救援信号之事，源于1898年。是年法国轮船La Bourgogone于北大西洋大雾中撞沉，因未有无线电设备，不能呼救，全船数百人全部丧生，直至数日后，陆地上始知其事。无线电通信的研究热了起来。1907年，马可尼塔开通第一条商用越洋无线电报。至1909年2月13日，美洲马可尼公司管理之Nantucket海岸电台，收听到CD呼号，查知为白星公司Republic因与货船相撞，并已下沉所发出的求救呼号，于是马可尼公司急忙代发，5分钟内，有5艘轮船前

---

[1] 上海邮电志编纂委员会编，《上海邮电志》，上海社会科学院出版社，1999年10月，附录，第841页。

[2] 上海邮电志编纂委员会编，《上海邮电志》，上海社会科学院出版社，1999年10月，附录，大事记，第27页。

[3] 编纂委员会编，《山东省志·海事志》，第一节，海岸电台。

[4] 王崇植、挥震，《无线电与中国》，《船舶通讯与海上安全》，第9页。

马可尼塔开通第一条商用越洋无线电报

往救援，将全部船员旅客救出。此事经媒体报道，举世欢呼。1910年，国际电报联盟美国会议决定，凡载客之船强迫设置无线电通信，1911年，美国商务部无线电局组织成立，专司电台及报务员的考核，无线电造福人类，由此开启。

二、轮船配备无线电台和报务员

1912年起，航行在海上的轮船都配备了无线电台和报务员。是年4月，在举世震惊的泰坦尼克号（RMS Titanic，铁达尼号）沉没事件中，时年25岁的马可尼电报公司职员杰克发报求援，当泰坦尼克船首和前舱已浸入水中时，船长史密斯示意他可以离开，但他坚持到最后一刻，没能生还。

三、中国先后加入《国际无线电报公约》《万国电报公约》组织

《国际无线电报公约》是现国际电信联盟最早的无线电通信组织。该组织的诞生源于两个方面：一是无线电通信造福人类；二是一次世界大战的催生。其建立历程为：民国九年（1920年），欧战结束，国际无线电通信突飞猛进，9月1日，国际电报联盟的《国际无线电报公约》修改完成，此时正值叶恭绰任北洋政府交通部部长，他力主加入，因此，中国加入《国际无线电报公约》。修改后的无线电公约共15条，对无线电通信的定义、公约范围、交换通讯、遇险呼号之优先权、报费等都作出了约定。其对于无线电通信的定为："无线电通信"凡用"都忒"电波传递之文字、信号、画图，以及其他一切音响者，皆属之。"电台"或详称曰"无线电台"凡备有机线，可以实施无线电通信之电台，皆属之。"固定电台"凡电台有固定之位置，并与其他同样电台通讯者，属之。"移动电台"凡电台直地址，可以随时移动，且在实际上实行动者，属之。"陆地电台"凡非移动电台，而与移动电台通行者，属之。"移动业务"凡陆地电台与移动电台间，或移动电台相互间之无线电通讯月，皆属之。"国际业务"凡两国之电台，或一国之陆地电台与其余海外移动电台，或

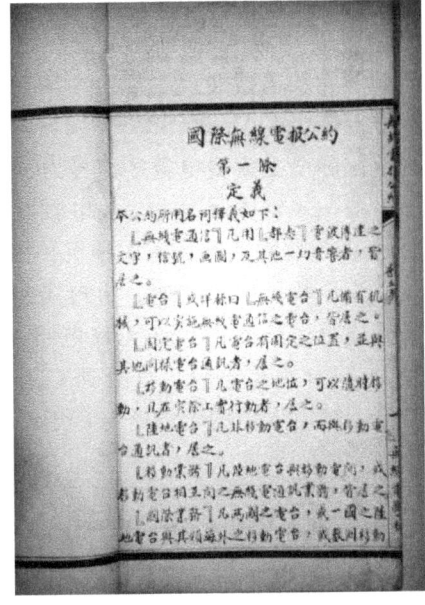

《国际无线电报公约》

数国移动电台通讯者，皆属之。①

民国十年（1921年1月7日），中国加入国际电报公会《万国电报公约》②。为使全国电报适应国际电报惯例，交通部训令各电政管理局：局员务必熟谙《万国电报通例》，行事合乎国际惯例①。

第六节　出席国际电信会议

华盛顿会议会场

民国十年（1921年），美国建议召开由英国、法国、意大利、日本、中国、葡萄牙、荷兰、比利时和美国代表出席的华盛顿会议③。

中国政府委派施肇基为首席代表，顾维钧④、王宠惠⑤为全权代表。交通部以各国在华私设有线无线电信及水线等专利权提案，咨送外交部，寄我国代表提交

---

① 《国际无线电报公约》。

② 郁秉坚，《国际电信行会议与国际电信公约》，《电信大意》，中国科学图书仪器公司发行，1949年5月，第42页。

③ 史称"华府会议"。

④ 顾维钧，中国近现代史上卓越的外交家之一，1912年任袁世凯总统英文秘书，后任中华民国北洋政府国务总理，国民政府驻法、英大使，联合国首席代表，驻美大使，海牙国际法院副院长，被誉为"民国第一外交家"。

⑤ 王宠惠，民国时期著名法学家、政治家、外交家，曾参与起草《联合国宪章》，被聘为国立复旦大学法学院教授。曾任中华民国政府外交部部长、代总理、国务总理。

出席会议的中国政府外交部、交通部代表与各国代表合影

会议①。得中国政府之明白允诺,已有此项军警或电气事业存在者均应立即撤退。

当时参加会议者有美国、英国、意大利、日本、荷兰、葡萄牙等八国代表,争议多日,对于中国境内外人私设无线电台一案,仍未有彻底的解决办法,中国政府代表特提出声明书;中国代表团乘此时机,正式声明,中国政府不承认亦不让任何外国或其人民,在使馆界居留地租借地铁路地界或其他同样地界内,未经中国政府明白许可而有安设或经营无线电台之权②。

这项声明经第五次大会通过,载入大会议事录。民国十一年(1922年)1月27日,中日达成了《中日解决山东悬案条约及附约》,该条约中有3项附约与中国邮电事业的发展有关,即:海底电缆交还中国;交还在青岛及山东境内的无线电台;撤除青岛及山东境内的日本邮局。2月4日,施肇基代表中国政府签署《中日解决山东悬案条约》并在附件上签字。

会议以后,英国在喀什噶尔及日本在汉口、济南所设无线电台先后撤销,青岛之日本电台亦由我政府作价收回,上海法租界顾家宅法人所设无线电台,经我国多次交涉,至民国二十二年(1933年)八月十四日,停止收发商报。

民国十二年(1923年)收回日人所设之济南青岛线之后,取消外国水线公司水线在华登陆专利权、外商电信公司在福州厦门之营业权②。

---

① 钱其琛主编,《无线电交涉》,《铁路电信七十五周年纪念刊》,台湾文海出版社,第88页。
② 钱其琛主编,《无线电交涉》,《铁路电信七十五周年纪念刊》,台湾文海出版社,第76页。

第二章　民国初期的中国电信业

华盛顿会议青岛主权回归仪式

一、中国首次出席国际电报会议

民国十四年（1925年9月），国际电联在巴黎召开国际电报会议，中国派出王景春[①]为首席代表，孙承宗、彭欲义二员为代表前往出席。此次会议，就中国四码电报因不能通用于各国，故而中国人民不能享受国际迟缓电报半价之事，以"我国文字，因构造特殊，不适用罗马拼音"为由提出议案，并将中国电码新编内之4个数字之运用，任择若干字组译成英法文字，印发各国代表参阅，获得通过，得以在国际电报规则迟缓电报条文内，增加"凡由中国发出或发往中国之迟缓电报，其电文得作为例外，全用中国主管机关所辑电码新编中4个数字组书写之"[②]。

二、中国首次参加国际电信会议，签订《万国公约》

民国十五年（1926年），国际无线电会议在华盛顿召开。中国政府派王景春、吴梯青、张宣、李郁为代表，常小川和夏炎为随员出席。这是中国电政人员第一次参加国际电信会议并签订有关电信的《万国公约》。出席这次会议的国家有81个，各国政府和厂商代表共310人，签订公约23条和业务规则70多条。会期为40多天。在本次会议上，中国代表提出将中国电台呼号原定数额要求按照中国幅员和人口作比例，扩充满数百倍外，还对外国人在中国境内私设的无线电台，声明不予承认并要求不得列入国际电台名册[③]。

[①] 王景春（1882—1956年），北京汇文大学毕业后，先后入美国耶鲁大学、伊斯诺斯州大学学习，获博士学位。任南京临时政府外交部参事、兼代邮政司长、交通部顾问等职，1925年出席国际电信邮政会议，回国后任邮政电信会议总代表，1931年至抗战期间任国民政府派驻伦敦购料委员会委员，1949年后去美国。

[②] 夏维奇，《拒请与申入：近代中国与万国电报公会》，《复旦学报：社会科学版》，沪，2012年第6期。

[③] 吴梯青，《有关北洋时期电信事业的几件事》，《文史资料选辑》，中国人民政治协商会议全国委员会文史资料研究委员会编，第157页。

第七节　制定无线广播电台装机规则

民国十三年（1924年8月），交通部公布《装用广播无线电接收机暂行规则》，这是中国第一个有关无线电广播电台的法令。它改变了北洋政府以往关于无线电器材属军用品的规定，允许民间装设收音机，促进了中国广播事业的发展，《装用广播无线电接收机暂行规则》共二十三条，其主要内容为：

一、装用广播无线电接收机者，须先呈请交通部核准申请执照。申请时须执请愿书并附证明；中国人的证明应由职官一人或六等以上商号一家出具，外国人的则由本国公使或领事或本国殷实商号二家出具。

二、允许装机地点限于较大市镇；军事要地及政府规定禁止之地不得装设。

三、接收机接收内容限于音乐、新闻等，不准借以牟利，并不得将所收任何电信私自泄露等[①]。

自此开始，全国广播电台统一归入交通部管理，中国广播事业管理体制创建。

历史学家李世瑜接受媒体采访时曾忆及天津生活往事，他说，"当时收音机售价昂贵，能买得起的都是中等收入以上的人家。不过，那时听广播可不是免费的，买了收音机后要向无线电局登记，每月要给广播电台交5毛钱（半块大洋），相当于普通人家一天的饭钱。为了认清谁家买了收音机，无线电局在这些人家的门口钉一个木牌，每月派人到家里来敛钱。另在一些城市，买收音机听广播不仅要缴费，还要订立契约。笔者见过一纸北京南横街王姓居民签下的《广播收音机装设许可申请收听契约书》，上面详细标明了登记号码、家庭住址、姓甚名谁、机器型号等信息，并盖上了公私的印章。"

后来，有人发觉如若不登记、不花钱，似乎照样可以收听到某些广播。当然，类似"私听"的情况，在当时力求诚实守信的社会大环境中是极少数的。随着大小电台的迅速兴起，竞争加剧，听众逐渐从被动走向主动，相关制度也成为一纸空文，无疾而终了[②]。

李世瑜

---

① 王崇植、恽震合著，《无线电与中国》，《船舶通讯与海上安全》，第9页。
② 由国庆，《收听广播要缴费》，《天津日报》，2014年7月15日。

第八节　全国电报局员工总体辞职

民国十一年（1922年9月），民国政府下令于11月大幅度提高电报资费，新的电报资费激起社会的强烈抗议："交通不从清算侵渔限制官电入手，而起事加价，增加人民负担，窒仰文化之宣传，阻碍国民经济之发展。况加价目的是为举债担保，当此民穷财尽之际，此项内债，势必转押外人，得款以供军阀之挥霍，侵削膏脂，延长兵祸。"在全国商界、出版界、新闻界的联合抗议下，提价后的资费实行了两个月就被取消①。

此次的涨费风波也引发了全国电报局员对军阀混战时局的不满。至清末民初以来，中国的电报业务虽并不发达，但每年的收入也不下400多万元。但忙于内战的军政府，不是把赢利用于电报事业的发展改进，提高员工工资，以使员工生活水平跟上物价上涨的指数，而是忙于用这些钱去购买军火，装备部队，用于内战。国内形势动乱，使整个通信业处于有组织却无有效管理的状态，电报事业受到国内军阀的掠夺，又受国外电信商的挤压和盘剥，有线电报业务停滞不前，无线电报无力发展，运营处于举步维艰的境地。

叶恭绰

时任交通总长的叶恭绰可谓是危难受命，难于当家。对于军阀对通信业的染指，他在一份报告中直言不讳地写道：各省掌兵长官每误解交通事业为完全军用品，置诸自己管辖之下。军营商运、军办交通，以至工农怨，商贾裹足，营业大受损失。甚至订购兵舰飞机军需用品亦勒令路电两局出期票抵偿，或以军事长官名义指定交通某项收入为抵押品借贷于商家②。据有关资料统计，时截留的电报收入达到2 000万元以上。

时在各地军阀进行的战争中，造成了对通信线路和设备的严重破坏，也对电报业务的运营产生了很大的影响，时军政府"拍发的官、军电报动辄千字百字，或以极非紧要之私事亦以电报代邮，滥发一等电报，而所谓寻常与加急商报者即缴纳数倍官、军电之代价，反被延搁或扣留，以至相率改由（外商）水线公司传递，利润外溢，何可数计，为从驱雀，深用痛心"。

---

① 高学良主编，王廉伯审订，《中国近代邮电史》，辽宁社会科学院文学研究所，1991年，第201页。
② 《交通行政权统一案》，1925年2月。

国家动乱，企业衰微，电报局员工仍然是十多年以前的薪水，已难以维持生活。民国十四年（1925年5月），上海电报局电报员生多次集会商讨，决定向全国各地电报局发出倡议，筹建"中国电报公会联合会"，并发电报给全国各局征询意见。各局电报局接到电报后，一致同意成立中国电报公会联合会，陕西、甘肃、河南、江苏、安徽、浙江、吉林、湖北、山东、福建等417个局的"电报生"代表共35名于9月25日齐聚上海，出席筹备会议。

在会议上，宣布成立中国电报公会联合会，发布了中国电报公会联合会宣言，公推上海电报局的张伯勋为中国电报公会联合会主席。会议讨论和议定了改良电政、改善电报员工待遇的6项要求。并于9月26日晚8时以"中国电报公会联合会"的名义，致电交通部和交通部部长叶恭绰公馆，提出6项要求：

一、承认中国电报公会及其章程。

二、废止"电报生"名义，增加电报员工资。

三、重新修订年终奖金、津贴加成、养老金、抚恤劳绩金、川资、欠薪、棺殓费等标准。

四、交通部对大北、大东等电报公司不得再订丧失权利的合同，如必须与外国政府或公司订立契约，须由电报公会联合会推荐四人以上委员参加。

五、修整全国电报线路。

六、不得借故给参加罢工运动的人任何处分。

这6项要求交通部必须在36小时内予以满意答复，否则，全国电报局即实行大罢工。

9月27日下午6时，中国电报公会联合会主席张伯勋在上海岭南楼宴请新闻界，阐明了电报工会的宗旨。

9月28日上午8时，交通部未有答复。中国电报公会联合会主席张伯勋与上海各报记者见面，宣布罢工开始。

一时间，上海电报局停止收发电报，汉口线全停，郑州全停，东北三省全停，天津全停，上海、吴淞、崇明的无线电台全停……

一场由中国电报公会联合会发起，全国417个局响应的全国电报局员工大罢工行动开始。

当时，国家动乱，民不聊生，各种罢工活动风起云涌，社会各界已司空见惯。电报局的这场罢工却非同小可，因为信息的隔断将严重影响社会生活的各个方面。这个消息一经公布，立刻受到社会广泛的关注和同情。各大报纸纷纷派出记者，前往电报局采访，并以头版显要位置，连篇累牍地发布时评，报道全国电报局员工罢工的消息。

第二章　民国初期的中国电信业

《申报》刊登全国电报局总罢工消息

《申报》刊登国际电台和无线电总台罢工消息

电报员工全国总罢工，让当时以电报为主要长途通信的全国信息沟通陷入瘫痪。交通部立即召开联席会议，商议解决办法，并先向新闻媒体宣布全国电报局员工总罢工的通信补救措施：军事机关及银钱业，沪、汉、烟、青等电生，因要求加薪罢工，凡欲与京汉、津浦两路线通电者，可由路局转递。

孙绳武

罢工立即引起了社会的强烈反响，江苏电政监督孙绳武①于当日9时赶到电报局，他宣布上海局酌加薪资的意见已由交通部批准，凡薪资在50元以下者，一概加补津贴8元，如果罢工的员工还不满足，仍以罢工要挟，就太不应该了。同时告知员工，电报公会所提出的条件，交通部已经两次来电询问，他也请交通部及早解决此事，希望员工照常工作，以为日后说话办事留有余地。

上海戒严司令部军务处处长高志明带领着便衣士兵也来到电报局，他命令报务员交出所有员工的名单，强迫报务员签字复工。然而，此时的电报局员工们已是众志成城，电政监督和戒严司令部来人的利诱和威胁，南市、闸北电报分局局长现场的督促，都遭到了员工们的拒绝。

9月29日，交通总长叶恭绰在北洋政府内阁会议上报告了这次罢工的经过，提出了4项对策：

---

① 孙绳武（1898—1975年），1921年起，历任国民政府上海电报局会办、交通部浙江电政监督兼电报局局长、江苏省电政监督兼驻上海电料管理局局长、兼领国民政府全国电政督办等职，曾率团到日本考察，归国后提出很多改良国内电政建设的中肯建议。

邢士廉

一、派员到上海、汉口等地，切实劝喻；

二、通电各地长官，对已罢工者派员协助劝导，对未罢工者厚加抚慰；

三、由交通部下令京汉、津浦、沪宁、胶济各路局及各无线电局，一律接收商电，并照商电收费；

四、派参事汤中前赴没有参加罢工的北京电报局传令嘉奖。

当天下午，交通部分别致电上海、汉口等局，拒绝了中国电报公会联合会提出的要求。同时，上海淞沪戒严司令邢士廉、宪兵司令杨毓珀也派出便衣武装前来镇压，并秘密逮捕罢工领导人。江苏电政监督孙绳武也来到电报局，对报务员百般威胁，以达到扑灭罢工的目的。镇压罢工的行动激起了全国报务员的义愤，在上海、九江、北满、南满、香港等电报局罢工代表30余人的联合行动下，更多的电报局加入到罢工的行列。

交通部之所以拒绝给报务员加薪，因为这确实是笔不小的费用，在给新闻媒体的来电中，交通部列举了电政经济困难和不加薪的理由：官军欠费分毫不给，商电收入岁不增加。若仓粹勉诺，以后逐年亏损，何以为继，且无以支付。

在中国电报公会联合会宣布罢工的第二天，《民国日报》于29日以"改良电政的前提"为题发表评论，指明了产生这次罢工的社会根源之所在。

邮电是交通要枢，邮员罢工，幸即解决。电局风波，突然复作，而且范围扩大至全国，更非邮员一部罢工所可等论。服务于新闻界的，因为负有传递政闻和其他消息的责任，对于此次电局员生总罢工事，固然希望其早日解决，工商实业界大概也希望相同。

生活程度的增高，生计的困难，这是一般的痛苦。电局员生无法避免，同时就不能不有相当的要求。他们总罢工中的第一要求，也是一般的而且是合理的要求。同有家室，同需事蓄，除赞助他们，希望他们早达目的以外，别无可说。

第二个要求——改良电政，言之使人痛心。中国的电政本来已经简陋得太不够应国人的要求了，内部的如何如何，我们不能详悉，一时无从下断，单就一般人所感觉得到，而且交通当局所直认不讳的论，已经见得确有改良的必要了。现在的中国，名义上虽还有一个交通部，实际各地的电政，已被割据式的军阀擅劫破坏殆尽，电杆随时可以斩为薪柴，电线随时可以此割彼联，改变为军用电通，这是一个现象。任何区域内某种军队势力所及，就照例要据有电通机关，这是一个现象。官电络绎，长篇累牍，甚至私电官印，绝无限制。以致民间电报，都感不便，这又是一现象。

因为军阀和兵士只图一时一己的便利,不顾国家的电政,就算十日一修,总抵不到一日数毁。因此未设的无从添设,要修的不胜其修,这又是一现象。凡此种种,都是大家知道的,都是在最低限度中应该改良的;然而军阀不倒,割据式的局面不摧毁,交通当局也实在束手无策。

电务员生提出这项要求,确是能见其大,但单纯地要求北京交通部改良电政,在国内军阀未倒,割据之局未毁以前,充北京交通部的好意,结果也只有一纸空文。那么,如何而后可以改良电政呢?最大的前提,唯有以人民的力量来打倒军阀,摧毁割据式的政局。

9月30日,罢工行动进入第三天。由于交通部仍未作出明确答复,罢工风潮继续扩大。外商经营的大东、大北电报公司的中国员工也分别发电给交通部,一致要求交通部迅速解决电报员生的待遇。湖北、河南等地军阀也分别电促交通部,予以迅速解决。

为遏制罢工的势头继续发展,交通部采取了几项对策:一、武力威胁;二、解散电报公会;三、加发津贴;四、借铁路通报;五、招人、调人找替工。

但是,以上对策,均未奏效。如江苏电政监督孙绳武几次带便衣来到电报局,以加薪为诱饵,希望报务员复工。上海戒严司令部也派人来到电报局发布公告,警告参加罢工的员工:如因生计压迫,请求酌加津贴,尚属情理以内之举。如果聚众要挟,任意妨害公务,即系别有阴谋,仰即从事侦察,将出名发难之电报公会予以解散,此外,一切之轨外行为严加制止。

电报公会立即予以答复:这事并非上海局局部问题,现在既然已经提出条件,除非能圆满解决,否则决不能单独复工。

眼见高压政策和利诱政策都不能奏效,交通部于10月1日上午8时,派电政会办沈卓吾①出席电报局罢工代表会议,沈卓吾与电报公会各地代表28人、电报公会委托的律师蒋保厘进行了谈判。经过一番谈判,至晚上双方达成磋商条件,至2日上午,经过长达近30个小时的谈判,将全部条件谈妥:

一、公会改为"电报同人公益会";

二、允许月薪60元以下者加两级,60元以上、100元以下者加一级,28元以下者加二级,本年内实行;

沈卓吾

---

① 沈卓吾(1887—1931年),武汉国民政府成立前,任上海电报局局长。孙科任交通部部长,委任沈为其所属电政司司长,后在上海主办《工商日报》和《中国晚报》,1931年11月,沈卓吾携赈济款从上海乘大德轮船赴灾区查勘,途中不幸船毁于火,落水罹难。

三、四、五条暂时保留，提交"全国电政改善会议"讨论解决；

六、交通部承认此次罢工系出于为公众谋利益的精神，对于罢工人员及其代表免于处分和调动。

就在电报局员工总罢工进入到谈判阶段，并有望尽快恢复全国电报通信，举国上下新闻媒体和社会民众对军阀割据谴责议论的时候，上海民众又有了新的谈资。《申报》载：

10月2日晚12时，浦东发生奉军哗变抢商铺的事。驻扎在浦东其昌栈的奉军二旅一团二营营长冯子顺所属部分驻三子栈第五连步兵，久未发饷，在连长于占有率领下，一百多兵士持枪冲进富户和商铺，明火执仗地开枪抢劫，几十声枪响，老百姓伤的伤，逃的逃，连警察都望风而逃，士兵们抢得数千金而归。

这一事件与电报局员工总罢工的消息并列于报上，真可谓是一副绝妙而生动的社会动乱之写真。

10月3日，交通部派人来沪，商请上海电报局派人到京商榷落实总罢工提出的条件。同时，派东北陆军调训处工务处长吴梯青①任上海电报局局长。4日，交通部复电对中国电报公会联合会提出的条件全部承认。当天上午，各地来上海参加电报公会筹备会议的代表分别发电通知各地电报局于12时开始复工。至此，从9月28日上午8点起至10月4日中午12点止，历时148小时的全国电报员工总罢工宣布结束。

此事在《中华民国史》大事记中有记载。十四年（1925年）日志记录：9月28日，豫鄂苏省电报局员罢工，要求增加工资，改良待遇（10月4日解决）。

《民国日报》于10月5日报道：中国电报局员工总罢工风潮，自日前发生以来，业已一周，至昨晨，交通部批准条件复电始到全国各局驻沪代表电令各局一律复职，罢工风潮至此完全结束。

次日，由江苏省督办委任吴梯青在《民国日报》上刊登启事，宣布由其兼任上海电报局局长之职。上海电报局亦刊登公告，宣布已于4日恢复原状，往来各处电报照常收发。中国电报局员工总罢工的风潮平息。

---

① 吴梯青（生卒不详），民国交通部电信高官，历任天津电话局局长、上海电报局局长等职。1922—1924年在东北主持回收俄、日私设在中国境内的电信设施，建立了东北无线电通信网、沈阳国际无线电台、天津自动电话等重大工程。1928年后，回到杭州，不再经营电信事业。

第三章

电信网络建设与业务的创立

民国元年至十六年（1912年至1927年）间，交通部主要由北洋派系掌控，主要进行的电信建设有：制订中国第一部《邮政条例》《电信条例》，开创建立无线电广播电台，建立东北无线电通信网、沈阳国际电台，中国开始直接以无线电通信与国外进行信息沟通。与此同时，创办了天津自动电话，延展架设了天津－沈阳长途电话线路，网络建设和业务都有了突破性的发展。

民国期间上海地区的话务员

第三章　电信网络建设与业务的创立

第一节　创办无线电广播电台

民国五年（1916年），民国政府交通部代表出席国际无线电会议后，奉命前往英、美、法、德、苏、丹、瑞、日本等13个国家考察电政事宜。在访问中所闻所见，深感无线电广播事业重要，因而决定回国后向有关当局呼吁设立无线电广播电台[①]。

国际上公认的首次电台播音由美国威斯汀豪斯公司在匹茨堡的KDKA电台于1920年11月2日播出。

民国十一年（1922年12月），奥斯邦（E. G. Osborn）以留日华侨曾某的资金在上海组建中国无线电公司（Radio Corperation of China），在上海广东路大来洋行装设50 W广播电台一座，自定呼号为ECO，播送新闻演讲、音乐等节目，并出售无线电收音机，一时京、沪、杭各地，多有购机装用者。民国十二年（1923年1月23日），中国无线电公司与英文《大陆报》（The China Press）合作开办的中国无线电公司广播电台于20时开始正式播音，奥斯邦任电台经理。这是中国境内第一座由外国人开办的无线广播电台[②]，通称奥斯邦电台。时该电台的呼号为XRO，200英尺（60.96 m），发射功率为50 W，台址设在广东路3号大来洋行屋顶。每晚播音1小时，内容有政治和经济新闻、音乐演奏、唱片等，广播用语为英语。随后上海开办的广播电台有英商全国无线电公司（National Radio Administration LTD）、美商新孚洋行（Electric Equipment Co.）等，开始不定期播音。但因其违反中国政府关于不得私设无线电，禁止无线电器材进口等规定，先后被取缔关闭。

奥斯邦电台

为创办中国人自办的无线电广播，时交通部向政府提出建议，先将上海美商电台收购，然后再在北京、天津两电话局内，利用原有无线电话机件加以改装，试行播音。因当时播音事业名称还未确定，有的称其为"无线电话""播音""传声"，还有的用日语"放送"等名词称呼它，极不一致，吴梯青按照英语"broadcasting"的意译，建议定名为"无线电广播"，后经交通部核准，在全国开始通用[③]。

[①] 吴梯青，《有关北洋时期电信事业的几件事》，《文史资料选辑》，中国人民政治协商会议全国委员会文史资料研究委员会编，第157页。

[②] 《上海广播影视志》，大事记。

[③] 吴梯青，《有关北洋时期电信事业的几件事》，《文史资料选辑》，中国人民政治协商会议全国委员会文史资料研究委员会编，第158页。

张作霖　　　　张学良　　　　杨宇霆　　　　常荫槐

刘　瀚　　　　朱庆澜

时一般人不太了解无线电广播，都将其看作是像话匣子一样的娱乐工具。后经张作霖①、张学良、杨宇霆②、常荫槐③等高官的支持，交通部部长叶恭绰提倡，由交通部核定组织一个"无线电广播公司"来开展无线电广播事业的建设。先由东三省拨款一万元，除北京、天津两地已开始广播外，再在沈阳、哈尔滨两地建立广播电台。此时，因军阀派系而遭到查办的吴梯青可谓是遇难呈祥，被奉系聘请到东北，以他的电信技术大展宏图，成为中国电信事业建设的佼佼者，为中国电信事业的建设作出了贡献。

民国十二年（1923年2月10日），开始试办东三省无线电新闻通信业务。时刘瀚把军方马可尼野战电话机改为广播发射机，自装话筒和收音机，进行广播试验并获得成功，受到护路军总司令朱庆澜④的嘉奖和支持。经过筹备，在南岗转角楼（时莫斯科商场满洲里街一侧）开始了临时广播。呼号为XOH，功率为50 W，频率为600千周（1 kHz=1千周），波长为500 m，用汉语和俄语广播。这是我国第一座官办无线广播电台。

---

①　张作霖，1916年起任奉天督军，长期统治东北三省，1920年主持北洋军阀政府，1922年被直系打败，退回东北，1924年再度主持北洋政府，1927年在北京组织军政府。

②　杨宇霆，历任奉军参谋长、东北陆军训练总监、东三省兵工厂总办、奉军第三和第四军团司令、江苏军务督办、安国军参谋总长。

③　常荫槐，奉天（今沈阳）法政学堂第二期毕业，历任黑龙江陆军第一师军法处长、代理督军署军法课长兼省长公署参议、奉军赴陕剿匪总司令部军事参议。

④　朱庆澜（1874—1941年），随张赴东北，投东三省总督赵尔巽部下，历任三营统领、凤凰、安东知县、东三省营务处会办、陆军步队第二标标统、练公所参议等职。朱庆澜还是国歌《义勇军进行曲》的命名者。

第二节 主权无线电报传递国际新闻

巴黎凡尔赛宫和平会议场景

民国八年（1919年）1月18日，第一次世界大战获胜的27个协约国，在巴黎凡尔赛宫召开和平会议。中国作为战胜国之一，派出了陆徵祥①、顾维钧等5位代表参加会议。时有关和平会议的消息要通过英国、丹麦设立的大东、大北水线和美国的太平洋水线传递，并由英国的路透社垄断拍发。路透社偏袒日本，往往擅自改动电文或者故意漏搁，由于我国当时无远程无线电收音机，以致任人操纵。

为此，主管交通部无线电工作的吴梯青设法就现有材料装配成超外差式十灯收音机一架，在北京东北便门外架设3公里长的天线一条，指向巴黎，以备收听。因当时所用装配器材都又粗又笨，高压电需用数十支圆筒形大电池组成，又无录音机、纸带和播音设备，只能用耳机收听，幸而对世界各国电台所发电波都能收到。为了收听和平会议的消息以及其他新闻，便向北京无线电台调用较好的收报员数人，加以训练，日夜轮班收听，收到消息后，即交法商那世宝通讯社发布。

6月的一大午夜，值机报务员收听到和平会议签字消息，其中有"Chi……代表拒绝签字"的报道。当时因逢夏季，天电强烈，杂音过大，收到"Chi"3个字母后，天电震耳欲聋，无法收听，只得在"Chi"3个字母之后添注"因天电强大，听不清楚，致电文漏抄"字样。经考察与会各国英文国名以"Chi"3个字母开头的，除我国"China"外，尚有"Chile"（智利），但此时和平会议程序系讨论我国的山东问题，与智利无关，根据这一情况判断是我国代表拒绝在合约上签字。吴梯青便

---

① 陆徵祥，民国元年六月至民国元年九月任外交部部长。

立刻带上电文，星夜叫开东便门进城向有关方面报告。当路过西长安街新华门时，看到总统府门外有一大群露宿街头的大中学生。吴知道学生们是为山东之事而来，他们要求政府致电参与和平会议的我国代表，倘不能达到收回青岛和胶济铁路的目的即拒绝签字。他立即向学生们宣读记录的电文内容：我国代表已经拒绝在合约上签字。学生们立时欢声雷动，并表示初步要求既然已经达到，一面整队凯旋回校，一面还要联合全国大中学生，继续斗争，非完全收回国家的领土主权不可[①]。

第二天一早，吴梯青将电文报告交通部与电政司负责人，并将电文转交法商那世宝通讯社转播。不料，数小时后，路透社北京分社社长偕同英、美、丹三国海底电线公司代表竟来部交涉，交通部负责人命吴梯青接见。来人说中国曾与该3家水线公司订有条约，规定只能用该三公司水线通讯，而不得用其他方法通讯，指责我方违背条约；路透社社长也说，电文既有几个字母漏掉，就不应遽行传播，否则就是谣言惑众。

对此，吴梯青严正答复："水线合同是清朝时代所订，那时隔洋通讯只能全仗水线，还不知道以后可以使用无线电通讯，你们同清廷签订的水线合同，其中有这么一句笼统的词句，就想阻遏人家利用科学发明，长期垄断别人的电信事业，这难道能算公平吗？"又对路透社分社社长说："至于我国代表在合约上拒绝签字的消息，虽因当时天电强大而漏掉了几个字母，但根据当时和平会议的情况来判断，相信这消息不会错误。"面对吴梯青有理有据的说明，来人无言以对，便相率退出。后来路透社也嫌水线传递消息过慢，而改用无线电来收发通讯，并曾一度与我各台签约，代它收取新闻。

这一份电报打破以往由大北、大东、太平洋3家外商电报公司一统天下传递国外新闻的垄断，是中国电信业首次自主传递国际新闻的发端。

第三节　开创东北无线电通信网

有必要介绍这一时期中国东北地区的社会背景：中华民国成立后，黑龙江省沿袭清代省、道、县三级体制，共辖龙江、绥兰、黑河3道，省会齐齐哈尔。后增设呼伦道，共为4道，21县，6设治局。当时为吉林省所辖而今在黑龙江省境内的有滨江、依兰2道，18县。俄国十月革命后，中国政府逐步收回中东铁路[②]"附属地"

---

① 吴梯青，《有关北洋时期电信事业的几件事》，《文史资料选辑》，中国人民政治协商会议全国委员会文史资料研究委员会编，第148页。

② 中东铁路，1896—1903年由俄国修建，以哈尔滨为中心，西至满洲里，东至绥芬河，南至大连，路线呈丁字形，全长约2400公里。初名"东清铁路"，民国后改称"中国东方铁路"，简称"中东铁路"。日俄战争后，南段（长春至大连）被日本所占，称"南满铁路"。抗日战争胜利之后苏联控制全部中东铁路，改称中国长春铁路，简称中长铁路。中华人民共和国成立后，该铁路移交中国，分为滨洲线、滨绥线、哈大线3条铁路线。

的行政主权。因此，俄国私设在哈尔滨地区的无线电台也在回收之列。但是，由于时处军阀混战时期，该项工作并未开展。

民国十一年（1922年4月），第一次直奉战争爆发，5月，奉军战败。铩羽而归的张作霖宣布东三省独立，张作霖自任保安总司令，以统一监督节制该区域内的军警、外交、司法各机关。开创建立东北无线电通信网迎来历史机遇。7月成立陆军整理处，张学良任参谋长。成立整理处，由张宣任处长，进行以沈阳和哈尔滨为中心的无线电通信网和无线电话广播建设。张学良、杨宇霆将原交通部电信官员吴梯青聘请到东北工作。

其时，恰逢华盛顿会议决议案公布。按决议案第三条精神，各国在华无线电台，应将全部设备移归中国接管，给予相当代价。这对时为国家顶级的无线电通信专家吴梯青来说，正可谓是英雄大有用武之地。针对东北边疆通信多有俄国私设无线电台，而我国通信设施薄弱的情况，着手进行建立东北无线电网的工作。时奉军成立陆军整理处，吴梯青就任处长。就任伊始，吴即着手进行建立东北无线电网的工作，首先与刘瀚、耿季和等人代表中国政府回收俄国私设在中国东北三省境内（主要是黑龙江地区）的私设电台。

一、回收马家沟中东铁路局俄方私设电台

中东铁路苏方事前未得到中方同意，在哈尔滨马家沟①设立电台一座，当地官员也不过问，放任该台私收商电，和海参崴、赤塔等处通电已有数年之久。吴便请准上级，前往查究。抵达后，吴先找到该台私收商电的证据，然后会同交涉员赴中东铁路局查询。

坐落在哈尔滨市的中东铁路局旧址

该局苏方局长辩称："该台在路局成立时即同时设置，当时还在沙俄时代，革命后路局增加设备，供业务上通讯之用。"吴说："听说还有其他用途。"苏局长答："也有时供职工及其家属亲友间相互通讯使用，但不收费。"吴说："职工家属同亲友相互通讯，无论收费与否，都应视同私人通讯的商电。事前未经我国政府同意，实已违反我国已颁布的电信条例，且我方已查获该台发给私人与海参崴、赤塔等地通电的收据，完全证明了这侵犯了我国主权。该台未经我国政府同意擅自设立，实系私设电台，应由我国接收。至于该台的建设费用，可以用历年来私收的商电电费抵充，我国不再给予补偿。"苏方局长无言可辩。吴向苏方局长说明中

---

① 马家沟，因河而名，现哈尔滨香坊区一带。

国接收意见：中方接收后，在设备方面，采用最新式样，对路局业务上的通讯，仍照旧代为收发。原有工作人员，中方当按需要量才留用，并保留原薪。此外，为了双方的便利，请该局随时予以协助。

苏方局长当即答应用电话通知该台中方处理意见，并要求中方添设一条陆线直通路局，以便更加迅速地收发路局业务电报。吴表示同意，随即前往该台接收。接收后，除留用苏籍报务领班一人及俄文电报报务员一人外，其余工务、报务人员都由我方另派，继续工作。

二、回收懒汉屯无线电台

20 世纪 20 年代的懒汉屯

1904 年，日本因与俄罗斯对东北与朝鲜半岛的利益谈判未获回应，同年 2 月 6 日，日本驱逐俄罗斯的外交官员，并于 2 月 8 日宣布对俄罗斯开战，一场日俄战争在中国东北的土地上开打。战后沙俄于 1905 年 12 月在哈尔滨懒汉屯[①]建立临时无线电信局。1907 年改为永久性建立的通达伊尔库茨克、赤塔、伯力、海参崴、亚历山大洛夫斯克、彼得巴甫洛夫斯克、堪察加半岛及库页岛等地的无线电局[②]。民国九年（1920 年），中东铁路护路军接收后交中东铁路电信科管理。民国十一年（1922 年）主持收回俄国在哈尔滨的懒汉屯无线电信局，由东三省护路军总司令部直辖，改名为东三省无线电台。

三、建立东北三省无线电台

针对地域辽阔、边境线长的地理条件，东三省陆军整理处筹划建设东北无线电通信网。时无线电机的来源为：一是接收俄国的私设电台；二是从军队调拨。时陆军部还订购了马可尼"YCI"无线电机共 200 架，由于东三省有线电设备简陋，路线不敷通达地点，尤以边境为甚，以致在电信未能普及的情况下，给予东北方面的无线电机最多[③]达到数十架。

民国十一年（1922 年 9 月），杨宇霆、常荫槐、吴梯青率领一批留学生和电报

---

　① 现哈尔滨南岗区一带。
　② 懒汉屯无线电台，1905 年俄国政府建立的临时无线电信局，1907 年改为永久性无线电信局，1920 年中东铁路扩路军接收后交中东铁路电信科管理。
　③ 王崇植、恽震合著，《东北无线电通信网之试办》，《无线电与中国》，民国二十年九月初，第 94 页。

赴英学习无线电的留学生与教员合影

技术人员，由军队拨出一台"YCI"马可尼式无线电收发报机，设于奉天（沈阳）故宫礼乐亭内（多尔衮入关前的朝会之所），成立奉天无线电台。在电台兴建期间，杨宇霆曾陪同张作霖来工地视察，召集全体工作人员训话，并发给奖金1万元。张来视察的目的主要是希望和鼓励电台能早日竣工，以利通讯。吴梯青向部队调用几架，分设于东北三省。3个月内无线电台陆续建成通电，奉天无线电台开始与哈尔滨、齐齐哈尔、长春、营口、吉林、延吉、绥芬河、满洲里8处分台传递官报[①]。后又开放商电，便利人民，在东北各地相互通讯[②]。而此时："中国短波之应用，仍未普遍，商报之收入，为数尚少，而辽吉黑三省无线电之首先奋起，亦殊足珍视也。开中国无线电报商用之河。"[③]

四、建立北大营长波电台

民国十二年（1923年5月15日），奉天无线电分台改为总台，台长由陆军整理处工务科长吴梯青兼任，刘瀚任副台长，全台共55人。东三省铁路护国军总司令部派兵17人，负责警卫并节制，电台主要为军事服务。哈尔滨电台改为东三省无线电哈尔滨分台。11月30日，东三省无线电台划归东三省陆军整理处接管，纳入军事系统。

民国十三年（1924年）秋，北大营[④]长波电台竣工，安装有德国产10 kW大

北大营长波电台

功率"铁律风根"1部，可与全国大城市通信，奉天无线电台开始面向社会，注重商报。年底，该台与迪化（今乌鲁木齐）、昆明等城市直接通报，并开办国内全境商报。有了这

---

① 《沈阳市志》，交通邮电，沈阳出版社，1989年3月，《无线电报》，第279页。
② 杨宇霆，历任奉军参谋长、东北陆军训练总监、东三省兵工厂总办、奉军第三和第四军团司令、江苏军务督办、安国军参谋总长。
③ 王崇植、恽震著，《无线电与中国》，东北国际电台计划与实况，民国二十年九月初，第96页。
④ 北大营，清光绪三十三年（1907年），东三省总督徐世昌为加强对沈阳城（当时称奉天）的防务而建，为驻军营地，2005年被拆除。

一张官商皆有覆盖东北的无线电通信网，使东北经济与文化发展较快，也为奉系军阀的东山再起创造了有利的条件。张作霖如虎添翼，调动军队的能力如弹指般快捷，势力迅速壮大，奉军完成了第二次直奉战争，打败直系军阀，控制北洋政府，以东北为基地，向关内扩张势力。

民国十四年（1925年），交通部设立无线电局。

第四节　沈阳首建国际无线电台

关外紫禁城——盛京故宫大政殿

沈阳国际无线电台建立在清王朝的第一个皇宫——关外紫禁城，清王朝入关后，称为陪都。

作为一个高级无线电通信专家，吴梯青期盼能亲手设计和建立中国国际无线国际电台，由来已久。终于在他来到东北这块土地时，遂心圆梦。但是时建立国际电台购置机之事并未获得同意，是张学良、杨宇霆等人通过东三省银号总经理阎泽溥[①]与张作霖在一次牌局上的说辞而获准建立。时张作霖打牌获胜，兴高采烈。阎及时进言："大帅这次赢钱不少，我认为不应像过去一样请客，把它花掉，可以购置一些有利于保卫东北、便利军民的东西，如无线电。"张说："这种东西要请外国人安装，还要请教日本人，我实在不愿意购置。"阎立刻告知："我们这里已有这种人才，无须请求外国人了，详细情况可问少帅和杨总参议。"次日，张作霖果然向杨宇

[①] 阎泽溥（1879—1932年），中华民国政治家、银行家。1927年（民国十六年）6月，阎泽溥就任北京政府潘复内阁财政总长。翌年6月，阎泽溥随张作霖返回奉天，途中发生皇姑屯事件，张作霖被关东军炸死，阎泽溥生还。后来，阎泽溥下野，成为实业家。

第三章　电信网络建设与业务的创立

霆问起了这件事，杨便将无线电在军事、政治和宣传等方面的作用做了详细介绍，并说："目前我们正拟建空军，建立空军必须同时设立无线电台，以利于地面和空中联络，而且关内直军已有飞机，难免会侵入关外滋扰，为预防，也需有无线电预报敌机行踪，以便我方截机，关于建台人才方面，陆军整理处已由关内聘来该项技术专才，无须依赖日本。"

张作霖听后非常高兴，便召吴梯青入见详询，吴即拟定电台通讯网的详细计划，并抄录英国马可尼和德国西门子两公司所制造的机件价格及其性能，列表备文，请予裁定。经过比较后，德机价廉合用，便和西门子公司签约，以分期付款办法购买。准备建立的这座短波无线电国际电台因为采用最新的科学技术，故性能较好，可以和世界各国直接通讯，既可摆脱英、美、丹三国水线公司对我国电讯事业的侵入，又有利于我国独立自主的公私通讯①。

鉴于兴建台房、安装设备都需较长时间，民国十三年（1924年），先将德产存华的世界收银机1部安装在故宫八宝亭内，并择要分送奉（沈阳）、吉、黑三省各机关阅看。时还与德国柏林无线交通社签订单方通信合同，凡欧洲拍来的电报，均能接收和转发，奉天无线电台与欧美直接通信从此开始②。沈阳国际无线电通信的开通，打破了外商独霸我国国际电报业务的局面，是中国电信事业发展的重大突破。

福煦元帅

民国十四年（1925年1月），奉天无线电台与法国巴黎无线电总公司订立通信合同。大电台告成，张作霖亲来揭幕，按钮发电。他的第一份电报是发给法国的福煦元帅③的。原因是两年前福煦曾周游列国，来到沈阳与张会面。故张对福煦颇有好感，因而利用电台开始通电，第一份电报即发给福煦。福煦也立刻回电，祝贺电台修建成功。

民国十六年（1927年）与柏林海外交通社重订双方通信合同，年底正式互相通报。从此，奉天无线电台可与欧美互通无线电报，打破了外国垄断中国国际电信的

---

① 吴梯青，《有关北洋时期电信事业的几件事》，《文史资料选辑》，中国人民政治协商会议全国委员会文史资料研究委员会编，第152页。

② 《沈阳市志》，交通邮电，沈阳出版社，1989年3月，《无线电报》，第279页。

③ 斐迪南·福煦（Ferdinand Foch，1851—1929年），法国元帅，第一次世界大战最后几个月协约国军总司令，公认是协约国获胜的最主要的领导人。一战爆发后参加了多场战斗，在取得一系列胜利后被任命为北部集团军司令，并一直任职到罗伯特·内维尔接替约瑟夫·霞飞出任法军总司令，之后被调往法军总部。1918年被任命为协约国最高司令。1918年代表法国在贡比涅森林签订对德停战协定，后又在巴黎和平会议上发挥重要作用。

局面①。尔后，又在小南边门外建立短波收讯台，装设美式"RCA"大功率短波收讯台；在大北边门外建成短波发讯台，安装德国产10 kW大功率"铁律风根"短波无线电发讯机一部。次年，大北门短波发讯台再增装两部发讯机，与关内及国外短波电台通信。其中，20 kW RCA短波发讯机可与美国及南洋群岛通信，1 kW RCA短波发讯机供国内各地通报使用。

一系列设备的扩装，外商通信合同的签订，使奉天无线电台成为中国最大的国际无线电台，凡北平、天津、汉口、上海等地发往中国香港、巴黎、柏林、马尼拉、旧金山等城市与夏威夷、东印度群岛地区通报的电报均由沈阳转发。奉天无线电台的电报价目比外商经营的水线公司低廉，吸引了众多用户，使原来由外国电信商承办的3个水线公司的国际电报业务，有50%转到沈阳台。据民国十七年（1928年）统计，中德之间电报之总字数为来报61 176字，去报119 101字，中法之间来报共31 269字，去报共约20万字②。

时无线电技术教育也同时进行。在旧皇宫的对面空地上，建立东三省无线电长途电话监督处大楼一所，由奉天东北无线电长途电话监督处在《东三省民报》上登出《无线电招生详章》，宣布成立无线电传习所并开始招生。在山东庙兴办东三省无线电专门学校，以培训无线电技术人才，由张宣任校长，吴梯青兼教务主任。后来在这所学校毕业的有工程班两班、报务班九班，共约100多人，先后分在东北各地及关内各地工作，为中国无线电通信事业的发展奠定了基础。

但是，此时的故宫也因此受到了严重的破坏：敬典阁、崇谟阁早由政府接收；大政殿被奉天无线电台长期占用；大清门、南朝房区被东北长途电话局占用；颐和殿等处为奉天法学研究会会址；崇政殿、迪光殿则为兵营；文溯阁原有驻军，迁走后被奉天教育会占据。上述占有者对古建筑粗暴使用，内部原装修基本拆除，为复原陈列带来了极大困难③。

第五节　创办天津自动电话

民国十三年（1924年），吴梯青调任天津电话局任工程师兼局长。

当时天津所用的电话情况是：全市所用共电式电话机，必须向电话局叫号接线，才能通话。而各租界外国侨民一般不懂华语，所以使用电话时颇感困难。各租界当局就以言语不通为借口，准备效仿上海设立租界电话。当时上海所用电话机仍系摇铃和共电两式，仅有一小部分改用西门子兄弟公司的旋转式。

---

① 《沈阳市志》，交通邮电，沈阳出版社，1989年3月，《无线电报》，第280页。
② 王崇植、恽震著，《无线电与中国》，民国二十年九月，第96页。
③ 《老资料记录沈阳故宫80年历程 曾被瓜分成"大杂院"》，2006年10月31日，《沈阳晚报》。1926年，东北首座公立博物馆"东三省博物馆"在沈阳故宫内成立。直至1928年冬天，在张学良将军的支持下，奉系军队从沈阳故宫撤出。1929年4月5日，沈阳故宫正式开放。

第三章 电信网络建设与业务的创立

天津电话局自动交换机房

为了杜绝天津租界当局建立租界电话的借口,吴梯青与各租界当局会商,将天津共电式电话改用新式自动电话,在各租界当局认同、向交通部上报核准后,由天津电话局代表与各租界当局签订合同,以共同遵守。由于该项工程所需款项数目较大,乃于中南、盐业、大陆、新华等银行商借,订立合同,以电话收入做抵,由银团派员驻局,每月收取本息,至还清时为止。

改换话机以及筹款计划得到交通部批准后,天津电话局便将所需话机数目、规格、招商投标承揽,结果西门子公司出价最低得标,约计200余万元。这项工程的话机价款和管理监督之权,全部由我国银团垫支,外商仅出售话机,没有参与工程管理监督之权,这与以往新建事业往往受到外人参与或监管有所不同。一年后,话机陆续装成,不仅外人失去言语不通的借口,即使国人南北方言不同,叫号时发生误会,也从此免除了[①]。

但是,天津电话局的用户押机费却被军阀盯上了。民国十四年(1925年)秋,直隶督办李景林[②]为筹军费,令财政厅厅长郝鹏出面,要求天津电话局收取用户押机费,每具30~50元。此时全市电话在9 000号左右,可收30万元以上。吴梯青据理告知:"在本市电话因筹改自动式时曾与各租界当局订立合同,除双方同意增加话费2元外,不得以任何方式增加收费,如以督办公署名义下令,强制

民国年间的旋转制交换机房

收取押金,局方可以佯作不闻不问,至租界方面则实难违约。"郝鹏无奈,只好按吴所说去办,在两天内只收到万余元。事后,郝鹏认为吴办事不力,便呈请李景林将吴撤职,吴便回到奉天(沈阳),任"镇威上将军"公署顾问。

此后,天津几个电话分局陆续引进并安装自动交换机。市内电话交换机总容量已达15 600门,其中自动交换机9 000门,增长幅度和速度均属全国之首。

[①] 吴梯青,《有关北洋时期电信事业的几件事》,《文史资料选辑》,中国人民政治协商会议全国委员会文史资料研究委员会编,第155~156页。

[②] 李景林(1885—1931年),近代武术大师兼军事将领,武当剑术传人,人称"武当剑仙"。东北军著名军事将领,民国时期中央国术馆的创始人之一,山东国术馆的创始人。

第六节　开办津沈长途电话

南满洲铁道株式会社

民国十三年（1924年）冬，天津电话局在检查天津局库存时，发现存有八号铜线甚多，经过调查，得知这些铜线是在中日订立电讯借款时由日方运来，货到后因无人过问，就堆存各局，形同废材。这些铜线连同附件本来是供长途架线通话之用的，估计现在库存的全部铜线，用来在天津、沈阳之间架设长途电话，只需使用铜线两对，尚还有富余。因此，局长吴梯青便造具架设津沈长途电话的预算、工程计划及其详细说明，报请交通部和奉天军部审核。计划得到批准，便立即开工。沿线分30个工程队，由天津、沈阳相对立杆挂线，仅用3个月，这项工程就全部完工了。后来还在山海关设立辅助电站，以增强通话声音。

天津电话局架线工程竣工之后，日本关东厅即与北京和奉天当局商议，要求将该线与南满铁路长途电话连接，以利于相互扩展通话。此要求得到同意，决定由吴梯青、张宜为中方代表，与日本驻大连的递信局会商具体办法。吴为会商特地到南满进行调研，他了解到在南满沿线，日方除有专供业务联络用的信号电线和调度车辆等电讯线路外，在天津还有电讯出张所收发商电，显系破坏条约、侵犯我国主权的行为。估计在南满铁路附属地以外地带，日本也有可能设立同样场所。为此，乘日方提出接线之际，中方提出：在正式开议连接条款前，先由双方将电话线沿路所设各局所，分别开列清单，交双方共同研究。日方也知中方用意，当即拒绝，并说这种既成事实，不应再行提出，以节省会议时间。中方即反驳：你方既要求连线通话，按科学原理而论，想使通话顺畅，必须减少沿途电阻；如果在长途电话线上，沿途叠床架屋，遍设骈枝机构，势必增加阻力，使语音减弱，这事颇为重要，故在连线以前，不能不慎重研究。

公主岭日本军用无线电台所在地

中方话之有理，日方即将附属地以外的沈阳市内出张所一所、皇姑屯车站附属地以外一所、公主岭日本军用无线电台一所等开列清单交出。中方也将自京至沈沿线各大站所设电话局所开单交予日方。当时中方要求日方将所有在南满铁路沿线附属地以外所设的台所，包括上述三所，因未经中国同意，应一律取消。日方不愿取消，多次推诿，认为无磋商余地，并要求立即转入连线正题讨论。中方当即予以拒绝。双方不肯让步，使会议停顿3天。后因当时日本天皇正病重垂危，日方顾虑在国丧期间会议难继续进行，连线工程会拖延下去，故于第三天深夜要求复会，并答应除公主岭电台因系日本军部主管，该局无权讨论外，其余沿线附属地以外各台所，都拖延撤销。中方考虑已争回大部主权，日方公主岭电台以后可再找机会另待处理。次日向京、奉上级汇报，得到批准后，即与日方签订协议。

第七节　传真电报首在北京至奉天开通

1907年11月8日，法国摄影协会的爱德华·贝兰①在众人的见证下，展示了他历经3年研制成功的相片传真机。1913年，他又研制成功世界上第一部用于新闻采访的手提式传真机。1914年，法国的一家报纸首先刊登了通过传真机传送的新闻照片。相片传真把指针接触式扫描改变成光电扫描，使传真的质量大大提高，同时因光电扫描和照相感光制版配合，使相片传真得以实现。

民国十四年（1925年9月1日至10月29日），第一次世界大战后第一次国际电报会议在法国巴黎召开，北洋政府交通部派王春景、夏炎、彭欲义②、孙承宗、常小川等7人出席会议。贝兰在会上向各国电

爱德华·贝兰

报专家展示了其潜心十余年发明的最新式传真机。夏炎以中国电报专员的身份得以亲自试验该机效果。他成功将一手写电报发送到680公里外的法国东部城市斯特拉斯堡的彭欲义处，不久即收到彭亲笔书写的回电一封，其辞曰："尊电奉到，承念，感谢。现在试验，□须说明，□□速慢，下午试验再行奉告。后电请封送王景春代表为祷。德代表王博士鉴此次电政会议我国代表□□到席，虽提议不多，然将立独异众情寡合。赖公学富验深，运筹中度，告成厥功。欲义忝附骥尾，曷深荣幸。承派参观亲笔电报试验成绩，敬撮俚句，藉伸钦迟。电会所附提案卓纯，王公博达主

---

① 爱德华·贝兰（1876—1963年），传真机发明者。
② 彭欲义，上海电话局的电信专家。

张贯征内外国民，拜赐贤哲，青史垂后，承世作则。彭欲义识。"

夏炎以传真机发送汉字电报可以省却莫尔斯电码收发两阶段译码、解码的时间，并可减少因电码出错而不能正确翻译电文的问题，认定"此项发明，与中国电报事业之改革进行极为密切"①。会议期间，夏炎参观了贝兰设在巴黎的传真机制造工厂。会后，夏炎又到英、法、瑞典、挪威等国各大电讯厂学习电传字迹方法。贝兰还适时向夏炎推销"此机之发明，将使中华文字，增其国际之声价"。夏炎学习结业回国前，贝兰借给夏炎传真机6部，并派一名叫古尔的工程师携带详尽的说明、图纸等随同夏炎来华作演示，并告诉夏炎"会当专行来华，与中国人士相见"①。

夏炎回国后在交通部法国籍邮政总办铁士兰（H. P. Destelan）的协助下，在北京和天津邮政总局内开始试验。民国十五年（1926年4月）架设成功，发出的第一封传真电报是京剧大师梅兰芳的手迹及其肖像一张②。这是国内首次试传传真照片。

李书华

次年秋，应东三省地方当局邀请，贝兰离开法国经海路取道日本，于9月19日到达奉系军阀控制下的北京。他于10月16日中法大学成立7周年之际在该校演讲该机的工作原理，引起轰动。两天后（18日）贝兰做了第一次公开传真演示，成功发送了中法大学校长李书华③写给东北大学教授张翼军④的一封亲笔信，内容如下⑤。

奉天东北大学教授张翼军先生鉴：法国贝兰先生由法来华，现利用北京奉天间长途电话线，试验电传字书。今日系第一日试验，已传递字书数次，成绩甚佳。特此告知。顺请大安。弟李书华 十五·十·十八（民国十五年十月十八日）。

10月30日，贝兰又借用京奉路紫铜电线及北京大学HOV电机在北京大学第二

---

① 夏炎，《华文印字电报机之发明》，1926年10月4日，载于《大公报》。
② 此封传真电报为电路开通试传。
③ 李书华（1889—1979年），留学法国先后获图卢兹大学理学硕士学位、巴黎大学法国国家理学博士学位。回国后，历任中法大学代理校长、北平大学兼代理校长、北平研究院副院长、南京国民政府教育部部长、中央研究院总干事等职。1949年后侨居法国、德国和美国。
④ 张翼军（1892—1975年），1913年毕业于吉林选科优级师范学堂数学系。后出国留学，先后于巴黎理科大学获理学硕士学位，巴黎公筑学校获电机工程师文凭。回国后历任东北大学数学系、电工系教授兼主任，吉林大学理工学院院长，长春大学校长，中法大学、辅仁大学、北京师范大学教授。1949年后任北京工业学院教授。
⑤ 《白兰先生在北京及奉天间第一日试验所发电报之一》，载于《中法教育界》，1926年，第3期。

理化室实地试验。各界要员和到者八百余人,其中奉系军政要员张学良①、陆军上将韩麟春②、北京卫戍司令于珍③、京畿宪兵司令王琦、电政司司长蒋尊祎、直蒙电政监督蒋斌、法国驻华公使马泰尔等也到场观看演示。当时,奉系军阀张作霖执掌北京政府,夏炎带回国的6部机器由东北无线电监督署全部收买,除已安设京津2部外,剩余4部分别安设于奉天(今沈阳)、哈尔滨、长春、葫芦岛。

1927年7月,北京至天津、哈尔滨至奉天、哈尔滨至天津先后开办传真电报业务。《大公报》记者何心冷④、曹谷冰⑤曾亲往采访,将两封传真发送到该报驻京通信部许萱伯⑥处。9月1日,天津专门成立了"摄影电报局",夏炎任局长,主张对于报馆拍发新闻电应援引交通部一般新闻电报的优待办法予以优待,并为此专门和贝兰公司进行磋商⑦。稍后不久北京站亦成立,可收发无线电传真,附设在户部街邮政总局内,报费是按格计算的,每格可容几十个字,只收费一元五角。为优待新闻界起见,从11月16日起,另规定新闻报费,计第一格,收洋一元,第二格,收洋8角,第三格,收洋6角,第四格,

韩麟春

北京户部街邮政局

---

① 张学良(1901—2001年),国民革命军将领,奉系军阀首领张作霖的长子,皇姑屯事件之后继任为东北保安军总司令,后任中华民国陆海空军副司令、陆军一级上将。

② 韩麟春(1885—1931年),历任北洋军谘府参事,北洋陆军次长,后补陆军中将,东三省兵工厂总办,镇威军第一军副军长、第二军军长,陆军第四方面军团团长兼陆军大学校长。

③ 于珍(1887—1959年),1906年6月被选送去日本陆军士官学校步兵科第八期学习,1911年5月毕业归国。后历任奉天督军署参谋、奉天全省警务处视察长、东三省特别警察总监理处副处长、陆军第二十九师参谋长、黑龙江督军署参谋长等职,中华人民共和国成立后,于珍任辽宁省政协委员、常委等职。

④ 何心冷(1898—1933年),民国时《大公报》的副刊编辑,小说家,被称为"中国现代报纸副刊的开拓者"。

⑤ 曹谷冰(1895—1977年),民国十二年(1923年)赴德国柏林大学学习政治经济。回国后在天津大公报社工作。历任《大公报》驻北京、南京特派员,天津、上海、汉口、重庆各分馆编辑主任、总经理,中国新闻协会秘书长等职。

⑥ 许萱伯(1896—1938年),1921年毕业于北京大学,后从事新闻工作。历任国闻通讯社编辑,天津《大公报》编辑、编辑主任、副经理,1938年创办汉口《大公报》、香港《大公报》,担任经理。

⑦《摄影电报优待新闻界 减收新闻电报费》,见《世界日报》,1927年11月15日,第7版。

收洋 4 角。传真电报业务开办后,为了规范行业标准,北洋政府交通部饬令邮局与镇威将军公署顾问吴梯青拟定了《摄影电报暂行章程》16 条。这是我国第一个有关传真业务办理的规章。

但是上述传真电报试办以后用者甚少,经济上难以维持,不久即停办了。以奉天与哈尔滨间的传真电报为例,民国十六年(1927 年 7 月 10 日),哈尔滨至奉天正式开办传真业务。到年底仅发送传真 116 份,投送 88 份,于是哈奉间传真业务不得不停办①。而天津局的传真业务收入也甚少,仅修理费每月就需支付五百元,入不敷出,也同时停办。北京摄影电报站也于两年后由北平邮务管理局准予裁撤。②

时贝兰还进行了无线电传输试验。民国十六年(1927 年 5 月),奉天与哈尔滨邮局之间的无线电报电路首先开办。不久津哈之间也实现了无线电传真通报。当时东北无线电长途电话监督处与交通部之间,在电路租费上意见不合,交通部坚持收取电话线路租费,再加上此种传真机使用的是接触法,发报人用墨水书写后需涂药粉才能传递,手续繁琐,使用者较少,也遂于民国十七年(1928 年 7 月下旬)停办③。

第八节 国民革命军的无线电通信建设

南京北极阁上的无线电设施

民国十五年(1926 年 6 月),北伐战争爆发,广州国民政府军事委员会主席、国民党中央执行委员会常务主席蒋介石任总司令,为方便后方通信联络,令无线电处在广州北校场建造长波无线电台,在无线电波传递的"打倒吴佩孚④,妥协孙传芳⑤,不理张作霖"的嘀嗒声中,蒋介石开始举师北伐。

---

① 张心澂,《中国现代交通史》,良友图书印刷公司,1931 年 8 月,第 477 页。
② 《摄影电报业已停办电报站裁撤》,见《世界日报》,1931 年 7 月 25 日,第 7 版。
③ 本文引自 http://blog.sina.com.cn/s/blog_5c38a3010101hz26.html。王富贵,《传真技术传入中国考——兼论其在报业中的应用》。笔者就业务用词有更改,并有所删减,特此鸣谢。
④ 吴佩孚(1874—1939 年),北洋军阀的首要人物,民国一级上将。于 1924 年 9 月 8 日成为首次亮相美国《时代》杂志周刊封面的中国人。
⑤ 孙传芳,毕业于北洋陆军速成学堂,获官费赴日本学习军事。光绪三十四年(1908 年),自陆军士官学校第 6 期毕业。民国十一年(1922 年)4 月的第一次直奉战争后,孙传芳成为直系成员。

何应钦接受新闻记者采访

时孙传芳自称五省联军总司令,设东南无线电管理处于上海电报局内,竭力模仿东北之所为,要在无线电方面有所建树,以利军情,于南京北极阁建造基罗瓦特之真空管式长波台。其发报机部分购自美国,其余皆由国人自制。浙、闽、赣、皖四省亦拟装设电台。

在蒋介石的指挥下,北伐军胜利席卷了大半个中国。在不过半年的时间里,北伐军击溃了吴佩孚,打败了孙传芳,占领了湘、鄂、赣、闽和江浙等省,克复宁沪后,孙军北退,其所购电报机器成为战利品,被国民革命军挪至杭州、梧州、柳州三处,装置为长波无线电台[①]。

民国十六年(1927年1月),中央临时联席会议宣布,国民政府在汉口开始办公,外交、财政、交通、司法四部开始行使职权。其时,交通部设在京汉铁路南局内,下设邮电航政处及无线电管理处,为接收掌管全国电报、电话及无线电做准备。

3月22日,国民革命军北伐胜利,在国内外媒体连篇累牍采访报道、庆祝通电的号外里,开始了对北洋政府所属上海电报局、上海电话局、上海电料管理处及孙传芳设在上海电报局内的东南无线电管理处等电政机关单位的接收。4月,国民革命军总司令部接收吴淞、崇明两无线电报局[②]。

民国十七年(1928年6月),国民党通过"二次北伐"统一华北。12月29日,张学良向全世界通电,宣布服膺三民主义,将原北洋政府的五色旗[③]改为南京国民政府的青天白日旗。南京国民政府在形式上完成了对全国的统一,并逐步派员接收

---

① 王崇植、恽震合著,《东北无线电通信网之试办》,《无线电与中国》,民国二十年九月初,第100页。
② 上海市长途电信局史志办公室编,《上海长途电信百年大事记》,第28页。
③ 五色旗又称五族共和旗,是中华民国建国之初北洋政府的国旗,旗面按顺序为红、黄、蓝、白、黑的五色横条,比例为5∶8。红、黄、蓝、白、黑分别表示汉、满、蒙、回、藏五族共和,所选用的五色为5个民族传统上所喜爱的颜色。

李范一

恽震

了原北洋政府的电政系统。在接收了上海地区的电信业后，国民革命军开始进行无线电通信建设。时驻上海前方总司令部交通处长李范一①、副处长恽震②奉蒋介石"制机育才，同时并进"之命，开始建设无线电通信。

设立无线电台。先设临时短波电台于上海施高塔路恒业里（现山阴路），李范一与恽震又建立无线电机制造厂及无线电训练所。制造厂创办之初，以专制新式短波机为主，一年之间先后制造了五百瓦特机、二百五十瓦特机、一百瓦特机共50余架。又制造了十五瓦特军用机，约百架。除十五瓦特军用机专供前后方各军用外，其各项长途机，均以之陆续设立各重要地方电台，共20余处，军事通讯因此而便利。至机器价值方面，该厂出品，持与舶来品一较，实极低廉。所有厂造之各种长途机及军用机，需款至高6 000元，至低2 000元，备货零件俱全，若就马可尼西门子公司出品定价比拟，相去奚止数倍。至于本国商行，亦间有制造短波机者索价极巨，一经厂机比较，居奇之风稍杀③。

培养无线电通信人才。为改变以往增设无线电通讯所及筹设各处固定电台，苦于无报务人员应用的情况，设立无线电训练所。招考具有相当程度学生，延请专家，授以无线电之原理及应用，并实习电报收发技术，限期六个月毕业服务。计举办两期，成才者达150余人，分赴各通信所及各电台任事，咸能尽职。又工程师养成所系在制造厂内附设，随时考选国内各大学无线电科毕业者入所实习，陆续派赴各电台担任重要工作。当时筹设各处电台，尚不至无相当人员调遣任用者，实赖于此③。

开办无线电商报。北伐军进入上海后，军用电台经筹划整理，宁、沪、粤、汉各地电台于12月初正式开放商报，通上海、南京、汉口、广东、汕头等地，收发迅速，电文准确，大受社会欢迎。时军用电台开办商报之目的，一为补助有线电之不足，二为经费上之开源。不料有线电报收入因此锐减，遂遭电政界之剧烈反对。而无线电方面，终以商报收发未得政府明令认可，不得不遵命停止，时距开办日期仅一个月③。

---

① 李范一（1891—1976年），中国无线电事业创始人之一。公费留学美国哥伦比亚大学学习无线电。回国后历任国民革命军总司令部交通处处长、军事交通技术学校校长、建设委员会无线电管理处处长、交通部电政司司长等职。

② 恽震（1901—1994年），毕业于上海交通大学电机工程系，赴美国威斯康星大学和美国的电机制造厂、电站建设公司学习和工作。他与王崇植合写了《无线电与中国》一书，全书近20万字，此书对我国无线电事业的发展起到了促进作用。

③ 王崇植、恽震合著，《无线电与中国》，《北伐中军用无线电之新发展》，民国二十年九月初，第100页。

第四章

国民政府交通部成立

民国二十七年（1928年），取得了北伐战争胜利的武汉政府宣布迁都南京，并改组"国民政府"，成立了新的交通部，确定了邮旗、电旗，制定了新的《电信条例》，全国的邮电通信事业趋于统一，电信建设拉开帷幕，与此同时，收回了外商电报公司营业处，外商水线实现自营，电报国际通信主权实现自主经营。

交通部上海广播电台在播音

第四章　国民政府交通部成立

第一节　交通部的成立

青天白日旗

国民政府交通部旧址

民国十六年（1927年3月20日），武汉国民政府正式成立。8月22日，汪精卫召集庐山会议会谈宁、汉合作。武汉政府的谭延闿、孙科、程潜、唐生智、顾孟余[①]和南京政府代表李宗仁等与会，冯玉祥也派代表参加。会议决定武汉政府于9月9日以前迁往南京，与南京政府合并。23日，李宗仁和汉方代表谭延闿、孙科前往南京。25日，武汉政府宣布迁都南京，并改组"国民政府"，改五色旗为青天白日旗。

民国十七年（1928年），国民政府定都南京。蒋介石任中华民国总统。12月29日，张学良发出通电，宣布东北实行易帜，历经十多年的军阀混战后，国家实现统一。

国民政府成立后，南京政府派员接收汉口，在现南京市中山北路303～305号成立新的交通部[②]。

交通部首任部长为王伯群[③]，部内另设有次长（政务次长、常务次长）。交通部原直隶于国民政府。政府实行五院制后，交通部改隶行政院。其职权为规划、建设、管理和经营全国国有铁路、公路、电信、邮政、航空，并监督公有及民营交通事业。内设机构主要有秘书、参事、技术三厅，总务、人事、财务、材料、路政、邮电、航政七司，统计、会计二处，公路管理、邮政电信、交通警察总局等机构。此外，还设有各种委员会。

交通部长王伯群

---

① 顾孟余（1888—1972年），留学德国，毕业于柏林大学。回国后历任北京大学文科德文门主任、经济系主任兼教务长，广东大学校长，铁道部部长，国民党中央第五届执行委员，中央政治委员会秘书长等职，1936—1937年任交通部部长。

② 现为中国人民解放军空军政治学院。

③ 王伯群（1885—1944年），大夏大学创办人之一，在交通部部长任内著有《交通事业改革方案》《电政设施三年计划》等著作。

交通部成立后,拟定交通事业革新方案,在振兴铁路、统一邮政、创办航空、发展电信等方面均有建树,其中对于电信管理进行的改革有以下几方面。

一、统一电信组织

将电信管理事宜统一并于电政司,重新规划电政管辖区域,分全国电政管理局为二十一处。民国十八年(1929年4月),陆续将各大区电报局与电话局合并为电信局,设局长、主任工程师各一人,主管全局。无线电台设管理工程师1人,工程师1~3人,报务主任、收发主任各一人[①]。业务管理职位只有电信专家可担任,这体现了电信管理的专业性,因此,各大电信局局长均为电信业出身,在他们的管理下,电信事业稳步上升。

将原交通部办南京电话局改称为首都电话局。后首都电话局由二等局升为一等局,辖下党公巷、大方巷、许家巷、兴中门、铺镇5所市内电话分局。局领导机关有:事务课(局长兼课长),下设文书、出纳2股;工务课(主任工程师兼课长),下设规划、修养、设置、材料4股;业务课,下设长途、用户、营业3股;另还设有3个分局管理股和会计室[②]。

二、设立统一的电信技术标准

于民国二年(1913年11月)成立的电气技术委员会组织[③]决定以电政司为会长,分设线路机械、电力机务及材料3股,聘外人为顾问,专以调查研究关于电信、电话、电气事业之技术及编制各项规则的测试图表,以全国技术有标准考核为宗旨[④]。其时有关技术标准有:关于改良中继器之接线方法;关于电气名词;关于自动电话制度;关于载波电报机;关于长途电话网;关于电报电路;关于传真电报;关于长距离无线电话;关于航空、航海无线电等。

电政总局机器厂

三、设立电信机械制造机构

早在民国元年(1912年),电政司设驻沪电料转运处,附设机器厂,

---

① 钱其琛主编,《业务组织之演变》,《铁路电信七十五周年纪念刊》,台湾文海出版社,第19页。
② 南京市地方志编纂委员会编,《南京市志》《南京电信志》,海天出版社,1994年3月,第8页。
③ 钱其琛主编,《电气技术委员会有关技术标准事项》,《铁路电信七十五周年纪念刊》,台湾文海出版社,第39页。
④ 钱其琛主编,《铁路电信七十五周年纪念刊》,台湾文海出版社,第41页。

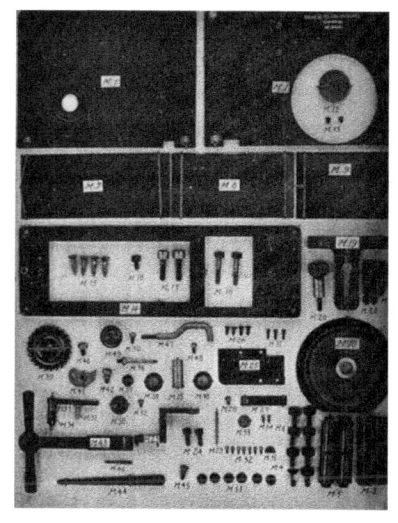

电政总局机器厂出品莫尔斯机件

民国五年（1916年）又增设电池厂①。至民国十七年（1928年），改为电报机器制造厂，电报快机及全部有线电报机件，莫尔斯、西门子电报机及其配件等均可自行仿制和维修。例如，当年夏天，颜任光②应国民政府之邀，离开北京大学来到南京，为军阀孙传芳遗留下来的一套电信设备进行装配。这是一套从国外购买的大型电信设备，由于技术资料尽失，构造复杂，致使长期无法安装使用。经颜组织安装试行发动后，其性能良好，这让国人为之振奋，海外也是一片叫好③。民国十九年（1930年），电政总局将制造厂范围扩大，合并为电信机械制造所，同时制造有线、无线电机件及电池等，差可自给。民国二十三年（1934年）将该厂改组为电信机料修造所，迁至南京，继续制造人工电报机件及自动发报机④。

四、建立中华全国电政同人公益会

中华全国电政同人公益会后改称电政同人公益会，会址初设天津，为办理电政同人的福利机构，原由电政同人组织，受交通部之补助，设董事会及总务、会计、公益3股，董事会设董事4人，互推董事长一人，各股设主任一人，均由会员选任。成立后改组为电政同人公益会，总会设于上海，董事会改称理事会，设理事7人，其中5人由会员互选，另由职工事务委员会及电政司各派一人，并设正副理事长各一人，由理事互选，各股设正副主任各一人，由会员互选，其职由理事会支配⑤，公益会出版物为《电信杂志》。各会设有福利委员会，开办合作社，为会员提供的福利服务有交通车之调配，发放生育补助费、死亡补助费、医药补助费、膳食补助费，建立理发室等。组织会员的活动有书刊之选订、球赛等⑥。

天津电报局同仁话局研究社第一次公演纪念合影

---

① 钱其琛主编，《其他各种组织之演变》，《铁路电信七十五周年纪念刊》，台湾文海出版社，第21页。
② 颜仼光（1888—1968年），后仕电政司司长，建设委员会委员，资源委员会委员，上海大华科学仪器公司研究室主任、工程师，上海电表厂副厂长兼总工程师。见《私立海南大学》（苏云峰著）。
③ 苏云峰著，《私立海南大学》。
④ 钱其琛主编，《其他各种组织之演变》，《铁路电信七十五周年纪念刊》，台湾文海出版社，第21页。
⑤ 钱其琛主编，《福利机构》，《铁路电信七十五周年纪念刊》，台湾文海出版社，第23页。
⑥ 交通部国际电台同人福利会编，《庆祝首届电信节特刊》，1947年，第9页。

五、建成上海邮政总局大楼

民国三年（1914年），中华邮政成为万国邮政联盟的成员，上海邮政总局被指定为国际邮件互换局，成为国内最大的国际邮件进出口中心。随着邮政业务的快速扩展，位于北京路的原址已经不敷使用，于是决定兴建一座新的大楼。

民国十一年（1922年2月），上海邮务管理局购得四川路桥北堍0.648公顷（19.727亩）土地。12月大楼正式开工建设。至民国十三年（1924年11月），邮政总局新厦竣工。在楼顶有座钟塔，其两侧有两组青铜塑像。一组为3人持火车头、轮船和电信电缆模型，象征交通和通信的发展。另一组为希腊神话中的通信之神和爱神，象征邮政是沟通人间情感的使者。南面正中为希腊神话的信使、通信之神赫耳墨斯（Hermes），戴有翼帽，手执双蛇缠绕与信鸽之杖，脚生翅，赫耳墨斯左右为女神，执笔和书信，北面当中为爱神。12月1日，上海邮务管理局正式由北京路迁入北苏州路办公，同时对外营业。时上海邮政总局新厦以其独特的建筑风格，成为与外滩建筑群遥相呼应的一座建筑。楼内的二层营业厅，宽敞华贵，被誉为"远东第一大厅"。

交通部在发展邮政、电信方面进行的主要工作还有：先后公布《邮政储金法》《邮政国内汇兑法》《中华民国邮政法》；编制了中华邮政舆图；制定电信条例，设立国际电信局；开办交通部真如国际大电台；开设南京、上海、武汉、青岛自动电话；实行邮电营业合设；制定长途电话按空间距离收费标准，回收外商水线通信利权等。

上海邮政总局大楼

民国年间上海邮政局女职员

交通部部长俞大维视察上海邮政局

第四章　国民政府交通部成立

第二节　公布《电信条例》，制定电旗、邮旗

交通部成立后，即开始着手进行电信立法准备工作。

民国十八年（1929年8月5日），国民政府公布《电信条例》，规定凡国家经营之电信，由国民政府行政院交通部管理[①]。《电信条例》对电信经营作了明确的规定。在《电信条例》第三条中，确定电信为民生服务：

一、供铁路矿山或其他特别营业之专用者。

二、供船舶及航空机航行时通信之用者。

三、因图收发之便利其当地电信机关接线通电者。

四、专供在一定范围内通信之用者。

五、专供广播有益于公众之新闻讲演气象音乐歌曲之用者。

六、供学术试验上之用者。

七、在未有电话联络之一定区域内设置电话者。

在《电信条例》的框架下，电信建设有法可依，电报、市内电话、无线电通信和长途电话建设有所发展，并制定了建设京、沪、杭三地长途电话及全国长途电话的发展规划，为长途通信的发展奠定了基础，电信事业逐步走向民生。由国民政府行政院新闻局于民国三十六年（1947年）印行的《电信事业》为这一段通信史作了一个精辟的总结：民国成立后，军阀跋扈，内战连年，各省电信机关多被他们所把持，视同他们的私人产业，以致电信业务不但无由进展，而且受到很大的打击。国民政府奠都南京后，各省电信业务才得逐渐统一。

交通部制定的电旗

交通部成立之前，曾拟电旗式样，但并未确定，因此，各地电局制定的电旗各式不一，交通部成立后，制定公布了标准电旗式样：旗用蓝色布为之，正中绘一篆文白色"電"字，全旗尺寸以

交通部制定的邮旗

[①] 《上海邮电志》，上海社会科学院出版社，1998年10月，附录，第844页。

横六纵四位比例。旗上篆文"电"字，为我国古体字，其寓意为：可概括为代表各种电信，如电报、电话、无线电等标志，在其字形上说之，甚似宝字，系取含蓄黾勉电信工作人员努力从公之意。再将此另作观察，电旗英文由"EIE"三字母所组成，即电报（telegraph）、电话（telephone）、无线电（wireless）所拼成之字母，且系连缀在一处，与黾字隐然相合，其意深长，诚具巧思①。

第三节　统一管理全国无线电台

国民政府定都南京后，开始规划全国无线电台统一管理。

民国十七年（1928年2月2日），国民党召开二届四中全会。6月25日，在中央政治会议临时会议决定，全国无线电台由建设委员会筹建，所有各处已设立之电台应交该会管理。

7月，建设委员会在南京成立无线电管理处，国民党军事委员会交通处处长李范一改任建设委员会无线电管理处处长，该处在上海成立办事处，公布《中华民国无线电台管理条例》②。条例的主要内容有：①凡非中华民国国籍之人们或团体或机关，绝对不得在中国境内设立置有发讯机之电台，试验及专业电台除外；②各省政府之无线电事业计划，须经核准方得施行；③凡航行中国沿海及内河之轮船，在500吨以上而载人逾50名者，须一律安设无线电台。

11月，该处公布《中华民国无线电台呼号条例》。根据1927年华盛顿国际无线电报会议的规定，中华民国治权所达处电台呼号应在XGA—XUZ字母范围之间。

时无线电台的设置实行一台一址，以避免电台相互之间的信号干扰，每个电台由一套收发信机组成。为了加快无线电台的扩展，国民政府建设委

上海无线电总台

员会先后在上海蓬莱路、宝山路、汉口路、民国路（今人民路）等处建立第一到第八无线电台，然后成立无线电总台。

---

①《首届电信纪念日特辑》，电信总局印，1947年12月28日，第3页。
②《上海广播电视志》，大事记。

第四章 国民政府交通部成立

交通部也在小沙渡路（今西康路）设立第一个电台，与南京、青岛、福州通报。随着业务的发展，又在新闸路、外滩、广东街先后设立了5个无线电台。据民国三十六年《电信事业》记载：国民政府奠都南京后，积极规划扩充无线电建设。次年1月在上海建立短波电台，继复在重庆、宜昌等处先后添设。同时建设委员会也积极筹设电台，扩充通信，继续添设上海8台、南京2台，以及汉口、北平、杭州、广州等28台。

建设委员会无线电台

同年11月，国民党中央政治会议举行第一百六十五次常会，此次常会通过行政院各部委组织法，正式命令交通部将管理无线电的职权移交给建设委员会。交通部拒绝执行这一命令。原因：一是自中国有电报、电话事业以来，形成有线通信与无线通信相辅相成之势，岂有分开经营的道理；二是有线电在北

电报同人代表在南京政府门前请愿

伐战争中受到了严重损毁，必须拆借巨款才能修复，而历年来官军报费欠资太多，边远的小局入不敷出，这些亏空必须由无线电报的收入来补充。据此，交通部将无线电管理处更名为无线电报话管理处[1]，以此来争取全国无线电管理权。

建设委员会和交通部在报上公开论战，发表自己的观点，说明管理权的归属在自己一方的理由。如此一来，争夺无线电管理权之事白热化。全国电报同人公益会，上海、北平、天津、广州等地的电报局员工们奋起而争，纷纷致电行政院抗议，全国电报同人会，津、粤等地电报局还派出代表前往南京请愿，要求将无线电事业交还管理[2]。

民国十八年（1929年8月），国民政府执行国民党第三届中央执行委员会第二次全体会议决议，根据《电信条例》的规定：凡国家经营之电信，由国民政府行政院交通部管理，将建设委员会所管无线电移转管理。至此，无线电管理权尘埃落定。

---

[1] 《上海邮电志》，上海社会科学院出版社，1998年10月，附录，第844页。
[2] 梅绍祖、宋刚刚主编，《百年电信铸辉煌》，中国计划出版社，1998年6月，上海电报局局长名单，第48页。

罗若遐

完成移交后,交通部将原建设委员会所属的全国无线电台合并分为7区。每区设总台1座,分台若干座。总台有青岛、上海、重庆、汉口、厦门、广州和天津7座,对外办理公众电报业务,同时兼办船舶电报业务①。至此,全国无线电通信归于统一。时各地无线电总台报务员中有多人在日后进入国共两党政府或军队,从事电信教育。例如,罗若遐②于民国二十一年(1932年)在上海无线电总台工作,日后进入红军总部无线电台任报务员及红色中华通讯社(新华通讯社前身)新闻台台长等职。

民国二十三年(1934年),交通部在拉萨设立了功率为100 W的无线电台,建立了与南京、成都、重庆和印度噶伦堡等地的无线电通信联系③。是年,中央政府派遣的参谋部次长黄慕松④及国民政府代表团抵达拉萨,致祭十三世达赖。黄慕松认识到了民国政府在西藏电信方面的被动局面,认为:电报、电话,可谓英人为便利其商业及易通藏情而设。江孜帕里至亚东关,归英人经营。如将来中央有款赎回此项权利,于国防上利益甚大。否则长此以往,一旦边区有警,我则非三月准备不能到藏,而英人恃此邮电利器,两周内即可长驱入拉萨,斯真堪注意者也。

民国二十八年(1939年),吴忠信⑤赴藏主持十四世达赖喇嘛转世事宜,在拉萨会见了无线电台的电务主任谭兴沛、机工严静两人。之后在拉萨设立办事处、无线电台、气象测候所等⑥。

黄慕松

吴忠信

---

① 编纂委员会编,《山东省志·海事志》,第一节,海岸电台。
② 罗若遐(1907—1988年),原上海电报局职员,后为红军报务员,先后任大连关东电信专科学校副校长、军委通信部副部长、高等军事学院通信联络教会主任、战略教研室副主任等职。
③ 西藏自治区地方志编纂委员会,《西藏自治区志·电信志》复审稿,大事记,第14页。
④ 黄慕松(1883—1937年),日本陆军大学31期毕业,中国军事测量之父,曾任参谋次长、陆大校长、广东省政府主席,后追赠上将。
⑤ 吴忠信(1884—1959年),蒙藏委员会委员长,1940年2月主持西藏第十四世达赖坐床(即位)大典。在中华民国史和边疆民族史上有其独特的地位和作用。
⑥ 王川、刘波,《论近代中国藏区邮电事业的发展》。

第四节　统一管理全国广播电台

民国十七年（1928年7月），国民政府建设委员会在其公布的《中华民国无线电台管理条例》中规定广播电台"得由人民设立"，12月13日，又公布《中华民国广播无线电台条例》，规定：广播电台得由中华民国政府机关、公众或私人团体或私人设立，但事前须经国民政府建设委员会无线电管理处特许①。

民国十八年（1929年8月1日），国民政府交通部无线电报话管理处将建设委员会无线电管理处接收合并，在上海设立无线电管理局，统管全国无线电事务。时国际无线电台公会指定的中国广播电台专用字母是"X"。

5日，国民政府将广播电台归入交通部管理，公布《电信条例》，其规定：装用无线电收音机者须向其委托机关登记并领取执照。

随后，交通部就广播电台管理先后公布的办法及规则有：

《装设广播无线电收音机登记暂行办法》，规定凡欲装设广播无线电收音机者，无论是购置还是自行装配均应向交通部有关机关登记；

《限制民营电台暂行办法》修正案，规定设台团体或个人以中华民国国籍及完全华人资产为限，最大发射功率暂定为50 W；

《民营广播无线电台暂行取缔规则》，对民营电台的设立、营业、管理、限制等做出具体规定；

《请领无线电材料进口护照办法》，规定输入无线电材料须向交通部请领护照；

《请领无线电材料转口凭证暂行办法》，规定凡进口无线电材料需转运其他地方时，应填具申请书，向电报局领得转口凭证，方准起运②。

交通部分别在南京、北京、上海等地建设广播电台，具体时间如下。

一、南京中央广播电台

在中国国民党二届四中全会上，陈果夫③联合叶楚伧④、戴季陶⑤等中央委员提议设立广播电台，获得一致通过后，以关银1.9万两，向上海美商开洛公司订购

---

① 《上海广播电视志》，大事记。
② 综合《上海广播电视志》，大事记。
③ 陈果夫（1892—1951年），国民党中央组织部部长，与蒋介石、宋子文、孔祥熙合称中国四大家族。1951年8月25日病逝于台北。一生写有各种体裁的文字190余万字。
④ 叶楚伧（1887—1946年），历任江苏省政府主席、国民党中央党部宣传部部长、秘书长、中央政治会议秘书长。1935年任国民政府立法院副院长，公余兼职文教，创办大型《文艺月刊》，编印《文艺丛书》《读书杂志》等。
⑤ 戴季陶（1891—1949年），国民党元老之一，中华民国国旗歌的歌词作者，历任中山大学校长、国民政府委员、考试院院长、国史馆馆长。1949年2月11日于广东省政府广州东园招待所服安眠药自杀。

　　陈果夫　　　　　　叶楚伧　　　　　　戴季陶　　　　　　徐恩曾

500 W 的中波播音机全套设备，包括 5 000 W 汽油发电机的自备电源，两座 42.672 m（140 英尺）高的自立式铁塔及室外发音设备。勘定湖南路国民党中央党部内西南角的一块空地作为台址。

民国十七年（1928 年 5 月），上海大新营造厂装配发射铁塔，建造发射机房，7 月中旬竣工。8 月 1 日，中央广播电台在中央党部大礼堂举行隆重的揭幕典礼，中央广播电台以呼号"XKM"[①] 首次实况直播。当天，国民政府军事委员会委员长、国民党中央政治会议主席蒋介石在开幕式上致辞，其他政要也出席开幕式并相继演讲。

民国二十二年（1932 年），为扩大无线电广播的覆盖，由国民政府交通部电政司负责购买德国公司的播音和发射设备，承建并督办扩建"中央电台"，主要负责人为温毓庆[②]。是年，在南京江东门西边征地约 2 公顷（30 余亩），历时半年建成两座百余米高的钢筋架发射塔，这就是"东亚第一，世界第三"的广播电台，电波遍及海内外。中央广播电台的首任主任是徐恩曾[③]。同时，中央广播电台组建了广播事业指导委员会。

二、北平广播无线电台

民国十七年（1928 年 10 月），交通部派员会同北平电话局接收原北洋政府官办的北京广播电台，加以改组后更名为"北平广播无线电台"。

民国十九年（1930 年 3 月），因由阎锡山军队接收，该台划归太原无线电信管理处管辖。10 月，张学良军队由东北入关进驻天津，该台又由东北边防司令长官公署派员接收，将该台与北平短波电台、长波电台（两台均为通信台）合并，改称为"北平无线电台广播台"，暂由平津卫戍司令部管辖。

[①] "X"为中国广播电台专用字母，"KM"代表国民党。

[②] 温毓庆（生卒不详），是宋子文的姨表兄弟，清华大学毕业后，留学美国，获哈佛大学博士学位。回国后，曾任清华大学教授、财政部税务专门学校校长、财政部参事等职。他精通无线电业务，曾为蒋介石研究过中文密电。任电政司长期间，温毓庆参与筹建我国第一座国际无线电台——设在上海真如的国际无线电台，并出任上海国际电讯局局长、交通部上海国际电信局局长，1940 年到香港治病，之后转往美国。

[③] 徐恩曾（1896—1985 年），早年毕业于上海南洋大学，后留学美国，回国后在上海当机电工程师，为国民党中统的实际负责人。

民国二十一年（1932年1月），该台由派员收回，并与短波、长波各台分立，同受上海国际电信局管辖，呼号按国际无线电公约的规定更改为"XGOP"。

民国二十三年（1934年），收回英商增茂洋行发射电力为250 W的增茂广播电台，改为"北平广播无线电台分台"，并将发射电力增至1 000 W[①]。

三、上海广播电台

交通部上海广播电台工作人员

民国二十四年（1935年1月16日），上海国际电信局奉令组建上海广播电台筹备委员会。电台设备购自外商美灵登电台，经国际电信局改进后设立。3月9日，电台开幕。这是上海第一座由政府部门主办的广播电台[②]。电台呼号为"XQHC"，发射功率为500 W，频率为1 300 kHz，发射机装在百老汇路（今东大名路）瑞丰大厦上层，播音室设在南京路沙逊大厦（今和平饭店）国际电台中央收发室内。该台隶属于国民政府上海国际电信局管辖，由局长直接领导[③]。

民国二十四年（1935年8月9日）起，全国广播收音机亦开始登记。上海国际电信局从8月1日开始办理登记，至9月30日登记期满，总计登记收音机为6.8万余具[③]。

四、加入欧洲国际广播公会

民国二十五年（1936年5月），国民党中央广播事业指导委员通过"全国广播电台系统及分配办法"，将全国划分为8个广播区，同时决定，中央电台加入欧洲国际广播公会。6月，由吴道一[④]赴瑞士参加该会。从此，中央电台每年缴纳625瑞士法郎的会费，成为会员国。这是中国广播事业以独立姿态迈入国际社会的开始，也为抗战时期对外宣传奠定了基础[⑤]。

吴道一

---

① 赵玉明，《中国广播电视年鉴》编委会副主任，中国传媒大学教授，博士生导师，本文引注其《北京广播事业发展概述》。
② 《上海广播电视志》，第一编广播电台，第一章，无线广播，第一节，民国时期广播电台。
③ 《上海广播电视志》，大事记。
④ 吴道一，国民党中央广播电台台长、中央广播事业管理处处长，1948年冬去台湾。
⑤ 赵玉明，《北京广播事业发展概述》。

10月28日，交通部公布了由广播事业指导委员会通过的《指导全国广播电台播送办法》，其中规定，凡是属于宣传、教育、演讲的内容，公营电台应该占多数，民营电台也不能少于40％。各电台必须把制订的每期节目表送到指导委员会审查，每天播送节目的标题和担任者姓名，除转播中央电台节目之外，也要提前编造报表，送给指导委员会审阅。

当年，裁撤国际电信局。国际通信业务交由交通部上海国际电台管理，上海广播电台归上海电报局管辖，上海民营广播电台之监督亦归上海电报局办理[①]。

第五节　开办无线电中等训练班

交通部第一届无线电中等班毕业师生合影

无线电实行统一管理后，交通部做出无线电通信发展决策，并以"国内各省都会均有无线电台之设置，为应此种要求计则人才之培育急不容缓"[②]之需求，令电信学校开办无线电训练班。

民国十九年（1930年3月），交通部从甘肃、湖南、山东、河北、浙江、江苏等地电报局选调20名电务员生，到上海电信学校开办的无线电中等班学习。

上海电信学校的前身为民国元年后电报学堂改制的电报传习所，其首任校长为张锡藩。学校设初等班、中等班、高等班、日文班、簿记班、无线电班。

[①]《上海广播电视志》，大事记。
[②] 李仲公，《无线电中等班毕业纪念刊》，序二，民国十九年十二月。

第四章 国民政府交通部成立

新生班重国文、英文、数学、地理、物理等科，肄业者膳宿学费均免缴，毕业年限为一年或两年。初等班毕业者，派各局值机；中等班毕业者任简局领班；高等班毕业者任各繁局总管。民国十七年（1928年12月），电报传习所改为电信学校。

民国十九年（1930年1月），电信学校开学，校长为王

王祉伟

郁秉坚

祉伟，郁秉坚担任教务长，开设电机、无线电报收发、无线电公约、电报公约、电报公文、军事等课，培养电信人才。为谋无线电通信专业人才，特设无线电中等班，教员有十余人，分别为杨立惠、王新元、张雪帆、蒋新甫、韦培之、支秉渊、沈子群、瞿子良、王振祥、王建民、张有德等[①]。

学校的教师由各电局选派，他们以娴熟的通信技术自编教材，写出了《直流发电机之原理》《内燃机电火着火之注意点》《滤波器在电气通信上之效用》等论著，还以自身的文化修养创作了《音乐与人生》《我校的体育谈》等文章，受到学生们的崇拜。例如，后任台北国际电信局局长的张有德，同学们称赞他：天资聪颖态度文雅，各种科学造诣俱深，尤长于英国文学尽得之家学渊源，自本校有线电班毕业后派赴京局（南京）服务公余之暇，手不释卷，犹自视歉然。乃入万国函授学校研究电报学术，其目光之远大可以知之[①]。

年轻的学生们青春正茂，在学习无线电通信的同时，他们还热爱文学，其创作的诗歌颇有风采，散文、诗歌、独幕剧等应有尽有。如黄炎在其创作的《几个时期》里写到：当原野的天幕未收：远处的凝霞还依恋着白天的挽留，一声声农歌和着长江如韵的缓流，唤起了童年时代烂漫的思念；世上有多少伤情和疯狂，尽不留名地戴着失望的脸儿去了，这里也曾竖立过无数狂放的英雄，带着几世纪的悲愤向江心踊跳。

学生的体育运动亦丰富多彩，特地聘请了大夏大学体育老师任教练，在原有的排球场上添设了篮球架，进行乒乓球、篮球的比赛。12月，为时一年的学习时间结束，无线电中等班举行毕业纪念。纪念活动盛况非常，国民政府要员何应

[①] 《无线电中等班毕业纪念刊》，民国十九年十二月。

何应钦　　　　　孔祥熙　　　　　吴铁城　　　　　熊式辉

钦[①]、孔祥熙[②]、宋子文[③]、陈果夫、孙科[④]、吴铁城[⑤]、熊式辉[⑥]、温毓庆、王宠惠等纷纷发来题词：科学进步、实录雷鸣、同声相应、佳音飞播、宏吾电信、天下英才等。

交通部部长王伯群特地题词：电信之传达视邮递为速，并路航为交通要政，为莘莘学子将毕业而行其学矣将来发扬光大，焕乎其彩，则今日之所学可为他日前途，贺其所负之使命不亦重钦[⑦]。

交通部政务次长李仲公，常务次长、电政司司长庄仲文及各科主管等亦到场祝贺，并寄予殷切希望：无线电为新兴之电气通信事业，与有线电有相辅相需之关系，深望学生毕业后能更进一步作无线电科学之研究，分赴欧美考察其工程技术管理等项之新设施，以谋我国无线电事业之改造与发展[⑧]。

无线电通信教育是中国电信业教育事业中的重要内容之一，电信教育事业所产生的社会影响，正如方余轾在毕业纪念刊上所刊载的《发展电信教育之我见》中所论述的：50年来，电政随着祖国的历史演进，电政除了通讯的使命外，对于社会、经济、政治都有重大的影响。电政最大的使命，是传播文化，或者我们再进一层讲，中国文化之所以落后，其原因虽然多，可是电政之不能发展，也许是阻止文化的最大障碍。从上述的证明，觉得电信教育，实在是一桩极重要的计划。

---

① 何应钦，国民党政治家、军事家、国民革命军一级上将，黄埔系仅次于蒋介石的第二号人物。从辛亥革命起历经北伐战争、抗日战争、解放战争，中华人民共和国成立后撤往台湾，历任国防部部长和行政院院长。
② 孔祥熙，曾任青岛电话局局长、中华民国南京国民政府行政院院长兼财政部部长。
③ 宋子文，政治家、外交家、金融家，出席联合国大会任中国首席代表。
④ 孙科，历任广州市市长、南京政府行政院院长、立法院院长，1947年任南京政府副主席等职，1949年辞职，后长期旅居中国香港、法国。
⑤ 吴铁城，历任国民党中央海外部部长、国民党中央秘书长、立法院副院长、行政院副院长兼外交部部长、上海市市长兼淞沪警备司令等职。1949年后赴台湾。
⑥ 熊式辉，两度担任淞沪警备司令一职，主持赣政10年，外派访美军事代表团团长，出任东北九省行辕主任，军衔至陆军二级上将，1974年6月21日病逝于台中。
⑦ 《无线电中等班毕业纪念刊》，王伯群，序，民国十九年十二月。
⑧ 《无线电中等班毕业纪念刊》，曾养甫，序，民国十九年十二月。

第六节　中国国际电台隆重开幕

民国十八年（1929年8月21日），交通部任命温毓庆为无线电管理局局长，并兼任国际大电台筹备处主任，在他的主持下，国际电台的建设正式启动。

此前，考虑清政府与大北电报公司和大东电报公司签订的水线专营权合同都将在民国十九年（1930年）到期，为能在期满后一举收回我国的国际通信主权，使国家信息及时传递，得以洞察世界风云，保国家安全，惠及民生，建设国际电台成为头等大事。因此，建设委员会和交通部先后于民国十七年（1928年）年底和民国十八年（1929年）春成立筹建机构，筹备建设国际电台。最后决定在上海真如设发信台、枫林桥设发信支台、刘行设收

温毓庆

信台，在仁记路（今滇池路59号）沙逊大厦（今和平大厦）内设国际报房和国际电报营业处，建立国际电台。民国十七年（1928年10月）建设委员会决定先建立一个中菲转报电台，于民国十八年（1929年1月14日）与马尼拉正式通报，并通过马尼拉电台与欧美各国通达无线电话[①]。尔后，经交通部部长王伯群与银行商谈，以上海电报局的地产及电台盈余作抵押，向上海银行集团贷款100万元，作为国际电台的建设资金[②]。

中国国际大电台筹备处着手从美、法、德购买无线电设备，其中有美国RCA 20 kW晶体控制短波发信机2部、法国15 kW SFR发射机1部、德国德律风根公司2 kW短波发信机4部、美国RCA短波收信机3部等无线电设备，土建施工即将开始，建设国际电台计划终于付诸实施。因国际电台的兴建，大东、大北、太平洋三公司撤废水线问题，以及日方的长崎线、无线电专营权问题亦同时进入交涉。从同治十年（1871年）起，中国的国际通信主权一直被外商水线电报公司所有。能够有中国自己的国际电台一直是中国电信人心中的愿望。如今，整整59年过去了，历经磨难的中国电报事业，将因为有了自己的国际电台，以自己的无线电报线路，开出国际电报业务，与外商水线电报公司进行电报市场份额的竞争。这是中国国家电信事业的一个了不起的进步。

---

① 上海市长途电信局史志办公室编，《上海长途电信百年大事记》，第32页。
② 梅绍祖、宋刚刚主编，《百年电信铸辉煌》，中国计划出版社，1998年6月，第57页。

枫林桥收发信支台

刘行收信台全景

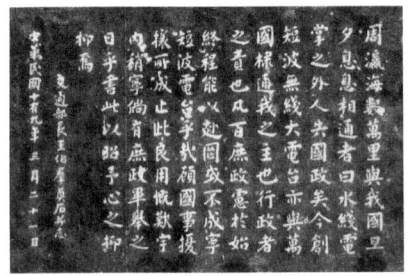

王伯群为刘行收信台题词

国际电台收发报营业处

民国十九年（1930年4月3日），建设国际电台的第一个工程——枫林桥发信支台——竣工。11月，刘行收信台、真如发信台全面竣工。与此同时，新建的职工宿舍也竣工。交通部国际电台即将隆重开幕。

交通部部长王伯群为刘行收信台奠基题词：周瀛海数万里与我国旦夕息息相通者曰水线电掌之外人失国政矣今创短波无线大电台亦与万国棌通我之主也行政者之责也凡百庶政虑于始终程能以赴罔或不成宁短波电台乎哉顾国事扰攘所成止此良用慨叹宇内稍宁倘有庶政举之日乎书此以昭予心之抑抑焉。

12月5日，沪上各大报刊登国际电台将于12月6日在真如发信台盛大开幕的公告。届时，仁记路上（现滇池路59号）交通部国际电台收发处拍发免费电报，市民可到国际电台收发处领取前往真如发信台参观盛大开幕式的乘车证。

中午，交通部部长王伯群、无线电管理局局长温毓庆假座杏花楼举行宴会，欢宴中外各报记者数十人，通报国际电台将于6日在真如发信台举行隆重开幕典礼，届时将正式开通上海至旧金山的直达无线电报电路。

这天，国际电台收发处也是一片喜气洋洋，为交通部国际电台开幕举行的免费发报正在进行中，营业员一个个笑脸相迎，用户们一个个喜笑颜开，这一天发出去的电报达800余份，共4万余字[1]。

下午一点，上海火车北站的月台上人山人海，热闹非凡，专程前往真如参加开幕大典的来宾兴高采烈地登上开往真如的火车专列，要一睹国际电台的神秘风采。

火车到达真如后，国际电台的6辆汽车如穿

---

[1] 梅绍祖、宋刚刚主编，《百年电信铸辉煌》，中国计划出版社，1998年6月，第58页。

第四章　国民政府交通部成立

国际电台盛大开幕式现场

梭般往返，迎接来宾。举行庆典的会场已经布置好，用芦席搭成的大棚可以容纳数千人，会场的中央高挂着两面中华民国青天白日满地红旗帜，中央悬挂着孙中山的画像，画像的旁边是一副写着"革命尚未成功，同志仍须努力"的对联。讲演台前摆放着一盆盆鲜花。会场两边有无线电扩音机，四周有警察局盒枪队的警察们把守，停了百多部车辆。一切的一切都彰显着国际电台的气派。

参加国际电台开幕典礼的来宾云集政府要员和中外各界名流，到会的中方代表有：国府及行政院代表张群，国民党党部代表吴道一[①]，交通部部长王伯群，外交部部长王正廷[②]，电政司司长庄智焕[③]，无线电管理局局长温毓庆，上海市市长吴铁城，上海电话局局长赵守恒，银行公会林康候，市商会叶惠钧、王晓籁等。外方代表有：法国总领事甘格林、德国副领事唐士礼、美国最时洋行进口大班白罗保、美最时总经理惠达门、西门子洋行总经理汉森、美国无线电公司远东经理能司、美国无线电公司总代表李白、德商德律风根无线电公司翟纳、亚司令洋行经理马恩、福臣洋行大班哈生等。

沪上各大媒体记者及市民代表等2 000余人出席开幕式。王伯群在开幕典礼上

[①] 吴道一，后任国民党中央广播电台台长、中央广播事业管理处处长、台湾"中国广播公司"副总经理等职，曾多次出国考察欧美广播事业和参加国际广播会议。1948年冬离南京去台湾。

[②] 王正廷（1882—1961年），中华全国体育协进会的创始人之一，后历任中国红十字会会长、中华全国体育协进会理事长、交通银行董事、菲律宾交通银行董事长、太平洋保险公司董事长等职务，被称为中国奥运第一人。

[③] 庄智焕（1900—1978年），毕业于上海工业专门学校（今上海交通大学），历任黄埔军校电讯教官、南京无线电电台台长、国民政府电政总局局长、中华民国电政总局局长、中华民国工业部电子司司长等职。

致欢迎词,并报告了国际电台的筹备和建设过程。然后,他宣读了中美两国元首互致的贺电:

中国:

美国大总统胡勋鉴

兹于敝国上海大无线电台开幕之日,致电阁下,良为欣幸。窃信我兄弟共和之邦,自开始无线电新交通以后,定见两国邦谊,愈益敦笃,彼此商务,咸蒙其利,谨致贺忱,并祝健康。中华民国国民政府主席蒋中正。

美国:

中华民国国民政府主席蒋勋鉴

今日中美间无线电开始直接通报,以我两邦之重洋远阻,获此交通之利器。以为之介,定使两大民族之意志思想,愈益接近,彼此谅解,更见深切,爰本此意。谨向阁下与中华人民,恭祝贵国之国运昌隆。北美合众国总统胡佛。

中央代表、各国政府代表、外商与来宾发表了热情洋溢的致辞:

国际电台犹如人之喉舌,无电台则如人无喉舌,不能言语。今日无线国际大电台开幕,应是为世界之进步、民族之发展、文化之宣扬。想我国电政事业之初创,尚在清光绪初年间,至今已有五十余年历史,但所有电报,抵有陆线水线两种,无线电局所置亦仅有上海吴淞、崇明、广州、北平、天津、汉口、沈阳、哈尔滨等处,且规模甚小,欲与国际通信甚难。查其时国际通信陆线也只有中俄、中法两线,水线则有上海至佐士保、南洋两线,以上两线,尽操于外人之手,对于我国之经济固受操纵,国家之权利亦不免放弃。然此种事固与不平等条约有关,但实在说是自己没有建设。今国际大电台之成立,我国国际通信,将与世界各国息息相关,亦不再有任何阻滞,不再仰于外人,此乃不仅仅是幸事,国人同庆也。

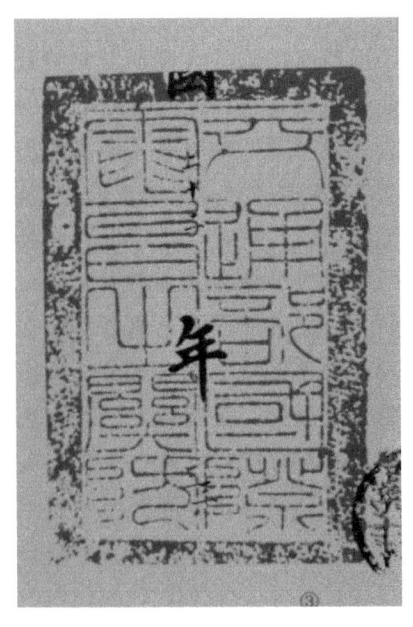

交通部国际电台关防

国际电台开通后,无线电管理局改组为国际电信局①,并于民国二十年(1931年2月),将上海真如发信台、刘行收信台、枫林桥发信支台、滇池路59号沙逊大厦的中央报房、收发处、中菲转报台等单位合并,正式成立了国际电台。

---

① 上海市长途电信局史志办公室编,《上海长途电信百年大事记》,1998年5月,第37页。

第四章 国民政府交通部成立

国际电台由国际电信局直接管理。首任管理工程师（即台长）为张承祜①。向社会开放的业务有寻常、加急、迟缓、新闻、夜信、日信、新年及圣诞贺电、政务、乙种暗语、航空安全及船舶电报等。

民国二十一年（1932年6月），交通部向英国中英庚款委员会申请拨借5万英镑②，向马可尼公司订购20 kW短波发信机等设备，在真如增购土地，扩充国际电台。

民国二十二年（1933年6月18日），交通部在真如发信台为从英国新购的发信机举行奠基典礼，部长朱家骅③亲临奠基典礼。与会者有马可尼公司、美国无线电公司、西门子公司等驻沪代表及上海市政府代表，来宾共百余人④。当年赴英国马可尼公司学习的上海无线电总台管理工程师卢宗澄⑤、汉口无线电总台管理工程师胡名誋，国际电台工程师佐理员孙洪钧、林定昂4人回国，由交通部指令，卢宗澄担任国际电台工程师。

朱家骅部长出席中英电路奠基典礼

交通部派往英国学习的无线电工程师

为庆祝国际电台的全面竣工，交通部国际电信局编印《中英直达电路开幕纪念册》，国际电信局局长温毓庆在《中国政府国际电报通信的发展》一文中写道：

在1929年前，中国的电报行业持续40年都是由外国公司独家经营，这对中国政府来说是十分遗憾的，也造成了巨大的损失。从1927年开始，建立国际电报通信系统成为中国政府要面对的首要问题。此事第一次被发现是在有关广东政府的第46次会议的第8项决议上。尽管这一决议在1927年8月6日的南京中央会议上

---

① 上海市长途电信局史志办公室编，《上海长途电信百年大事记》，1998年5月，第37页。
② 梅绍祖、宋刚刚主编，《百年电信铸辉煌》，中国计划出版社，1998年6月，第61页。
③ 朱家骅（1893—1963年），中国教育界、学术界泰斗，外交界的耆宿，中国近代地质学的奠基人，历任国民党政府、政党等多项重要职务。
④ 上海市长途电信局史志办公室编，《上海长途电信百年人事记》，1998年5月，第44页。
⑤ 卢宗澄（1906—1995年），历任上海无线电制造厂工程师，上海第一、第二、第四无线电台工程师，上海国际电台工程师、工务主任、管理工程师。抗战胜利后任京沪区电信接收委员、国际电台管理工程师。1948年10月，美国无线电工程师学会（IRE）通过选举，吸收卢为高级会员。中华人民共和国成立后，卢继续担任国际电台管理工程师，兼上海交通大学教授，历任邮电部无线电总局副局长、北京邮电学院副院长及邮电部邮电科学研究院院长。

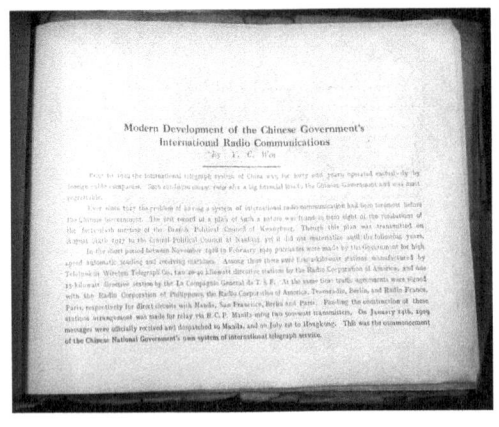

《中国政府国际电报通信的发展》　　　　　　上海国际电台发电报纸

中英电报机房　　　　　　　　　　国际电台中央报房

就被传递了,但一直到下一年也没有送达。在 1928 年 11 月至 1929 年 2 月的短暂时间里,自动接收设备是由政府采购的。这些设备由 3 家公司制造。同时,与各个国家和组织签订的通讯协议也达成了。1929 年 1 月 14 日,信息传递到了马尼拉,然后到了香港。这是中国国民政府自己的电报系统[①]。

历时两年,以美金 40.7 万建成的交通部国际电台,实现了中国人梦寐以求的期盼。温毓庆局长以《国际电台建设回顾》撰文:

我国国际电信事业,四十余年来,向归外商输二线公司经营,利源外溢,举国病之,民国十七年,国民政府统一南北,首谋建设筹建国际无线电台于上海,俾与欧美各国直接通报,以维护我对外主权通信之独立。

新通信设备使真如发信台如虎添翼,随后开通的有西贡、日内瓦、莫斯科、旧金山(马凯电路)、罗马等电路,国际电台的设备和通信能力日臻完善,我国与世界一些大城市能直接通报,我国自办的国际通信网基本形成[②]。国际电台一跃成为远

---

① 原文为英文,翻译者为赫舍里·玉胤(朱玉印)。
② 梅绍祖、宋刚刚主编,《百年电信铸辉煌》,中国计划出版社,1998 年 6 月,第 61 页。

东最大的国际无线电台。

随着国际直达电路的增加,国际电报业务日趋繁忙,为满足用户需求,国际电台于12月12日为上海银行、合盛洋行和美盛洋行、路透社、中庸、新东洋行、元一行等用户开通电传打字机专线电路[①]。

在传输设备上,所有国际电报电路均用克利特快机通报,收发报迅速。

在推广业务上,国际电台在国内外报刊上广泛宣传,请侨胞将拍至祖国各地的电报交由国际电台拍发。我国的国际电报收费低于外商水线电报公司,传递迅捷、准确,服务完善,工作效率高,得到海内外国际华人电报用户的广泛使用,全国国际电报经国际电台传递的已经达到2/3,而经外商的三水线公司传递的则减少至1/3。国际电台与外商水线公司美欧间电报每字报价比较如表1所示,国际电台直达电路如表2所示,国际电台开放国际电报种类一览表如表3所示。

表1　国际电台与外商水线公司美欧间电报每字报价比较

收报地	国际电台/(字·元$^{-1}$)	大东、大北/(字·元$^{-1}$)	太平洋/(字·元$^{-1}$)
旧金山	1.95	4.30	3.15
纽约	3.50	3.75	3.75
欧洲各国	2.60	2.75	3.75

表2　国际电台直达电路

电路	开通时间	电路	开通时间
上海至雅加达	1931年5月7日	上海至旧金山	1931年12月6日
上海至巴黎	1931年3月2日	上海至柏林	1931年6月1日
上海至西贡	1931年7月1日	上海至日内瓦	1932年2月5日
上海至莫斯科	1933年3月10日	上海至旧金山(马凯)	1933年5月19日
上海至伦敦	1935年2月3日	上海至东京	1934年6月1日
上海至罗马	1934年1月21日	上海至东京*	1936年2月15日
上海至中国香港	1937年2月1日	上海至旧金山*	1937年5月19日

备注:"*"表示无线电话电路。

---

① 上海市长途电信局史志办公室编,《上海长途电信百年大事记》,1998年5月,第47页。此电路系由电信单位为用户开通并由用户自行拍发电报的直接电路。

表3　国际电台开放国际电报种类一览表

电报种类	业务标识	收费标准	备注
政务电报	ETAT	寻常电价目的1/3	每电以5个字起点
寻常电报		全价	报类标识ORD
加急电报	UGT	寻常电价目加倍	
迟缓电报	LC	寻常电价目的1/3	每电以25个字起点
新闻电报	PRESS		每电以10个字起点
迟缓新闻电报	LCPRESS	每字价目比新闻电报减价，收0.16元	仅对美开放
夜信电报	NLT	价目同新闻电	每电以25个字起点
日信电报	DLT	寻常电价目的1/3	准用中、英、法文及收报局所在国家准用文字，每电以25个字起点
新年及耶诞贺电	XLT	寻常电价目的1/3	每电以10个字起点
			每年12月14日至次年1月6日开放
乙种暗语电报		寻常电价目的2/3	每电以4个字起点
船舶电报		由船台费和岸台费相加计收	

真如发信台外景

第七节 美商电话公司进入上海

美商上海电话公司管理人员和外国专家合影

民国十九年（1930年7月27日），以"银行家的银行家"著称的美国摩根财团以570万两银子，买下了时有1 000名接线生，拥有人工及自动电话业务的英商华洋德律风公司的全部财产和专营权，把公司改名为美商上海电话公司。

华洋德律风之所以退出在上海的电话经营，主要是通信服务质量的问题。民国十八年（1929年）夏天，上海公共租界工部局从美国商会，以及美国、法国、德国、意大利、日本、荷兰及上海总商会处，收到对上海华洋德律风公司服务不良的投诉。为了研究解决华洋德律风公司的服务质量问题，公共租界工部局向英国邮局聘请电话专家安生（B. O. Anson）来沪。到沪调查后，安生提出调查报告，认为该公司邮局采用的旋转制自动电话性能良好，没有更换其他制式的必要。该公司服务质量低劣的主要原因：一是外线工程质量太差；二是自动电话和人工接线电话混合使用。解决的根本办法是：把全部外线工程彻底改建，并在两年内把所有电话全部改为自动制。根据他的估计，进行这两项工程需要资金800万两[①]。

然而，华洋德律风公司因资金短缺，无法实现电话专家安生的建议。公共租界工部局通知该公司招标出售它的产业。参加投标的有美商国际电报电话公司（The

---

① 上海市内电话局史志办公室编，《上海市内电话》，1995年9月，大事记，第19页。

上海电话公司发行的股票

买地建造新局

改造后的江西中路电话交换所

International Tele-phone & Telegraph Co.)、美商电缆、电话及综合信托公司（The Cable. Telephone Generl Trust Co.）及瑞典爱立信公司（The Ericsson Co.）3家，在该公司的建议下，组织了一个顾问委员会，协助该公司考虑接受哪一家的投标。顾问委员会向华洋德律风公司提出，建议其接受美商国际电报电话公司的投标。

7月27日，华洋德律风公司召开特别股东大会，通过决议，接受美商国际电报电话公司的投标，把该公司的全部产业售于该美商公司。8月5日，华洋德律风公司停业。同日，美商国际电报电话公司向美国特拉华注册的上海电话公司接盘华洋德律风公司。

8月5日，美商上海电话公司完成接盘工作并开始营业。首任总经理为鲍德（C. W. Porter）[①]。

12月31日，美商上海电话公司发行了第一笔股票，共115 142股，每股银50两，总额为银5 757 100两[②]。

美商上海电话公司接盘后，即开始买地建造新局房。以旋转制自动电话交换设备对上海电话网络进行自动化改造，从民国十九年至二十一年（1930—1932年），汇山交换所（今长阳路分局）、毕勋自动电话交换所（今汾阳路分局）、福建路交换所、敏体尼荫路交换所（今云南路分局）、北区自动电话交换所（今海宁路分局）、西区自动电话交换所（今泰兴路分局）的改装自动电话工程完工，其中，泰兴路分局的总容量为41 000门[③]。这个交换所后被誉为"远东最大的自动电话交换局"。

---

① 上海市内电话局史志办公室编，《上海市内电话》，1995年9月，大事记，第19页。
② 上海市内电话局史志办公室编，《上海市内电话》，1995年9月，大事记，第20页。
③ 上海市内电话局史志办公室编，《上海市内电话》，1995年9月，大事记，第21页。

为保证服务质量，美商上海电话公司设立了维护管理机构，在机件维护上，以《分局维护手册》规范交换设备文化管理制度，对局内自动交换设备采用"预防性文化"，对机房各级纪检及动力设备，都列出周期维护表，严格按周期进行纪检的清洁、润油、检查及测试工作。在通信质量管理上，制定的指标有服务观察接通率、服务观察中的局内机械设备障碍、用户申告障碍等。一系列规章制度成为上海市内电话运行质量的保证。

上海电话公司的电话交换机设备

美商上海电话公司先后推出的新业务有：在租界内街头安置警用电话；设立"09"市内电话号码查询台；开办"95678"报时台等。并于1932年设立"09"查号台。

上海电话公司泰兴路分局

民国二十三年（1934年2月6日），继民国十五年（1926年2月1日）实现人工转接的8年后，上海闸北电话局闵行分局、南市分局实现自动电话，接通租界的两个"0"号接线坐席，并正式通话[①]。2月7日，上海电话局与美商上海电话公司签订"长途电话接线合同"14款，长话费按照国民政府的规定，全部归电话局收入，另由电话局付给美商上海电话公司酬金，合同有效期为5年。期满后继续有效，至一方以书面通知对方废止后6个月失效。因此，合同的实施、华界与租界两电话网都有了进一步的改善和发展，华界与租界的电话号码都为5位。

上海电话公司查号台

至此，自光绪八年（1882年）以来诞生的上海市内电话网，由外商和上海中方电话局分别独自运营的局面被打破，上海市内电话进步到两网连通，并能够通过双方话务员连通国际、国内长途电话。当时的互通方式是双方互设人工

---

① 上海市内电话局史志办公室编，《上海市内电话》，1995年9月，大事记，第23页。

上海电话公司广告

话务员坐席,为用户转接所要的电话。如租界用户给华界用户拨打电话时,拨"02"号码,由租界的话务员为之转接;华界的用户则拨打"0"号码,由华界电话局的话务员为之转接。

时美商上海电话公司在上海各大报纸连续刊登广告,宣传和推广电话。电话成为人们社会生活中的时尚品。明星与社会名流拍摄使用电话的照片,时《良友画报》亦刊登明星手持电话的写真照片,各大公司的广告亦刊登着联系电话,蕴含着特定意义的吉祥号码成为公司成立的首选。同时,为了方便市民使用公用电话,设立了公用电话亭,推出公用电话代用币。在电话铃声中,美商上海电话公司与上海电话局共同编织的上海电话网,成为沟通上海与全国、中国与世界信息的通信网,在这电话铃声中,上海的远东第一大公司、第一大楼等纷纷崛起,如百乐门舞厅、美琪大戏院分别被誉为"远东第一乐府""远东最先进的艺术影宫",上海成为远东第一大城市,被世界广誉为东方的巴黎。

第八节 国际通信实现主权经营

大北电报公司内景

自丹麦大北电报公司水线登陆上海以来,其水线就由大东、太平洋电报公司合用。其在中国经营水线电报的收入为每年七八百万元。其中,大北电报公司在外滩

7号（今中山东一路7号）买地造楼。于光绪三十四年（1908年），在原来的电报站前面，建起一座造型独特、稳重、优雅，充满异国文化色彩，成为上海外滩建筑风向标的大北电报公司大楼[①]。民国十一年（1922年），大北电报公司又在爱多亚路4号建起一幢电报站大厦[②]。

为谋求自主建设国家电信事业，中国政府在洋务运动之初，就制定了以建设陆线为主，水线为辅，遏制外商水线，维护中国电信利权的建设大略。至20世纪30年代，历经清代邮传部至民国政府交通部的接续努力，中国凭借遍及全国的电报路线，已经有底气收回外商水线电报及无线电利权。

交通部国际电台建成后，中国与外商电报公司进行谈判和签订合同，收回中国水线电报及无线电报利权，与外商电报公司摊分报费，发展中国国际通信事业。

民国十九年（1930年），中国政府决定：丹商大北、英商大东及美商太平洋三水线电报公司于1871年始在沪收发电报时与清政府所签的旧合同期满，特此声明：

所有前清政府与大北、大东、太平洋公司所订水线登陆合同凭函一律作废[③]，所有各该公司水线在上海一端之电报收发及投送事宜，将由我国统一收回自营。

回收外商水线自营的外交事务如下。

一、法国顾家宅电台不得再收商报

民国二十年（1931年6月15日），法国驻中国公使复照交通部，法国在沪设立的顾家宅电台[④]，除官电及气象报告外，即日起"不再收发其他电报"[⑤]。

二、规定外商电报公司与中方分摊报费方法

民国二十一年（1932年2月22日），交通部国际电信局和美商大来公司签订《专用无线电台收发船舶商报办法》10款。该办法统一了大来专用电台收发船舶与海岸间往来的无线电报，规定了报费分摊办法和来去报处理办法[⑥]。

6月20日，规定中英间无线电报发方得2/3，收方得1/3，按月以金法郎为

---

① 位于上海市中山东一路7号，建于1906年，翌年建成，为欧洲文艺复兴建筑式样，1994年该建筑入选上海市优秀历史建筑名录。
② 今上海延安东路34号，为上海市保护建筑。
③ 钱其琛主编，《铁路电信七十五周年纪念刊》，文海出版社，《水线交涉》，第74页。
④ 顾家宅电台，法商在法租界顾家宅军营（今复兴公园）内私设的电台，用于报告气象和报时。1916年，上海法租界公董局收购该电台，并添置长波收信机，接收外国新闻。1927年，顾家宅电台置备短波发信机，开通对欧美的商电和马尼拉无线电路，并添设汶林路（今宛平路）和福履理路（今建国西路）新电台。1929年，国民政府建设委员会国际无线大电台筹备处开通中菲电路，顾家宅电台取消对马尼拉的通信。
⑤ 上海市长途电信局史志办公室编，《上海长途电信百年大事记》，1998年5月，第38页。
⑥ 上海市长途电信局史志办公室编，《上海长途电信百年大事记》，1998年5月，第39页。

单位结算清楚①。27日，交通部与美商马凯无线电报公司签订《无线电报务合同》15款，建立上海和菲律宾、檀香山、旧金山直达无线电报电路，并经旧金山转达古巴、哥伦比亚、秘鲁、阿根廷等国。无线电报费发方得2/3，收方得1/3，每3个月以金法郎为单位结算清楚。合同有效期为8年，期满得以每5年为一期延长之（此合同后修改为直接通报地点仅限中国，中美间无线电报费收发双方平分）。

三、与外商电报公司修改和签订报务合同

民国二十二年（1933年4月5日），电政司分别和丹麦大北电报公司、英国大东电报公司、美商太平洋水线电报公司签订报务合同，报务合同的有效期各为14年，从民国二十年（1931年1月1日）起算，到民国三十三年（1944年12月31日）为止。合同要点为：

第一，各水线在我国登陆处至海中三海里长度之一段，由我国分别收买，作为我国之资产；

第二，在我国境内，所有水线通讯之一切运用事宜，完全由我国自办；

第三，所有在我国境内，水线电报收发事宜，完全由我国电报局统一办理，不再另设水线收发处；

第四，水线电报之每字总价按照国际无线电价目，统一规定及改订，其自发报国至收报国间所收之全部报费，除去应付第三方面之外线费后，应由我国与水线公司的双方平均分摊；

第五，发往国外电报，凡经发报人指定水线路由者，由该水线传递，其未指定路由者，悉由我国电局自行支配。公司并不得散发写有路由之空白去报纸②。由此合同，取消了外商水线登陆专利权，规定了水线的登陆权限和取缔规则，收回了直接收发电报权，同时改订了报费摊分办法②。

4月7日，交通部修订了1932年和美商马凯无线电报公司所订的合同，修改的合同通报地点仅限中国和美国，取消原合同中夏威夷、菲律宾直接电路；中美间无线电报费改以收发双方平分，取消原合同关于马凯公司得在中国散发印有路由标志的去报纸办法；原合同涉及南美各国国际通信的内容悉予删除③。

四、接收外商电报公司营业处

5月1日，交通部国际电信局根据电政司与三外商水线电报公司签订的报务合同，正式接收设在爱多亚路4号的大北、大东、太平洋电报收发处和设在北京路27号的收发分处。接收后，由交通部委派一人任主任，副主任一人，由公司推

---

① 上海市长途电信局史志办公室编，《上海长途电信百年大事记》，1998年5月，第40页。
② 钱其琛主编，《铁路电信七十五周年纪念刊》，文海出版社，《水线交涉》，第74页。
③ 上海市长途电信局史志办公室编，《上海长途电信百年大事记》，1998年5月，第43页。

第四章 国民政府交通部成立

大北、大东、太平洋电报收发处内景

荐，委派佐理员及报差各若干人。以交通部水线电报收发处名义，仍在原处收发电报。

五、收回外商水线自营

民国二十三年（1934 年 5 月 20 日），交通部清偿了大北、大东电报公司沪、烟、沽水线的借款，将该水线收回由中国自管，原经该水线传递的电报，一律由上海电报局收发①。因水线的回收，外商在上海擅自设立的无线电台做出"不再收发商电"的承诺。6 月，交通部驻烟水线工程师王柏年②作为接收专员，将大东、大北两公司在烟台设立的报房、收发处等厂房设备悉数接收，归并烟台电报局统一管理③。上海方向原与北方各处往来的电报，一律由上海电报局收发。

至此，由清政府在创办电线之初制定以"发展陆线，遏制水线"来保护中国通信利权的决定，历经中国一代又一代电信人的努力，使国家电信网络呈现出"大东大北两水线公司，鉴于我国国际通信趋于自主，无法操纵，亦遂接受我国条件，取消海线登陆专利"④，收回电报水线利权的理想成为现实。

为了国家电信利权回收的这一天，由清代始，中国电报的创业者和守业者的付出艰辛而持久，一棒接一棒，长达半个多世纪的努力。长空

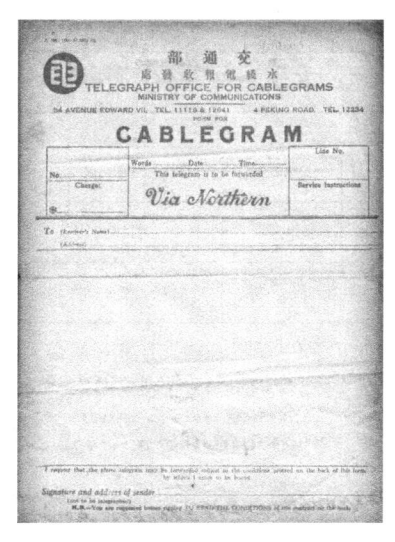

交通部水线电报收发处电报纸

---

① 上海市长途电信局史志办公室编，《上海长途电信百年大事记》，1998 年 5 月，第 46 页。
② 王柏年（1900—1970 年），毕业于北京邮电学校，历任交通部驻烟台水线工程师、交通部材料司考验科科长、电信机料修厂厂长、重庆市电报局工程师、交通部技术人员训练所机工班班主任等职，参与同丹麦大北公司等的谈判，收回了外国公司经办的上海、天津、烟台之间的海底电缆通信线使用权。其培养的学生大部分成为我国电报界骨干。其著成《实用电报学》，邮申部成立后，任邮电部长途电信总局电报处副处长、邮电部技术司主任工程师等职。其著的《电报》一书，总结了中国 80 多年来电报设备的发展情况。
③ 在 1905 年日俄战争中取胜的日本将原俄国政府所占的烟旅水线据为己有。清政府多次与日本政府交涉，要求将此水线归还中国，屡遭日本拒绝。1908 年 10 月 12 日，中日签订条约，将该水线定为中日共有，并规定：离烟台海岸以北 12.07 千米（7.5 英里）内归中国所有，之外日本所有。并将原达旅顺之一端移设至大连，即后来的烟台至大连水线，这是中国政府将属于中方的水线所有权从外人手中收回的成功事例。
④ 钱其琛主编，《铁路电信七十五周年纪念刊》，文海出版社，第 104 页。

万里,天波昭昭,他们对中国电信事业的奉献,让一代又一代的电信业者为之敬仰。国际电报水线及国内电报水线分别如表 4、表 5 所示。

表 4 国际电报水线[①]

登陆地点	水线名称	安设者	安设年份	备 注
吴淞张家浜	上海—厦门—香港	丹麦大北电报公司	1873 年	水线房
吴淞张家浜	上海—长崎	丹麦大北电报公司	1873 年	
吴淞张家浜	上海—烟台—大沽	大东、大北合设	1900 年 8 月	
吴淞张家浜	上海—亚波岛	德意志荷兰电报公司	1905 年春	有水线房
宝山石塘	上海—福州—香港	英商大东电报公司	1883 年 5 月	有水线房
宝山石塘	上海—马尼拉	美商太平洋电报公司	1903 年 7 月	借用大东电报公司水线房
宝山石塘	上海—长崎	日本电信局	1914 年	有水线房

表 5 国内电报水线

登陆地点	水线名称	安设者	安设年份	备 注
吴淞狮子林	吴淞—崇明	江南官电局	1895 年	1907 年中断不通
宝山东北石塘	上海—烟台	北洋政府	1922 年 5 月	有水线房

大北公司张家浜水线房

宝山日本电信局水线报房

大北公司大戢山水线房

---

① 《宝山县志》卷十一,《邮电志》第三节,县境内国际国内电报设施。

第九节　加入国际电话咨询委员会

民国二十一年（1932年），西班牙京城马德里举行国际有线电报及无线电报联席会议，这是国际电信业一次重要的会议。各国政府正式派遣的代表、各国政府承认的民营电信机构正式代表、其他电信事业及与电信有关系的国际机构派遣的人员或专家出席。会上，将国际有线电报及无线电报两者合并为一，由70个国家代表召开全权代表会议、行政会议、咨询委员会会议，联合组织成为国际电信联合会，并共同签订《国际电信公约》。

此时的中国国家电信事业，因国际电台的成立，建立了国际电信运营体系，国际电信也通连欧美，受到国际电信联盟国际电话咨询委员会的关注。民国二十三年（1934年5月），第十届国际电话咨询委员会全体会议在捷克布拉格举行，会议结束后，国际电话咨询委员会（CCIF）发函至中国政府交通部，邀请中国加入该委员会。接到来函，电政司司长颜任光立刻将此情况上报交通部。

颜任光

敬签呈者：兹接国际电话咨询委员会来函，邀请我国正式加入。查我国国际无线电事业正在举办中，为谋求发展国外长途电话，并资工程建设之参考起见，似应正式入会。唯入会有等级之分，其会费一项，列一级者每年计六千二百金佛郎，我国在盘恩国际电报公会原加入一级，此次仍拟加入一级，以上所陈是否有当，同原函鉴核示尊，谨呈次部长签请①。

电政司司长　颜任光
1934年5月13日

这个申请很快批准下来。经一年多的公文往返接洽，民国二十五年（1936年），第十一届国际电话咨询委员会在丹麦哥本哈根举行，会议通过中国正式加入国际电话咨询委员会的批准，中国成为国际电话大家庭的成员。

第十节　推行邮政与电信营业合一

为便利民众通信，交通部于民国二十二年（1933年）启动实行"邮电营业合一"工作，其具体措施如下。

---

① 见中国第二历史档案馆藏资料。

设立电报电话营业处或代办处。在未设电报局之处，酌设电报电话营业处或代办处，办理电话通信事宜，由报话机关派员设立者，称为营业处，委托当地商人代办者，称为代办处，已设长途电话管理处的各省，归管理处统一管理，其他各省归电政管理局统一管理。但得委令线路上距离最近之电报局或电话局直接指挥，营业处设营业员一人。

颁布邮政与电信营业合设办法。民国二十三年（1934 年），交通部以"邮政电报，同以通信为营业，同在管辖下办理业务，虽技术各有不同，而便民目的，初无二致"颁布邮电合设办法，规定自 3 月 1 日起，先从苏、浙、冀三省试办，再自 7 月 1 日起全国一律实行。

是年第三季度，各大邮政局、电报局开始实行邮电营业合设，从此，全国各地通邮之处即能收报，能发报之处即能通邮，社会称便。如上海电报局线在徐家汇、高昌庙、里马路等 6 个邮政支局设立收报处收受电报。至年末，上海全市共有收报处 36 处（少数设有长途电话业务），其中设在邮局内的收报处为 31 处。

时电信总局为进一步完善邮电业务合设，还推出了一系列改善服务措施。

一、令各大电话局先后设立"询问台"，号码由各大局自定。

二、为用户提供用邮用电信的信息服务，用户可拨打电话询问；市内电话资费，长途电话和国内外电报通达地点及价目；国内外邮件通达地点及邮资。

三、公告邮电局营业时间；轮船和长途汽车班次和时刻及价目；各娱乐场所节目及当时方式火警地点等。

四、自民国二十四年七月起，推出公益电报，包括航行安全、气象、水情和赈务电报，中国气象、水情电报发端。但当时气象、水情电报业务量不大，没有特殊的时限规定[①]。

上海电报局于二十四年（1935 年 3 月 1 日）起，首次利用市内电话受理用户报送电话的方法，使一部分用户不需到电报局收发处也可交发电报[②]。

同年，国民政府交通部以信函是国家专营业务为根据，指令全国各地民信局于 12 月底前全国停止营业，此举将使中国近代邮政在国内归为统一，邮政通信市场为国家邮政所有，邮政的信函专营权得到进一步确认[③]。至二十四年（1935 年），民信局全部关闭。

邮电业务合一营业的服务延至 20 世纪末的邮电分营，使得电信扩大了服务，也确实为老百姓使用邮政和电信业务提供了方便。

---

① 北京通志，市政卷，《北京电信志》，第 7 章，特种通信，第 177 页。
② 上海邮电志编纂委员会编，《上海邮电志》，上海社会科学院出版社，1998 年 10 月，第 1 章，长途电信业务，第 283 页。
③ 中国邮政历史，http://www.360doc.com/content/13/0728/13/1688190_303119040.shtml。

第十一节　建设九省长途电话

何应钦在九省长途电话开通仪式上与北京市市长秦德纯进行首次通话

北洋政府期间，交通部也在部分城市架设了长途电话线路，但由于军阀割据、社会动乱、经济发展停滞，直到民国十四年（1925年），全国的长途线路只有4 000公里。

回顾一下中国长途电话历史：清末建京津长途电话后，山西省开办由太原至包头、湖南省办自长沙至湘潭之长途话线，至民国十二年（1923年），我国收回日本所办之济南青岛间长途话线，上海开办至南翔长途电话，次年所办津辽长途话线完成，民国十四年（1925年）兴筑由北平至包头、五原之长途话线，统称平绥长途话线，同时江苏江北一带之话线，亦次第架设，至京沪长途话线，系于民国八年（1919年），由交通部筹备，先架设上海至无锡一段，至民国十六年（1927年），完成京锡一段后，京沪得以直接通话，全长335 km（670里），民国十九年（1930年）完成沪杭长途话线，全长165 km（330里）。

自民国定都南京后，鉴于我国远距离长途电话通话能力尚不发达，与南京国民政府通话的只有京沪、沪杭、济青、平津、南浔等地，但对于不能联网的状况，交通部有全国长途电话网之计划及方案，因限于财力，未能实施。民国十九年（1930年），国民政府为防日本侵略，决定筹划建设九省长途电话[①]，但仍为资金所困。直至民国二十三年（1934年1月），交通部电政司方才拟就以南京为中心的五大干线枢纽，联结江苏、浙江、

[①]　郁秉坚，《国内有线电路概况》，《电信大意》，第20页。

乡村公路上的电话线

城市里有了长途电话线

南京城的上空布满了电话线

安徽、江西、湖北、湖南、山东、河南、河北九省电话线路，组成一个完整的长途电话网的建设计划。此计划为国民政府所采纳。

开办九省长途电话，经费为英国庚子的赔款，共 20 万英镑。在管理上，设立了九省长途电话局，汪德官[①]曾任局长。局下设工程处，设有专员，分队架设以下各主要干线：①自天津至榆关；②自济南至青岛；③自九江至南昌；④自汉口至长沙；⑤自徐州经开封至郑州；⑥自南京经苏州、安庆、九江至汉口；⑦自南京经徐州、蚌埠、济南、天津至北平。

九省长途电话工程干线总长 3 173 公里。施工迅捷，至民国二十五年（1936 年 2 月），除徐州、济南一段未修外，其余各干线次第完成，在南京至北平、天津、青岛、保定四处线路架设完成时，交通部在南京举行开通仪式，军政部部长何应钦与北京市市长秦德纯[②]进行了首次通话。

尔后，各省长途电话线路均有扩建，至民国二十六年（1937 年），部办长途话线共有 5.3 万余对公里。另外，尚有各省县所办的乡镇长途话线，如苏、浙、冀、豫、鄂、湘、鲁、秦等。线及乡线约有 10 万公里[③]。

九省长途电话网建成后，浙江省电话局首在杭州、温州间安装德式单路载波机。民国二十六年（1937 年）在重要长途干线上改作载波交叉，个别采用三路载波，从而大大提高了话线利用率，为我国在日后进行的抗日战争做好了通信联络的准备。

[①] 汪德官（1906—1987 年），为蒋经国亲家，女儿汪长诗为蒋孝武前妻，毕业于上海交通大学，曾到美国深造，归国曾任中南九省长途电话局局长，后派往联合国国际电信联盟工作，后去台。

[②] 秦德纯（1893—1963 年），任北平市市长时，对保护北京文物古迹贡献巨大。长期担任国史馆的总编修执笔，被誉为"中华民国第一文胆"，民国三十八年（1949 年）任国防部次长，去台后任总统府战略顾问。

[③] 郁秉坚著，《国内有线电路概况》，《电信大意》，第 20 页。

第五章

中共中央创建无线电通信

　　1928年,苏联共产国际在莫斯科代为中共中央培训无线电通信人员。次年,中共中央第一座秘密无线电台在上海诞生,中国红色电信由此开源。

中共中央军委三局总台机房

第五章　中共中央创建无线电通信

第一节　共产国际代为培养无线电通信人员

1928年1月10日,中共中央临时政治局召开第七次会议,研究筹备召开"六大",决定周恩来担任中央临时政治局常委,兼任中央组织局主任和中央军事部部长。3月,经联共(布)中央政治局和共产国际执委会同意中共"六大"在莫斯科召开。瞿秋白、周恩来、张国焘等中央领导人和100多名参加中共"六大"的代表,分批秘密前往苏联莫斯科。

6月6日,周恩来同联共(布)军委代表讨论中国革命中军事的中心任务、红军的建立、编制等问题时,代表中共中央出席共产国际"六大"的代表团,向共产国际提出了代培无线电技术干部的申请,很快获得批准[①]。周恩来与中共中央出席"六大"代表团的主要领导商议后,确定选派毛齐华[②]、方仲如[③](方廷桢)、沈侃夫[④](陈宝礼)、陈昌浩[⑤]、李元杰[⑥]、程祖怡6人在"莫斯科中山大学"[⑦]学习无线电通信技术。在"莫斯科东方大学"学员中先后推荐了涂作潮[⑧]、覃显猷、刘希吾、宋廉等10人在"列宁格勒伏龙芝军事通信联络学校"秘密学习无线电技术。

时毛齐华等人白天上课,晚上秘密到设在"苏联国家政治保卫总局"所属院内的国际无线电训练班学习,每周两次,每次约两小时,由苏联教员授课,开始学习收发报技术,教员用电键拍发莫尔斯电码,学员们围桌而坐,头戴耳机,边听边抄,抄完后当场校对是否准确。尔后学习无线电原理和制作机器零件技术。1928年夏,毛齐华等人到东方大学野营参观学习,正巧碰到周恩来在向留学生传达中共"六大"会议精神,会后,周恩来跟毛齐华说:"你们要抓紧学习,国内急需无线电通信。"[⑨]

---

① 张进,《历史天空的红色电波》,总参谋部信息化部,长城出版社,2013年10月,第25页。
② 毛齐华(1903—1997年),后任上海总工会筹备委员会秘书长、总工会秘书长、劳动部副部长、《劳动》杂志总编、浙江省政协副主席等职。
③ 方仲如(1901—1983年),后任中共陕西省委副书记、省委书记处书记、常务书记、陕西省政协主席、中共中央西北局监察组组长等职位。
④ 沈侃夫回国后任中央特科通讯科教员。
⑤ 陈昌浩(1906—1967年),后任中共马列学院副教育长。1953年起任中央编译局副局长。
⑥ 李元杰,回国后任中央特科通讯科教员,中华人民共和国成立后任一机部副部长。
⑦ 莫斯科中山大学建于1925年9月,地址在莫斯科市中心沃尔洪卡大街16号,时国共两党都选派了一大批青年留学,1927年后,只接收中共派遣的留学生,至1930年,该校停办,前后历时5年,为中国培养军政人员1 200余人。
⑧ 涂作潮(1903—1984年),回国后历任中央红军总司令部电台机务员、军委通信材料厂厂长、新四军军部电台的机务主任、中央军委三局材料厂厂长、接管上海"中央无线电公司"和"中央有线电公司"军代表、一机部上海机电研究所处长等职。
⑨ 张进,《历史天空的红色电波》,总参谋部信息化部,长城出版社,2013年10月,第31页。

毛齐华　　　　　方仲如　　　　　陈昌浩　　　　　涂作潮

段子俊　　　　　秦鸿钧

1930年9月，国际无线电训练班负责人晓克分别与毛齐华、方仲如、沈侃夫、李元杰4人谈话：根据共产国际指示和中共代表团的要求，他们在这里学习毕业了，要送回国内工作，不准告诉任何人。于是，毛等4人于晚上秘密乘车到莫斯科，由共产国际一名干部带领他们从莫斯科乘火车到达海参崴，秘密居住了四五天以后，到一个山沟里的秘密交通站，改扮成商人的行装，由苏联交通员带路，翻山越岭从中国东北偷渡入境，先到沈阳，后到大连，然后分散行动，相约到上海南京路"先施公司"附近的马路上会面。毛齐华等人先后于9月底和10月初到达上海，第二年，程祖怡也毕业回国到达上海[1]。

日后，中共中央陆续从国内和在苏联其他院校学习的人员中选派人员，至抗日战争爆发前，到苏联学习无线电通信技术的有：林凯、周子桢等5人；段子俊[2]、秦鸿钧[3]、李春田、王东、加夫、子清；从宁波、吉林、黑龙江等地派出的于保合[4]、玛丽、柔纱、巴沙、苏钦臣、郭力亚等人；周百州、华西里、沃罗加、苏拉、

---

[1] 张进，《历史天空的红色电波》，总参谋部信息化部，长城出版社，2013年10月，第31页。

[2] 段子俊（1913—2006年），历任中共中央军委三局科长兼通讯器材厂厂长、中央军委三局处长、关东电讯工程专门学校校长、中苏远东电业股份有限公司董事长、东北邮电总局第一副局长、重工业部航空工业管理局局长、第二机械工业部第四局局长、第三机械工业部副部长等职。

[3] 秦鸿钧（1911—1949年），"八一三"事变后，到上海建立秘密电台并任报务员，收集情报，负责与第三国际远东局联系。后在上海建立秘密电台，负责与党中央的通讯联络。1949年被捕后牺牲。

[4] 于保合（1914—1985年），满族，后任抗联三军司令部电讯学校校长、中国人民志愿军空联司通讯处副处长、华北军区司令部通讯处处长、军委总军械部雷达局副局长、国防部第六研究院器材部副部长、三机部供应局副局长等职。

谢尔基、丹娜等人；刘子汉、周同、韩肖义以及从东方大学等处抽调的黄毛诚、关常有、于振东等10人。以上人分别进入共产国际"无线电训练班"和外语学院（实为情报学校）学习无线电工程理论、无线电收发报技术、收发报机的修理以及如何做秘密工作、射击和照相等。

第二节　在上海与香港建立秘密无线电通信

1928年11月上旬，周恩来从莫斯科回到上海。为加强秘密工作的领导，保证党中央机关在上海的安全，中共中央临时政治局常委会议决定，由向忠发①、周恩来、顾顺章②组成中央特务委员会③，由周恩来负责在原军委特科的基础上组成中共中央特科，下设总务、情报、行动、无线电通讯科。由李强④担任通讯科科长，主要负责研究组装收发报机、秘密设立无线电台，为各地下党培训无线电技术人员，建立与各中央局、分局和共产国际的无线电通信联络，改变无线电通信严重落后的状况。

是月，张沈川⑤在报纸上看到上海无线电学校的招生广告，就到实地查看，看到学校的牌子和国民革命军第六军司令部的牌子挂在一起，有卫兵站岗。张沈川就用"张燕铭"的化名去报考，结果被录取。

上海无线电学校第一期有50名学员，第六军电台台长刘鹤年兼校长，无线电基础理论由上海交通大学两名教授上课，由刘鹤年和其他报务员教收发报技术。1929年5月，张沈川结业，进入第六军司令部电台实习，在实习期间，张沈川把第六军电台经常使用的密码背了下来，还将另两本军用密码表全部抄了下来⑥，交给了党组织。7月初，黄埔军校无线电特训班毕业的张健等人被分配到第六军电台实习。张沈川感觉到他们对自己的特别注意，即将此情况向李强汇报，李强要求他立刻找个理由抓紧离开，于是，张以电台人员多，实习的机会少，想另去找份工作谋生的理由向刘鹤年提出请求，刘同意后，张沈川立即卷起行李离开，在英租界赫德路（今常德路）租了一间二楼前楼，李强、张沈川、贺果一同制作了一部功率为50W

---

① 向忠发（1880—1931年），中国共产党早期领导人。1922年加入中国共产党，之后积极参加工人运动。在1928年7月召开的中共六届一中全会上当选为中央政治局主席、中央政治局常务委员会主席，成为中共领袖。
② 顾顺章（1904—1935年），中共秘密特务组织中共中央特科的负责人。
③ 张进，《历史天空的红色电波》，总参谋部信息化部，长城出版社，2013年10月，第43页。
④ 李强（1905—1996年），科学院院士、经济专家，后任电信总局局长、国务院顾问、中央顾问委员会委员、外贸部部长。
⑤ 张沈川（1900—1991年），苗族，曾任北伐军中央党部军人部宣传干事，中共第一名无线电报务员，1952年到1960年10月，先后任最高人民检察院检察员、副厅长、厅长、党委委员等职。
⑥ 张进，《历史天空的红色电波》，总参谋部信息化部，长城出版社，2013年10月，第52页。

　　李　强　　　　　张沈川　　　　　钱壮飞　　　　　胡　底

李克农

的发报机、一部3灯收报机，与其他的业务电台通报后，性能良好，中共中央第一部地下电台正式建立。

　　1928年8月，中共地下党员钱壮飞①考入上海无线电训练班，以其会医道，精书画，写得一手好文章，深受上海无线电管理局局长徐恩曾信任，成为徐的私人秘书②。尔后，胡底③、李克农④先后进入上海无线电管理局，李还担任了电务股长。这些进入无线电管理局的国共两党通信人员，先后成为中共、国民党的重要特务人员，在日后的抗日战争、解放战争中，上演了一出出错综复杂、惊心动魄的谍报大剧。

　　1929年秋，根据周恩来指示，通讯科在上海极司菲尔路（现万航渡路）福康里9号租了一幢三层楼房，作为秘密电台的台址。由张沈川与蒲秋潮⑤假扮夫妻，开通了中共中央第一部秘密无线电台。

　　同年，李强与报务员黄尚英被派往香港九龙弥敦道建立秘密电台。这是李强第

---

① 钱壮飞（1895—1935年），中共隐蔽战线的"龙潭三杰"之一。1928年年初到上海，到上海无线电管理处任职。1929年年底，打入国民党中央组织部党务调查科，任徐恩曾的机要秘书，后进入中央苏区，历任中革军委政治保卫局局长等重要职务。1934年10月参加长征，遵义会议后被任命为红军总政治部副秘书长，1935年4月牺牲。

② 马振犊著，《国民党特务活动史》，九州出版社，2012年9月，第2版，第59页。

③ 胡底（1905—1935年），长期在北京、上海、天津等地从事秘密革命工作。1930年在天津主持"长城通讯社"，历任中华苏维埃共和国中央政府国家政治保卫局侦察部部长、中央革命军事委员会野战司令部特派员、国家政治保卫局红军工作部执行部部长，1935年红军长征途中遭张国焘杀害。

④ 李克农（1899—1962年），历任国家政治保卫局执行部部长、红一方面军政治保卫局局长、中共中央联络局局长、八路军总部秘书长、中共中央长江局秘书长、中央社会部副部长、中央情报部副部长、军调部中共代表团秘书长、中共中央社会部部长、中央军委情报部部长。中华人民共和国成立后，任中共中央社会部部长、外交部副部长、中央军委总情报部部长、中国人民解放军副总参谋长、全国政协常委等职。

⑤ 蒲秋潮（？—1934年），北京女师大学生，1931年任中共河北省委秘书长。后受组织派遣，往哈尔滨、牡丹江一带进行抗日救亡活动，在林海雪原打游击中患病去世。

二次到香港，第一次是他到香港与中共南方局接头，并选定香港九龙尖沙咀离海边不远的弥敦道一所来式的中式四层楼，房子很窄，仅前后两间有窗户，中间两间没有窗户，李强租下了第一层和第四层。这一次，再次去香港，李强带了由张沈川研制的两套无线电通信密码：一套是明码颠倒更换系统；另一套是用英文字母转换成阿拉伯字母，再转换成汉字密码。李强带着报务员黄尚英，穿戴很阔气，买了两个大铁皮箱子，携带电台和密码本坐船去香港，刚下轮船，香港的华人警察就要检查，李强就迎面顺手往警察口袋里塞了4元钱，表示每只箱子给2元，警察把李和黄当成了一般的走私者，看也不看就在两个箱子上划了同一个记号，

中共中央第一部秘密无线电台所在地

李和黄点点头就离开了。到香港后，李强把密码本交给了南方局的王梦兰，将电台安装好后，由黄尚英按照预先约定的波长、呼号和时间，收听上海张沈川电台的呼号，再发报让张沈川应答，以确保电台联络沟通正常，次年1月初，正式加密通报，实现了上海党中央与香港中共南方局的首次无线电通信[①]。

第三节 在上海秘密进行无线电训练和通信

开通了中共中央第一部无线电台后，中共中央着手部署无线电通信技术人员的培训，在上海进行了分散和集中秘密培训无线电通信人员的工作。

1929年10月，经组织安排，在上海基督教青年会无线电夜校学过报务的黄尚英[②]跟张沈川实习。黄尚英虽学过收发报技术，但实际操作经验比较缺乏，在实习期间，黄尚英白天练习收发报技术，深夜抄旧金山（英文）、伯力（俄文）等地的政治和经济新闻，即练习听力和抄报技术，提供给领导参阅。很快，黄尚英就可独立上机操作。同时，能熟记三四千个汉字明码，原在天津《庸报》馆的译电员王子纲[③]

---

① 张进，《历史天空的红色电波》，总参谋部信息化部，长城出版社，2013年10月，第52页。
② 黄尚英（1911—1931年），曾入上海基督教青年会无线电夜校学习，去香港后因病回温州乐清途中去世。
③ 王子纲（1909—1994年），后任北京市电信局局长，邮电部电信总局副局长、局长，邮电部副部长，第四机械工业部副部长，邮电部部长、顾问，中国电子学会、中国通信学会第一届理事长。

王子钢　　　　　　伍云甫　　　　　　曾　三　　　　　　宋侃夫

经顾顺章推荐，调到上海中央特科通讯科，跟李强、张沈川分别学习机务和报务知识。

由于无线电通信人员缺乏，时中共中央、中央军事部要求各地党组织积极寻觅和物色学历较高、具有一定专业基础的青年团员，加快到上海参加特科的无线电训练班。时由各地党组织先后派到上海学习无线电通信培训的有：伍云甫①、曾三②、宋侃夫③、喻杰生④、王有才、邱德、曾华伦、刘光慧（女）、赵荫祥（女）、张华（女）、何成英（女）、于昆、宋侃夫、刘进、胡白天等。

进行的秘密无线电培训采取两种方式。

（1）集中培训：1930年，各地党和红军纷纷向上海党中央写信，要求尽快派遣人员和电台。周恩来指示李强：各个苏区都给党中央写信要人和电台，因此要扩大规模，抓紧培训无线电人员。10月中旬，在周恩来的安排下，选址上海法租界巨籁达路（今巨鹿路）391弄（四成里）12号，对外以"上海福利电器公司工厂"为名掩护，秘密开办集中训练班，由李强主持，陈寿昌⑤协助，教上海、广东、江苏、湖南等省市选派来的16名青年学习无线电技术。他们分别是麦建平、陈坦⑥、杨枝水、温明、吴适芬、何世夫、李景美、冯一平、李国玺、苏刚达⑦、石光、宋晨光、张庆施、高栋松、谢小康、王西雄。但是，这个训练班很快就被国民党特务机关察觉。12月17日，福利工厂的20个人被巡捕房抓走，随后，他们被引渡到国民党上

---

① 伍云甫（1904—1969年），历任中共中央军委秘书长、中国人民救济总署秘书长、卫生部副部长。
② 曾三（1906—1990年），后任中共中央顾问委员会委员、中央纪律检查委员会委员、中央直属机关党委副书记、中央办公厅副主任等职。
③ 宋侃夫（1909—1991年），1925年4月加入国民党，1926年转为中共党员，后任中华全国总工会副主席、书记处书记等职。
④ 喻杰生，1931年派往中共湘鄂西分局任无线电分队长，于6月中旬病逝。
⑤ 陈寿昌（1906—1934年），1922年考入上海电报局。经培训，他被分配到郑州电报局工作。
⑥ 陈坦，后任铁道部政治部主任、铁道部高等法院院长、中共湘鄂赣省委书记兼省军区政治委员等职。
⑦ 苏刚达，后任解放军国际关系学院副院长。

海市公安局,并以《危害民国紧急治罪法》将17人判处有期徒刑9年10个月,3人被判处有期徒刑6年6个月[①],其中4人在狱中去世。

(2)分散培训:1930年年底至1931年下半年,中央特科通信科采取单线联系、登门施教等方法,又秘密培训了蔡威[②]、杨兰史[③]、朱邦英[④]、徐萍[⑤]、周德元[⑥]、王逸群[⑦]等无线电技术人员。此后,由于顾顺章叛变,中共中央决定毛齐华留在上海,继续秘密培训人员,组装电台,保障无线电通信联络,陆续向江西中央苏区、鄂豫皖苏区、洪湖苏区等派出无线电通信技术人员。

1929—1931年,中央特科通讯科在上海建成秘密无线电通信网,在上海共建有4部地下电台,其职责分别是:①中央台,负责与天津北方局、香港南方局和武汉长江局的无线电联络(与北方局建立联络后撤回,长江局未建成);②国际台,主要与共产国际上海台、海参崴台和赤塔台联络;③军事台,主要负责中央军事部与各地红军的联络(因当时各地红军无电台未通报);④备用台[⑧]。

在此期间,因"上海福利电器公司工厂"事件的影响,中央决定李强暂停一切活动,同时决定让电台工作与特科分离,仍由毛齐华住守电台。1931年年初,因香港秘密电台发报异常,负责通报的曾三与之中断联系。5

上海福利电器公司工厂的大门

---

① 直至1936年9月,在"上海福利电器公司工厂"事件中被判刑的培训班人员先后全部出狱。
② 蔡威(1907—1936年),后历任鄂豫皖军分会参谋、红四方面军二台台长、红军总司令部二局局长,1936年病逝。
③ 杨兰史(1909—1938年),早年留学英国,后历任红军学校政治部宣传科科员、中革军委无线电学校政治委员、红军第一步兵学校政治部宣传科科长、政治部秘书长、抗日军政大学政治部教育科科长,1938年10月在延安病逝。
④ 朱邦英,后任中革军委总司令部无线电第六分队政治委员、通信材料厂政治委员。
⑤ 徐萍,后任湘鄂赣军区无线电分队政治委员,调回通信材料厂和无线电总队工作后的情况不详。
⑥ 周德元,后任湘鄂赣军区无线电分队政治委员、红六军团总指挥部无线电分队政治委员。
⑦ 王逸群,后任红一方面军无线电大队报务员和红五军团无线电分队政治委员、晋东北特委书记、冀中军区政治部民运部部长、东北野战军第四十五军副政治委员等职。
⑧ 张进,《历史天空的红色电波》,总参谋部信息化部,长城出版社,2013年10月,第85页。

月，为了上海秘密电台的安全，中央特科通信科曾将电台搬迁到一幢在英租界静安寺路赫德路福德坊一街23号的房屋，安排于昆夫妇住守电台。次年，这个电台被破坏，于昆被判处无期徒刑①。

6月，因顾顺章叛变，中央通知周恩来停止一切活动。12月上旬，周恩来秘密离开上海，经广东汕头、大浦，从福建永定转往长汀，于12月底到达中央苏区瑞金，担任中共苏区中央局书记。

1933年1月，中共江苏、山东省委相继受到破坏，这对上海临时中央政治局的安全造成极大威胁，经无线电报请示共产国际同意，临时政治局迁往江西中央苏区，在上海设立"上海中央临时执行局"。由毛齐华以500多大洋租下大沽路437弄20号的一所房子，秘密收发报。

至1934年，因中共江苏省委领导相继被捕，上海临时中央执行局负责人李竹声、盛忠亮，以及秘密电台程祖怡、王有才等人员被捕并叛变，工作4年之久的上海地下无线电台均遭破坏②。次年秋，中共中央通知上海临时中央局和特科人员分批撤离，在上海只留一个办事处。

第四节　红军中革军委总参无线电大队成立

1930年5月，中共中央在上海召开第一次苏维埃代表会议，做出了关于红军的决议案，为统一军制颁布了中国工农红军编制草案，确定集中组建军团和方面军。原仅靠人员步骑传令、司号、旗语和少量电话通信的红军通信联络，迎来创建无线电通信的转机。

12月30日，中央红军在第一次反"围剿"的龙冈战斗中缴获国民革命军第18师的一部电台，由于红军战士没有见过电台，看见电台上的充电机、蓄电池和油桶就像盛酒的坛子，以为国民党军队打仗还喝酒，一气之下就用脚去踢，有的还用石块砸，结果就只剩下了收报机的部分，时称"半部电台"。

1931年1月3日，中央红军在江西东韶追击国民党军第50师并歼灭其一个旅时缴获了一部完整的电台，王诤③、刘寅④等10名国民党部队无线电人员加入红军。红军无线电通信的"一部半电台"⑤由此而起。在这个基础上，经朱德、毛泽东批准，在红一方面军总司令部参谋处成立红军第一个无线电队，由王诤担任队长，冯文彬⑥为

---

① 于昆于1936年获释，1978年在北京病逝。
② 张进，《历史天空的红色电波》，总参谋部信息化部，长城出版社，2013年10月，第89页。
③ 王诤（1909—1978年），后任中央军委三局局长、邮电部党组书记、副部长，解放军副总参谋长等职。
④ 刘寅（1910—1985年），后任中央军委通信兵部第一副部长、国家第四机械工业部部副部长等职。
⑤ 张进，《历史天空的红色电波》，总参谋部信息化部，长城出版社，2013年10月，第100页。
⑥ 冯文彬（1911—1997年），后任中共中央党校副校长、中央办公厅第一副主任、中央党史研究室副主任等职。

第五章　中共中央创建无线电通信

　　王诤　　　　　　刘寅　　　　　　冯文彬　　　　　　宋裕和

政委。无线电队编有无线电台、监护排、运输排、炊事班等，共100余人[1]。

　　6月2日，王诤、吴云甫、涂作潮等在建宁前方与新国后方苏区中央局相互收发了电报，实现了既是红一方面军也是红军的第一次无线电通信。红军的无线电通信由此开始。

　　9月中旬，红一方面军与上海党中央特科电台成功地进行了第一次无线电通信。时在上海党中央担任译电工作的邓颖超[2]回忆说：我们第一次同苏区中央局通报时，苏区方面是粥时同志译的，上海方面是我和恩来同志译的[3]。

　　11月25日，中华苏维埃共和国中央执行委员会决定成立中华苏维埃中央军事革命委员会，统一领导和指挥全国红军，中革军委下设总参谋部、总政治部、总经理部、军医处、中央军事政治学校各机关，总参谋部部长为叶剑英，编制交通科，朱瑞任科长，主管交通队与电话队。同时，将红一方面军总司令部无线电大队升格为中革军委总参谋部无线电大队[4]，大队长为王诤，政委为宋裕和[5]。设立了通信材料科（处），由涂作潮任主任，工作人员有张永生、肖寒、刘本秀、张明清、肖明治等人。随后建立了通信材料厂，他们以几把钳子、锤子、木锯、手摇钻、烙铁和一只万用表，先后改装、修复了不少被损害的无线电收发报机、电话单机、充电机等，为部队通信保障作出了贡献。

　　1931年12月11日，中华苏维埃共和国临时中央政府机关报《红色中华》创刊。新闻信息由无线大队电台用莫尔斯明码播发，并抄收电讯新闻提供给红中社。同时，还将无线电大队电台抄收的国内外通讯社明码电讯新闻，译成汉字后编辑油

---

[1] 张进，《历史天空的红色电波》，总参谋部信息化部，长城出版社，2013年10月，第106页。
[2] 邓颖超（1904—1992年），周恩来夫人，历任全国妇联副主席、党组副书记、名誉主席，中国人民保卫儿童全国委员会副主席，全国人大会常务委员会委员，第五届全国人大常委会副委员长，第六届全国政协主席，中国人民对外友好协会名誉会长等职。
[3] 张进，《历史天空的红色电波》，总参谋部信息化部，长城出版社，2013年10月，第122页。
[4] 张进，《历史天空的红色电波》，总参谋部信息化部，长城出版社，2013年10月，第152页。
[5] 宋裕和（1902—1970年），历任中央军委总部三局局长，新四军军部军需处副处长、供给部部长、后勤部部长，华东军区后勤部司令员，华东财政委员会副主任，军委总后勤部副部长兼营房部部长，建筑工程部副部长等职。1970年在抚州逝世。

印出不定期的《无线电材料》,主要提供给苏区中央局、苏维埃临时政府和红军主要领导参阅①。

第五节 创办中国工农红军无线电通信学校

红军第一期训练班旧址(在江西宁都县小布村)

1931年9月,中央苏区出现了一年多相对稳定的环境。中央红军在江西宁都县的小布、南丰县的康都、福建省的长汀县等地陆续办了几期训练班,为所属的部队培训报务员。经过两期无线电训练班的实践,也积累了一定的培训经验。根据这些有利条件,无线电大队于1931年12月下旬建议,将无线电训练班从无线电大队中分离出来,单独开办学校,专职进行教育培训工作,以提高培训质量,得到中革军委的批准。

1932年1月,无线电总队将已在福建长汀开办两个多月的第3期无线电训练班转移到瑞金洋溪村,以此为基础正式组建中革军委无线电学校。刘光甫任校长,杨兰史任政治委员,吴如生、沈毅力先后任教务主任。学校设置了专职教员,编写了训练教材,建立了比较正规的教学制度,有效地提高了训练质量。学校沿用无线电训练班的期数,也叫第3期,学员编为一个排,钟夫翔②(钟福祥)为排长,学员

---

① 张进,《历史天空的红色电波》,总参谋部信息化部,长城出版社,2013年10月,第128页。
② 钟夫翔(1911—1992年),历任红军总司令部无线电一分队政委、北京邮电学院(即今北京邮电大学)首任校长、邮电部部长等职。

有邱均品、刘士庆等36人。学员大都是各部队送来的14~19岁的年轻战士。那时办学的条件很差。校舍是群众让给学校的房子,这里一间,那里一间,大的当教室,小的做宿舍。教室里的桌子、凳子也是向群众借的。借来的不够用,就用几块石头架起一块木板当课桌,再搬几块石头当凳子。学校的环境和条件虽然非常艰苦,但学员们的学习热情都非常高,劲头非常足。次年3月,无线电学校搬迁到瑞金坪山岗时,根据中革军委关于扩大办学规模和招生范围的决定,正式改名为中国工农红军通信学校[①]。

通信学校的老师由两部分人员组成:一部分是中共中央机关在上海以"上海福利无线电公司"的名义开办的无线电训练班,秘密培养的红色无线电技术人员;另一部分是从国民党军队里过来的无线电技术人员;他们因陋就简,自编教材,在教学方法上实行理论与实践相结合,注重动手能力和实践技能的培养,许多练习发报的方法都在教学实践中创造。学生学了几个月后就开始上机练习,然后分配到各电台见习工作。时在红一方面军无线电训练班、中革军委无线电学校和中国工农红军通信学校先后担任教员的有(不完全统计):王铮(兼)、

军委通讯学校在上报务训练课

刘寅、吴如生、韦文官、沈毅力、陈宗泰、涂作潮、朱邦英、周玉麟、杨笑是、陈士吾、黄乐天、朱道松、王玉衍(衡)、阎知非、张瑞、李世俊、邹成、汪英、陈颜、周维、刘光甫、赵铭先、刘俊英、李柱南、罗若遐、刘振堂等。

无线电训练班发展到红军通信学校时,已经成为编制完整、专业较多、制度健全的综合性通信学校,分速成班、普通班、干部班3种类型进行教学,取得了丰硕的成果。长征开始之前,共计培训无线电、电话、司号、旗语及轮训干部学员2100多人。其中,无线电队办到11期,培训报务机务人员达200余人,学员多数分配回各军团和各军与主力师,以及江西、福建、粤赣、闽赣、赣南军区,对构建中共中央、中革军委的无线电通信网,以及加强红军的有线电、简易信号通信建设、发展

---

① 张进,《历史天空的红色电波》,总参谋部信息化部,长城出版社,2013年10月,第164页。

红军通信电话兵（摄影：美国记者哈里森·福尔曼）

壮大红军通信兵骨干力量起到了重要作用①。

1935年，红军长征到达陕北，时称西北军委。在这里，建立了西北军委通信学校，校长为吴泽光，曾三任政委。学校设教务处、总务处。教员由原无线电队报务员担任，学员有40多人，学习的课程有无线电收发报、文化、英文等。在整个抗日战争期间，各根据地自己培训的无线电通信人员多达2 000余人，有力地保障了各部队对通信人员的需要②。

第六节　军委通讯局（军委三局）成立

1934年1月，中革军委成立了总司令部通信联络局③。任命王诤为局长，翁瑛为政治委员，吴云甫、喻述详为副局长。局机关设第一、第二、第三、第四科，直属单位有无线电总队、电话总队、通信队、通信材料厂、通信学校。10月，在中央红军主力离开革命根据地开始长征前，通信联络局改称为三局，各级通信科改称为第三科。据《陕西省志·邮电志》载：三局下面管若干部电台，电台报务员共有18名，每一部电台称为一个分队，军以上部队都配有电台。跟随毛主席的是20分队电台，台长为海凤阁。

海凤阁

---

① 《无线电材料》后陆续改名为《无线电日讯》《今日新闻》，最后定名为《参考消息》。
② 《通信兵意识》，长城出版社，2007年7月，第99页。
③ 张进，《历史天空的红色电波》，总参谋部信息化部，长城出版社，2013年10月，第171页。

第五章　中共中央创建无线电通信

长征中，全军的无线电通信人员与红军大部队战士一起爬雪山、过草地，历尽艰辛。他们比其他红军战士甚至更为艰难，要背负沉重的收发报机和必要的器材行军，到了宿营地后，更要紧张地收发电报或破译敌人密码。既要想尽一切办法克服通信物质上的困难，又要千方百计甚至用自己的生命保护电台的安全。他们不惧任何艰难困苦的精神和英勇顽强的战斗，保证了无线电通信的畅通，使毛泽东、周

红军期间的无线电收发报

恩来、朱德这些领导和指挥红军长征的领袖们能够及时掌握敌军的动向，能够及时地调整红军的作战部署，调动兵力，指挥战斗。长征胜利结束后，毛泽东在接见通信学校的学生时高度赞扬他们说："没有你们的工作，就没有长征的胜利。"

1936年10月，红军三大主力在甘肃会宁大会师，长征结束。红军的电台达到34部，电话总机10部，单机100余部，通信人员1500余人。12月，中革军委三局改称军委三局，局长为王诤，负责整个红军的通信联络工作。

1937年1月，中央军委三局随中共中央进驻延安。军委三局（即通讯联络局）负责整个边区的电信通信工作。局内有科室设置，此时的中央红军电信发展较快，师团以上部队大多配备上了电台。

在延安，军委三局还建立了广泛的军事联络外网：派曾三到西安，在东北军建立了秘密电台，派刘克东①到西北

军委三局领导在延安

军特务二团电台建立秘密联络点，成立了无线电18分队，林青任分队长，专门负责同西安的秘密电台联络。

西安事变发生后，中央派周恩来率代表团到西安谈判，期间，18分队同西安秘密电台保持着不间断的联络。西安事变和平解决后，三局又与山西阎锡山，山东韩复榘，广西李宗仁、白崇禧，以及南京政府的电台建立了无线电联系，同时，还在有关地方建立了秘密无线电台②。

---

① 刘克东（1918—2004年），历任报务员、股长、参谋、科长，西北军区通信处处长兼西北邮电管理局局长，解放军通信工程学院副院长等职。
② 《通信兵意识》，长城出版社，2007年7月，第99页。

第七节 东北抗联创建无线电通信学校

抗日联军教导旅无线电连合影

东北抗日联军的前身是九一八事变后东北各地组织的"义勇军""救国军""自卫军"等各种名称的抗日队伍（统称为抗日义勇军），其中有：1931年9月24日，驻依兰镇守使兼第24旅旅长李杜①向其所辖各县通电，呼吁军民团结共同抗日；1931年9月25日，驻吉林省城的第25旅张作舟部开抵榆树，宣布抗日；同月末，东北边防军司令部驻吉副司令长官公署卫队团团长冯占海②率所部在永吉县老营盘举行抗日誓师大会，并通电全省；1931年10月初，邓铁梅③在凤城县四区小汤沟顾家堡子创建东北民众自卫军，邓任司令。

从1932年年初开始，中共满洲省委陆续派省委军委书记杨林、杨靖宇④等到

---

① 李杜（1880—1956年），1931年任东北自卫军总司令，在吉林、哈尔滨率部与日军作战，1933年失败后退入苏联。1934年7月在上海参加了中国民族自卫委员会，任武装部部长。1937年2月在上海就任东北抗日联军总司令，多次试图返回东北抗日，未能如愿。

② 冯占海（1899—1963年），九一八事变后中国东北最早反抗日军的军事将领之一，有"吉林抗日第一人"之称。

③ 邓铁梅（1892—1934年），镶红旗满洲佐领，后任凤城警察大队长和公安局局长。1931年冬，成立了"东北民众自卫军"，进行抗日战斗。1932年3月，东北民众抗日救国会派代表苗可秀与邓铁梅联系，救国会委任邓铁梅为东北民众义勇军第28路军司令。1934年9月28日邓铁梅牺牲。1935年中共发表的《八一宣言》中，称他是"为救国而捐躯的民族英雄"。1988年被国务院民政部追认为革命烈士。

④ 杨靖宇（1905—1940年），中国抗日战争名将，曾任东北抗日联军第一路军总司令、中共满洲省委的军委代理书记。

第五章 中共中央创建无线电通信

南满，中共大连市委书记童长荣①到东满，省委军委书记赵尚志②到巴彦、珠河，省委秘书长冯仲云到汤原，进行创建抗日武装的工作，先后在巴彦、磐石、海龙、延吉、珲春、汪清、安图、和龙、珠河、密山、宁河、汤原、饶河等地开展抗日游击战争。

1934年9月，在苏联国际无线电训练班的于保合被派遣回上海工作，由于4次都未能在指定时间、地点与英国人贝内联系，没有接上组织关系③，即返回哈尔滨抗联第三军，根据司令赵尚志的指示，在现伊春市南端巴浪河东北35公里的山坡上，成立抗联电讯学校④，进行训练和抄收新闻。

学校的教学设备是汤旺河老前辈在一次战斗中缴获的一部日军电台，学员为第三军司令部少年连的马玺贵、史治国、宋秉华、李云龙、曲□□，第六军的孙国权、李云龙，独立师的吕文海、张□□、马□□。学校课程除补习文化基础课外，主要讲无线电技术，1/3时间讲电工原理和无线电常识，2/3时间进行收发报训练、国际电语练习等。学员们在艰苦的生活条件下学习无线电通信技术。纸笔不足，就用小木棍在地上抄写，电键不够用，就在手指上练⑤。3个月后，学校与抗日联军总政治部汤旺河政治军事学校合并。电讯学校连续办了三期，培养了200名军政干部和部分电报员。抗日联军司令部始设电信队，首任队长为于保合。8月下旬，学校正式开学上课。学校开3门课程：技术课、文化课和政治课。

电讯学校遗址

时电信学校学生毕业后，即分配到各部队随同作战。据抗联名将周保中⑥回忆，在1938年的一次战斗中，电报员卓文牺牲，还险些将电台及其呼号、密电码等文

---

① 童长荣（1907—1934年），历任中共上海沪中区委宣传委员和区委书记、中共河南省委书记、中共大连市委书记等职。

② 赵尚志（1908—1942年），满族，九一八事变后任中共满洲省委常委、军委书记，东北人民革命军第三军军长、东北抗日联军第三军军长，北满抗联总司令，东北抗日联军总司令，东北抗联第二路军副总指挥等职。

③ 张进，《历史天空的红色电波》，总参谋部信息化部，长城出版社，2013年10月，第37页。

④ 现伊春朗乡林业局施业区新东林场场部院内。

⑤ 《黑龙江省志》，《邮电志》，第三章，东北，第51页。

⑥ 周保中（1902—1964年），白族，历任国民革命军营长、团长、副师长等职，1927年加入中国共产党。在中央军委工作，九一八事变后，任中共满洲省委军委书记。

于保合与妻子李在德

件遗失。是年北满部队西征时，各主力部队均配备电台和报务员，与北满省委和北满总指挥部保持联系。

据李在德①回忆当时抗联的无线电通信工作：搞无线电必须两个人一组，分别负责发电报和译电报稿子，我主要负责发电报，我丈夫于保合负责译稿子。密码本就在我们手里，一本是明码，一本是密码，合起来之后才能发报，很复杂。搞无线电工作很艰苦，都在雪地里收发报，而且必须在晚上11点以后。因为11点以前敌人的电台会扰乱你的信号，使得对方收不到电报。我们的工作完成得特别好，我们的交通营长奥斯特洛夫大尉也因此非常喜欢我。我有一个苏联名字叫马露莎，他常在全营大会上表扬我说："在派出活动的部队中，马露莎的电台联络是最出色的。"②

1939年，北满省委派刘铁石去苏联伯力学习无线电收发报业务和有关维修技术。刘铁石在北满指挥部工作期间，兼任报务员等职务。时抗联电台主要同苏联伯力远东军司令部通信电台联系③。在抗联艰苦时期，因小部队活动携带电台不便，有的甩掉，有的埋藏在深山密林里。日后在小兴安岭、尚志、宁安、汤原、八面通等地都有抗联电台出土。

1942年8月，东北抗日联军在苏联伯力地区成立了东北抗联教导旅，下设无线电营，刘铁石④等人为教官，培训了一批电报员⑤。

抗日联军使用的电台

---

① 李在德，于保合夫人，朝鲜族，历任延和龙县妇联主任、政务院（国务院）秘书厅秘书处机要秘书、人大常委会图书馆主任、全国人大常委会秘书局副局长等职，负责管理政务院公章和周恩来总理印章及机要文件。

② 《女战士忆抗联岁月：晚上11点后雪地里收发电报》，2012年7月6日，《中国文化报》。

③ 《黑龙江省志》第二十卷，《邮电志》，1994年11月，第48页。

④ 刘铁石（1904—1992年），1939年秋，在苏联伯力海军基地学习无线电报业务，历任野营教导旅无线电少尉教官、中文教官、政治教官、沈阳卫戍区司令员助理、沈阳市政府秘书长、沈阳电台台长等职。

⑤ 《解读悬崖的历史悬疑》，新晚报，2012年1月29日，第B12版。

第八节　八路军、新四军的无线电通信

中央军委三局延安遗址

1937年7月8日，中共中央就卢沟桥事变向全国发出通电，号召全国各界结成抗日民族统一战线，共同抗日。毛泽东、朱德、彭德怀、林彪等联名致电蒋介石，请缨红军开赴抗日前线。

7月14日，国民政府发表《自卫抗战声明书》。经国共两党谈判，以国共两党为主体的民族统一抗日战线形成，根据两党达成的协议，8月25日，红军第一、第二、第四方面军和陕北红军改编为国民革命军陆军第八路军（国共两党达成合作宣言后改称第十八集团军），朱德任总司令，彭德怀为副总司令，叶剑英任参谋长，任弼时任主任，辖第一一五、一二〇、一二九师共4.6万人。

为保证党中央和中央军委的战略指挥，军委三局于1937年7月至1938年年初进驻延安东关，局长为王铮，副局长为朱道松。下设通信联络、技术材料、行政管理3个科[①]，陆亘一任工程师。直属单位编有通信学校、电话队和5个无线电分队。5个无线电分队同各地电台之间逐步建成了6个无线电通信网：两个网为党中央联络网，一个联络八路军新四军驻各地办事处，一个联络各地党组织的米尼电台和共产国际；有3个网为军委联络网，一个联络八路军总部及所属各师、旅，一个联络新四军军部及所属各师、旅，一个联络留守兵团及所属各旅、团；

---

① 张进，《历史天空的红色电波》，总参谋部信息化部，长城出版社，2013年10月，第327页。

潘汉年　　　　　李　白　　　　　刘少文

还有一个新闻广播网，除播送新华通讯电讯外，还参加国民党政府的联络网，抄收国内外主要通讯社的新闻电讯①。

在中共中央和中央军委的统筹下，军委三局先后在西安、南京、太原、武汉、洛阳、长沙、桂林、迪化（今乌鲁木齐）、兰州、重庆等20多个城市设立了八路军办事处或联络处，建立了延安同八路军驻各地办事处的无线电通信联络。其中，八路军驻上海办事处②于8月25日成立。潘汉年③任主任，刘少文④任秘书长，由中共驻南京办事处周恩来直接领导。

八路军办事处是对外开放的公开机关，李克农、潘汉年曾在这里多次会见上海各界救国会、各爱国团体的代表和知名的进步人士。

办事处建立由田保洪⑤和李白⑥任报务员的秘密无线电台，时与延安中共中央电台联络传递的信息有：日本发动侵略以来派往中国的部队情况；国民党部队的情况；蒋介石、汪精卫与日本进行秘密和谈的详情；英、美、法等国对中日战争的态度；上海各界知名爱国人士对建立抗日统一战线的反响等。

10月12日，湘、赣、闽、粤、浙、鄂、豫、皖八省中国工农红军游击队改编为国民革命军陆军新编第四军，辖4个支队，共一万余人，开赴皖中、苏南敌后，开展抗日游击战争，创建根据地。新组建的新四军急需通信人员和通信设备，根据中共中央的指示，上海中共地下党组织以各种公开或秘密的形式，动员电信工程技术人员到华中地区各根据地工作，将无线电零部件、电话线、电池、收发报机等电信器材以赠送和秘密运输的方式送到新四军部队。

然而，在当时的战争条件下，新四军获得的通信器材也是杯水车薪，前线部队通信器材极其缺乏。为从根本上解决这个问题，中央军委和八路军总部在军委三局

---

① 《通信兵意识》，长城出版社，2007年，第102页。
② 八路军驻沪办事处：设在静安区延安中路504弄21号，1962年7月被定为上海市文物保护单位。
③ 潘汉年（1906—1977年），长期担任中共秘密情报战线的负责人，上海解放后任中共中央华东局和中共上海市委社会部部长、统战部部长，上海市常务副市长等职。
④ 刘少文（1905—1987年），历任八路军驻上海办事处秘书长，中共上海工作委员会副书记，上海市军事管制委员会轻工业处处长，中国人民解放军总参谋部二部部长、总参谋部顾问等职。
⑤ 田保洪，湖南浏阳人，后任中央军委重庆通信兵工程学院副院长。
⑥ 李白（1910—1949年），于中国工农红军电讯训练班第二期毕业，曾任红军第四军电台台长。电影《永不消失的电波》之李侠原型。

通信材料科的基础上创办通信材料厂，以保证前线部队的通信联系。创办通信材料厂需要技术人员。远在上海的黄炎培①知道后，主动联系和介绍了几位技术工人辗转从上海到延安。时中共中央领导对于通信建设给予了极大的关注。周恩来曾亲自派人去香港等地购买电子管等通信器材。朱德总司令曾亲自带队押运由八路军西安办事处运往延安的一批通信器材。

黄炎培

抗日战争时期，军委三局派出通信干部前往根据地，先后建立了晋察冀、东北抗联、琼崖纵队等部队与中共中央、中央军委的无线电通信联系。在延安，无线电台发展到12个分队，建成了八台：党中央台、战报台、战略台、留守兵团台、情报台、新闻台、驻友军处联络台、友党友军台。尔后，又将八台集中合并，分别成立集中一台、集中二台。

有线通信方面，为驻延安中央委员以上首长和驻延安重要委员以上首长安装专线电话，在杨家岭设立由4名战士组成的特别专线总机②。

军委集中无线电总台

在抗日战争时期，有不少国际友人参加中国共产党领导的抗日斗争，林迈可就是其中一位。林原是燕京大学英籍教师，他同情中国的抗日斗争，曾在沦陷后的北平秘密为八路军做过一些事，珍珠港事件后，他偕夫人离开北平，来到山西武乡县砖壁村的八路军总部③，担任通讯部技术顾问，林为部队技术员讲授无线电课程。林妻李效黎在通讯部任英语课教员。他们发现用阿拉伯数字电码发报，一个数码错了，就会译成完全不同的另一个字，而英语是以字母形式构成的语言，拼错一个字并不影响理解原意。于是，他们帮助部队用简

---

① 黄炎培（1878—1965年），后任中央人民政府委员、政务院副总理兼轻工业部部长、全国人大常委会副委员长、全国政协副主席、中国民主建国会中央委员会主任委员等职。
② 总参谋部通信部，《通信兵意识》，长城出版社，2007年，第103页。
③ 八路军中的老外，我军无线电的先驱——林迈可，央视网，2009年7月24日。

林迈可给八路军通信学员上课　　　　　　八路军通信学员上机实习

单的英语来传递信息。1942—1944 年，林迈可一直在晋察冀军区从事电台设备的整修改进和教学工作，开办了晋察冀军区无线电技术高级训练班，还设计了一个通信网络，以便为美军飞机提供气象预报。他的学生中有很多人后来成为新中国电信界的高级干部、技术专家和骨干，林迈可还被朱德总司令任命为八路军总部通信顾问[①]。

1941 年 10 月，军委三局办的《通信战士》刊物创刊一周年，毛主席为全军通信兵题词："你们是科学的千里眼顺风耳。"

陈士吾　　　　　　周浣白

1945 年 4 月、5 月间，根据中共中央军委指示，三局将集中二台和集中一台以及其他的电台全部集中，成立军委无线电总台，由陈士吾[②]任总台台长，周浣白[③]任政治委员。无线电总台的成立使总部的无线电通信人员和通信器材全部集中起来，加强了统一管理和对电台的合理使用[④]，提高了无线电通信的质量和效率。

---

① 抗日战争胜利后，林迈可夫妇携儿女回国。（林迈可之信息来源，央视网，2009 年 7 月 24 日，本文有删减。）

② 陈士吾（1905—2005 年），后任中南邮电管理局办公室主任，武汉电信局副局长，陕西省邮电管理局副局长、顾问，陕西省政协委员。

③ 周浣白（1912—1974 年），后任军委电信总局秘书长、邮电部电信总局秘书长、华东邮电管理局副局长、邮电部办公厅副主任、军委通信部办公室主任等职。

④ 总参谋部通信部，《通信兵意识》，长城出版社，2007 年，第 104 页。

第六章

抗战时期的中国通信网

  1931年,日本侵略中国的九一八事变爆发,中国统一的电信网分裂为南北运营,1937年七七事变后,抗日战争在全国爆发,国家通信网支离破碎,国际国内通信在大后方重庆与沦陷区秘密运行。

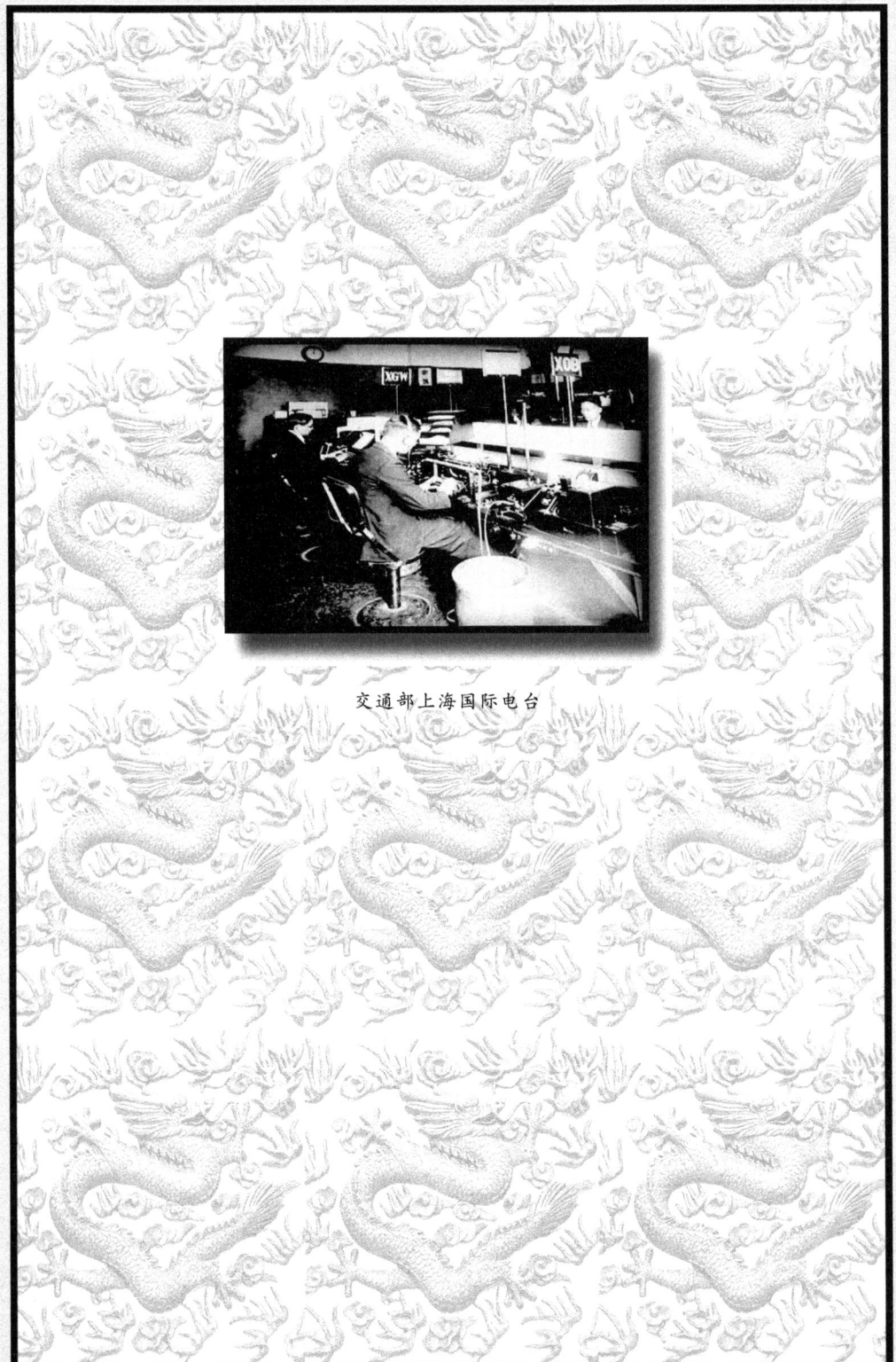

交通部上海国际电台

第六章 抗战时期的中国通信网

第一节 中国电信网的裂变与分布

20世纪30年代初至40年代中期，发生在中国的抗日战争，即第二次世界大战中反法西斯战争的重要组成部分，这场反法西斯战争因政治与战争形势的变化，使得中国的电信网络支离破碎，也因战争需要催生了中国的电信网络的建设，以及无线电通信的发展。这张电信网既是战争的利器，也是政党与民众沟通信息的工具，在这一历史时期发挥重要的作用。

20世纪20年代末至30年代初，随着抗日战争的进程，中国电信网的建立和裂变的情况如下。

一、国民党军统、中统的敌后秘密电信网

自淞沪抗战后，日本侵华的严峻形势给国民党政府造成了巨大的威胁，民国二十年（1931年），蒋介石就任国民政府军事委员会委员长，决定扩大情报网，由戴笠就任军委会调统局第二处处长。在北平、香港、上海、天津、长沙、烟台、厦门等19个地区设置特务站。并在浙江警校内开设电训班，在上海设立三极无线电传习所，共培训334名无线电通讯人员[①]。民国二十六年（1937年）8月淞沪战役后，军统局副局长戴笠[②]、魏大铭[③]负责设重庆总台，总台的职责是负责收听日本陆军、军统系空军监察总队、日本海军的电讯。中统局副局长徐恩曾建立了总务组机密二股（国际密电室）。交通部电政司司长温毓庆建立了密电检验所。军政部部长何应钦设无线电总台，总台长为王景禄。至抗战胜利，军统从几个电讯人员增加到4 000多人搞电报，设立了重庆总台和江西赣州、重庆三处电台，以及军统所辖监管的空军监察总队，总共侦收日本陆海空军电讯737 027份，破译日军密码共839种，培训了无线电人员2 788人，制造2-1千瓦特的电机2 015架，有无线电台685座，遍及大后方、沦陷区和海外南洋等地[④]。

二、国民政府交通部电信网

国民政府交通部电信网承担军队与政府的通信，当时国民革命军仅在团以上单位编制了"通信队"，交通兵团中编制"通信总队"。而一般部队的通信器材和通信人员都极为缺乏。直至民国二十四年（1935年），国民党军队才正式

---

① 马振犊著，《国民党特务史》，九州出版社，2009年，第2版，第59页。
② 戴笠（1897—1946年），黄埔陆军军官学校第六期，中华民国情报机关将领。1946年因飞机失事身亡，死后被国民政府追任为陆军中将。
③ 魏大铭，原上海国际电台报员，后受到戴笠将军的赏识，担任军统局第四处处长。1940年，接替温毓庆担任技术研究室代理主任，对日抗战贡献良多。1949年，迁台，担任中华民国国防部技术实验室主任。
④ 马振犊著，《国民党特务史》，九州出版社，2009年，第2版，第375页。

成立了作为一个兵种的通信兵①。民国二十七年（1938年），建立了蒋介石和军政要员专用的"军用电话专线台"。在国土大部分沦陷后，国民政府交通部建立通信队，大批电信员工进入各战区，随军保障通信，同时进行通信中心的转移，建立国际电台，保证了中国军队与盟军的通信联络，保证了中国人民抗战信息的广泛传递。

三、中共中央军委三局创建的无线电通信网

解放区根据地通信网：在国共合作实现了中华民族抗日统一战线以后，迅速发展，建成了覆盖解放区根据地的无线电通信网。这张通信网既保证了八路军、新四军作战的通信需要，又为根据地军民进行的抗日战争提供了通信保障，亦沟通了与国统区的通信联络。东北抗日联军亦在白山黑水间建立了与中共中央、苏联红军的电信联系。在上海租界设立秘密无线电台；时派出李白负责，在上海贝勒路（今黄陂南路）148号3楼设立秘密电台，与延安中共中央电台联系，后为安全又搬至威海卫路（今威海路）338号、黄渡路亚细亚里15号3楼、福覆理路设立秘密无线电台②。

四、日本资本在华沦陷区建立的电信网

日本资本在华沦陷区建立的电信网分别为：①覆盖东北三省的满洲电信电话株式会社；②覆盖内蒙古地区的蒙疆电气通讯设备株式会社；③覆盖华北、河北、山东、山西、河南等地的华北电信株式会社；④覆盖上海、江苏、南京、广东、福建等地的华中电气通信股份有限公司。在上海建立了国际电气通信株式会社，在上海真如电台建立了上海、广东等地至日本的无线电报电路。

五、汪精卫政府建立的三大军事通信网

民国二十八年（1939年），在南京宣布成立"南京无线电通信总台"，设专门抄听重庆中央社与延安新华社新闻电讯稿的部门。另在上海、广州、汉口、苏州、无锡、镇江设立支台，可及时将各地情报电汇南京总台，是一个较大的无线电报通讯网。另在长乐路某处设立侦察总台，专事窃取对方电台的密电电频，进行技术性的研究破译。同时在其军事委员会下设立无线电台，各地部队中设军、师两级，设立支台或分台，由总台委派负责人与驻军筹办，形成军事系统电讯网。另由周佛海单独设立了中央储备银行和各省、市支台。为满足三大无线电系统用人需要，在南京开办南洋和新华无线电学校③。

六、台湾电信网

台湾电信网仍延续日据时期的运营与管理，建立了与上海、广东等地的无线电报电路。

---

① 总参谋部通信部，《通信兵意识》，长城出版社，2007年，第29页。
② 李关德主编，《海上静安》，上海古籍出版社，2003年7月，第244页。
③ 马振犊著，《国民党特务史》，九州出版社，2009年，第2版，第293页。

第六章 抗战时期的中国通信网

第二节 淞沪抗战中的中国电信业

被日军捣毁的北大营无线电台

民国二十年（1931年9月18日），日本军队攻打东北军驻地北大营，并炸毁了北大营无线电台。九一八事变爆发的消息迅速传遍全国。举国上下"还我河山""抗日救国"的呼声一浪高过一浪，一曲"我的家在东松花江上……"响彻云天，一场社会各界踊跃参与的抗日救国运动在全国展开。

九一八事变后，上海也开始面临战争的威胁。在日本军队连续向上海调动

支援十九路军的无线电小分队在收发报

部队的时刻，担负沪宁地区卫戍任务的国民革命军第十九路军和上海军民也进入紧张的备战。在交通部的部署下，交通部工务处亦派出电政司沪汉干线工务长陶凤山①在上海指挥战时通信干线抢修工作。上海无线电总台在行政负责人朱其清的带领下，向十九路军赠送一批电报机，组织几个小型无线电队，参加十九路军对日作战②。

民国二十一年（1932年1月28日深夜11时），日本海军陆战队分三路在装甲车掩

---

① 陶凤山（1900—1950年），1917年进上海电报传习所学习电报，后考进北平邮电专科学校并派赴美国实习。回国后历任电政司沪汉干线工务、电政司帮办、电政司司长、邮电司司长等职。抗日战争胜利后，国民政府授予他抗日战争胜利勋章。

② 梅绍祖、宋刚刚主编，《百年电信铸辉煌》，中国计划出版社，1998年6月，第72页。

戴戟、蒋光鼐、蔡廷锴

护下突袭闸北，攻占天通庵车站和上海火车北站，对国际电台真如发信台实施空袭。十九路军翁照垣①部当即开火反击，"一·二八"淞沪抗战由此打响。

第十九路军总指挥戴戟②、蒋光鼐③，军长蔡廷锴④连夜步行至真如车站，设立指挥部，部署战斗。跟随十九路军指挥部的无线电小分队，通过无线电台将十九路军通电全国的电文发出：为卫国守土而抵抗，虽牺牲至一卒一弹，绝不退缩，以不丧失中华民国军人之人格，此心此情，可质天日而昭世界！

上海国际电台真如发信台是日军重要轰炸目标。2月5日上午10时，日机9架，对真如国际电台实施轰炸，十九路军在地面以强烈的火力还击，黄毓全⑤率领飞机两队7架，抢占制高点，以机枪俯冲射击。日机上下受夹，1架被地面高射炮击中，坠落于真如车站西南空地，2架日机尾冒青烟逃窜，1架坠于南翔，余皆狼狈而遁。6日上午10时日机10余架，再来真如投弹。黄毓全率机6架起飞迎战，日机1架被击落，坠于真如车站南面空地，余下日机朝吴淞方向逃窜，黄毓全将转机返虹桥，忽发现另一机飞行员负伤，被日机咬住。为掩护战友，黄毓全奋起迎战，在激战中不幸牺牲，成为中国空军抵抗外侮捐躯第一人。

黄毓全

---

① 翁照垣（1892—1972年），任十九路军第七十八师第一五六旅旅长，后历任东北军第一一七师中将师长，抗日救国军新编第一师师长、第六十师师长，1949年移居香港，1972年逝世。

② 戴戟（1895—1973年），1931年12月任淞沪警备司令部司令，1932年1月参加淞沪抗战。1949年后任华东军政委员会委员、华东行政委员会委员等职。

③ 蒋光鼐（1888—1967年），历任国民革命军师长、第十一军副军长、第十九路军总指挥兼淞沪警备司令等职。后担任全国政协委员、中国纺织工业部部长、全国政协常委等职务。

④ 蔡廷锴（1892—1968年），十九路军上将总司令，1949年后任中国人民政治协商会议第四届全国委员会副主席。

⑤ 黄毓全，出生于美国加利福尼亚州。毕业后进铁士航空学校学习。民国十三年（1924年）赴芝加哥入其兄毓沛创办的三民飞机练习所任机械教师。民国十五年回国，次年受命赴苏联研究军事航空，入陆军第二航空学校学习。民国十七年回国，历任广东航空学校检验股股长、广东航空第一队分队队长、中央航空第六中队分队长等职。

第六章　抗战时期的中国通信网

吴淞无线电台毁于日军炮火

面对中国军民的抵抗，日本侵略军投入陆军、海军陆战队优势兵力数万余名，动用大批飞机、军舰狂轰滥炸，中国的通信设施遭到严重损失，沿铁路的电线屡遭敌机轰炸，吴淞无线电报局和吴淞长波无线电台、吴淞海岸电台，均毁于战火之中，机器被日军掠去，船舶电报停止收发，真如发信台遭到严重损坏，电台通信设备被日军抢掠一空，国际电台总直接和间接损失达 283 877.84 元。

为力保战时国际通信畅通，国际电台于 2 月 20 日租赁公共租界静安寺路（今南京西路）999 号作为临时发信台，在广东路 5 号大来大厦楼上装置无线收发报机，恢复收发船舶电报[①]。国际电信局局长王崇植[②]于 2 月 24 日签发在《新闻时报》《新闻报》《申报》等报刊上刊登的《真如国际电台移至安全地点电报畅通》，内容为：国际电台地处战区，恐多危险，兹闻该台为妥慎起见，业经各员工日夜加紧工作，已将一切机器移至安全地点，照常与欧美直接收发，故近来业务虽繁而来往电报且较以前更为迅捷[③]。

不间断的电波使得国内外新闻媒体战地第一时间报道，以电报传递的新闻专电、通电、号外等传遍全国，传遍世界。上海亚美公司广播电台、大中华广播电台等坚持每日播送抗战新闻，组织募捐慰劳前方将士及救济被难同胞，全市医生、

---

① 上海市长途电信局史志办公室编，《上海长途电信百年大事记》，1998 年 5 月，第 39～40 页。
② 王崇植（1897—1958 年），中国著名无线电史专家、资深电机工程师。毕业于南洋公学（现上海交通大学）电机科，在爱因斯坦抵沪专访时曾公开发表介绍爱氏学说的译作《相对律》。之后他留美深造，获硕士学位。回国后又加入中国科学社，参与筹备国际电台，历任国民政府无线电管理处处长、国际电信局局长等职。
③ 《关于国际电信局转陈日寇侵入国际电台真如发报台经过情况的报告》，上海电信档案馆藏，档案号：1935 年永久 16，第 52 页。

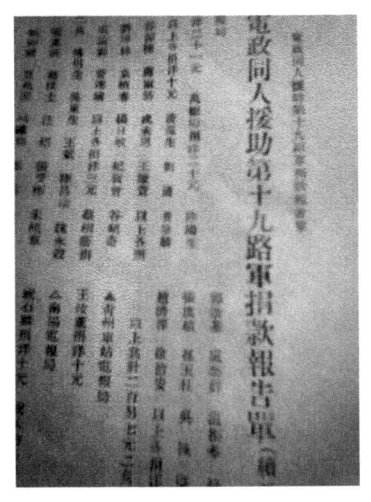

电界援助军队捐款清单

护士组成救护队抢救伤员,文艺界人士为前线下来的伤员慰问演出。在这股热潮中,全国电报局亦积极地动起来支援前线,如烟台、青州、北平、山东等地电信系统职员纷纷捐款,天津电报局同人还募捐救国飞机基金,并号召"全国电界同人不下万人,果能每人至少月输一元,则不出十月,亦可得战斗机一架,以作我整个电界对于国家之一种贡献"[1]。上海电信同人抗日救国会举办了抗日游艺会,将盈余的869元连同捐款一起,送交东北义勇军后援军,上海国际电台演出了名为SOS的进步话剧。

为保证战时国际国内长途通信,上海电信业界做出了极大的努力。

十九路军会同增援而来的张治中[2]将军率第五军将士在闸北、宝山、吴淞一带英勇抵抗日军一个多月。

在淞沪战场沿线通信线屡被日军轰炸损毁的情况下,工务长陶凤山率领线务工不顾生命危险,屡次进行战地抢修,保证了上海对外电报、电话通讯始终未发生较长时间的阻断。

通畅的通信保证了前线战况与社会各界信息的沟通,在国民革命军将士顽强的抵抗下,日军以四易主帅,死伤官兵万余的失败,使日军总指挥官盐泽幸一曾宣称可在4小时内完全占领上海的美梦粉碎。

但在当时复杂的政治形势和实力对比的状况下,最终因敌我军力悬殊,十九路军因"后援不继"而被迫撤退。

3月2日,日本侵略军占领国际电台真如发信台,真如发报台员工随军撤退。国际电台管理工程师张承祐在向国际电信局《呈报真如发报台员工随军撤退及一切处理》的报告里记述了当时的情况:

自前月28日暴日寇侵沪以后,本台真如发报台无日不在敌机淫威之下,经职督同驻台员工一面筹建避弹防御工程,一面尽力设法维持通信,虽踬后跋前,艰困备至,但历时月余,尚能幸存工作。至本月一日晚七时,在庙行八字桥等处,前线之战我军部队突然奉令撤退,道出真如。当由该军参谋处通知该发报台员工迅行撤退,各该员工以危险时期已届,无法继续维持工作,因于昏夜中随军疾退至黄渡安亭等处,迨二日晨九时,由职前往视察,则见日军尚未到台,机上真空管已不完全,变压器室内,

---

[1] 《会报》,1932年3月,电政同人公益会出版。
[2] 张治中(1890—1969年),原国民党陆军二级上将。中华人民共和国成立后,历任西北军政委员会副主席、全国人民代表大会常务委员会副委员长、国防委员会副主席、中国国民党革命委员会中央副主席等职。

第六章 抗战时期的中国通信网

更狼藉无序。据住发报台附近小工报告，在清晨三时许，曾有十九路军部队一小队奉蔡军长命到台，投掷手榴弹，期将机件毁损。惟亦语焉不详，职在台巡视一周，于下午一时余返沪。当又将各处房屋逐一加键，并将机件中较重要之晶体卸除，随带来沪，俾敌人于占领后无法恢复利用。到沪后，又据探报，大队日军即是于日四时许由大场开抵真如并向南翔前进，铁骑纵横，河山易色，于是此举世瞩目之真如国际大电台遂沦于敌手。至当夜星散之，员工警士自三日起，陆续由前方间道回沪，截至本日止，除警士张成刚一名尚无音讯外，其余均已到台报到，即经职分派在中央收发室、枫林桥发报台、新闻路临时收报台及静安寺路临时发报台暂行工作①。

3月24日，在各国列强的调停下，中日双方开始停战谈判。以中国方面让步、签署停战协议而告终。

淞沪抗日阵亡将士追悼大会会场

5月7日，真如发信台正式恢复国际电报通信②。那一声声清脆的电报"嘀嗒"声在祖国的天空回旋，告慰着为国捐躯的将士们：历史不会忘记淞沪血战的精神，十九路军抗日救国的光辉永存。

5月28日，淞沪抗日阵亡将士追悼大会在苏州举行，军民数万人参加。淞沪战役自1月28日进行到3月3日，中国军队牺牲4 000余人，负伤近万人，英勇作战的十九路军成为中国人民抗战救亡的象征。

---

① 《关于国际电信局转陈日寇侵入国际电台真如发报台经过情况的报告》，上海电信档案馆藏，档案号：1935年永久16，第52页。

② 梅绍祖、宋刚刚主编，《百年电信铸辉煌》，中国计划出版社，1998年6月，第58页。

第三节　中国电信业分为南北运营

满洲电信电话株式会社大楼

原新京电报局大楼

原新京电报局内

九一八事变后，日军占领了东北。东北各族人民纷纷成立民众救国会，建立自卫军、义勇军、抗日联军等，在吉林、黑龙江、辽宁与侵略日军进行了江桥抗战、哈尔滨保卫战、热河战役、长城战役等战斗，但在当时的历史条件下，最终均以中国军队战败而结束。

民国二十一年（1932年7月24日），交通部部长黄绍雄以中国政府名义宣布关闭东北三省邮政。东北三省与南方断邮。日本占领当局按日本模式在东北沦陷区建立邮电体系，进行电信经营。从此，南北断邮，中国长途通信网络也分为南北运营的态势。

南方：由国统区负责管辖关内各大区电信管理局。

北方：1933年9月1日，在长春成立由日本资本控制的满洲电信电话株式会社（以下简称满洲电电），该会社设总裁一人，设有经理部、技术部、放送部、电务部和总务部。在大连、奉天（今沈阳）、新京、哈尔滨、牡丹江、齐齐哈尔、承德设立7个管理局，分别控制着各个区域的电话和电报业务。设有中央电报局、中央电话局、技术研究所等，在新京、大连和旅顺设有职员培训所，在日本东京和大阪设有办事处。

时满洲电电会社本部称为"电电大楼"，旧址位于新京市大同广场西侧（今长春市人民广场西侧的人民大街2599号），大楼建成于1935年，建筑面积1.8万平方米，钢筋混凝土结构，地上4层、地下1层，顶部塔楼3层，外墙黄色瓷砖敷面，整体平面呈凹形。新京中央放送局（广播电台）当时也设在该楼北翼。

新京中央电报局是满洲电电会社的附属机构，从事于电报和长途通信业务。中央电报局（电报大楼）位于新京市兴安大路（今长春市西安大路331号），其宽城子送信所为1934年建立的无线电发射台，建筑面积1.1万余平方米，地下1层。满洲电电会社孟家受信所为无线电接收台。

1934年8月1日，满洲电电的电报业务划分为官报和私报，同时还开展了国际电报业务。

1935年12月12日13时，开通了新京至巴黎间的国际电报业务。时电电会社在电信电话线路、电信机械、电话机械、载波电话设施、无线通信设施等方面进行的建设有：统一设备制式（此前东北还有沙俄的电信设备），扩建电信网络线路，敷设800多千米长途地下电缆。据《黑龙江省志·邮电志》资料：1931年九一八事变前，黑龙江地区共有电报局报房45处，长途电话局所44处，市内电话局41处，地方电话局35处；1941年，电报电路达到126条，长途电话电路233条，办理长途电话业务的局所161处；1943年电报局为168处。

宽城子送信所的通信铁塔

原宽城子送信所送电局

满洲电电营业处

满洲电电期间，其敷设的地下电缆由安东入境，北达哈尔滨，西至沈阳，上设12路载波机，辅以明线载波回路，规模最为宏大，具有国际水准，其电报电话业务近达日本，远涉欧美[①]。

---

① 吉林省文物志编委会，《长春市文物志》，1987年。

第四节 马可尼访问上海国际电台

民国二十二年（1933年），无线电发明家马可尼偕夫人曼丽娅进行了环球旅行，计划在中国游历了大连、北平、天津、南京等地后到上海访问。

在上海，他将逗留5天。其在沪的重要活动之一，将参观交通部国际电台，以一睹"远东第一大国际无线电台"的风姿。

马可尼来沪的准备工作，由其在上海的马可尼公司操办。11月8日，马可尼公司代表李加特造访国际电信局，告知马可尼本人将来沪访问。得知这一消息后，国际电信局局长温毓庆致函交通部部长朱家骅、次长俞飞鹏、电政司司长颜任光：查马氏为电界先进，应否用部座名义发函邀请①。

交通部对于马可尼来沪访问重视非常，朱家骅部长先后回电温局长：马可尼到沪时仰由该局长出面接待，借此可向沪地英商宣传中英无线电路直达通报。

12月4日，国际电信局收到马可尼公司电，告知马可尼因时间关系未到上海赴宴原因，并与国际电台约定于十一月上午10时由温局长会同马氏前往真如参观国际电台并摄影纪念①。

同时决定，由国际电信局、电政同仁公益会出面，与上海各学术团体召开欢迎马可尼的欢迎会，并向上海各学术团体发出邀请函：

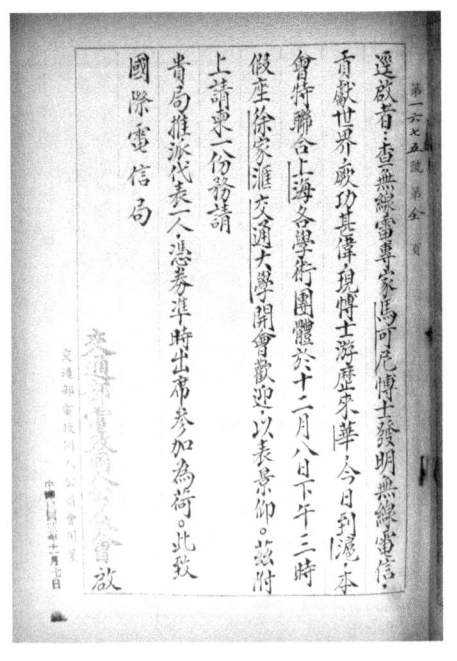

电政同人公益会发出的邀请函

敬启者：查无线电专家马可尼博士发明无线电信，贡献世界，厥功甚伟，现博士游历来华，今日到沪，本会特联合上海各学术团体于12日下午3时假座徐家汇交通大学开会欢迎以表景仰。

马可尼即将来沪的消息，在上海刮起了一阵无线电旋风。人们都盼望着一睹这位无线电之父的风采，聆听他那充满神奇和梦幻般的有关无线电通信的演讲。

12月7日，马可尼到达上海。上海国际电信局局长温毓庆、交通大学校长黎照寰率中外著名人士，在上海火车站举行隆重的欢迎仪式。在欢迎的西洋鼓乐声中，

---

① 《接待马可尼代表来沪案项目卷宗》，上海电信公司档案馆，交通部国际电信局，1933年，暂时27。

第六章 抗战时期的中国通信网

马可尼一行走下火车，与前来接站的上海名流们握手致礼后，乘上等候在月台上的克莱斯勒轿车，向外滩方向的华懋饭店驶去。在那里，已云集了上海各媒体。当天上海《申报》的时评说："科学是没有国界的，科学家的贡献是遍及全人类的，所以我们今日欢迎马可尼，比欢迎任何各国的外宾更为热烈。"

上海各界在车站欢迎马可尼

可是，很遗憾，也许是旅途过于劳累，身体不适的马可尼取消了原定的记者见面会，而改由他的秘书代为回答记者的提问。

12月8日下午2时，电政同人公益会特联合上海各学术团体假座徐家汇交通大学开会欢迎。下午4时，马可尼来到交通大学，出席"上海各学术团体欢迎马可尼夫妇"的茶话会。在黎照寰①校长、中央研究院院长蔡元培②的陪同下，走进悬挂着"上海各学术团体欢迎马可尼夫妇"横幅的容闳堂内。

会场里集聚了上海社会各界的学术精英和无线电人士，有中国工程师学会徐佩璜、沈怡、施孔怀，国际电信局赵以尘，中国无线电工程学校方子卫、王名善，上海电话局郁秉坚、彭欲义，中华无线电研究社金祥凤、陶钧、陶模、邹颂清、王振祥，上海广播电台苏祖国，电话同人公益会何家成、沈权吾，中华学艺社周昌寿，交通大学张廷金，暨南大学杨裕芳，市教育局郑洪年、曾绳点，各大学联合会康选宜，中国科学社杨孝述，中央研究院杨肇廉，中等学校教职员联合会陈济成和各报记者"一百数十余人"③。

在人们热烈的掌声里，黎照寰代表上海交大致欢迎词："今天，是交大一个历史性的时刻。我们与中国科学社、中央研究院、上海各大学联谊会、上海广播无线电台、中华学艺社等各位同仁一起，有幸与马可尼先生座谈。马可尼先生发明了无线

---

① 黎照寰（1898—1968年），留学美国，获哥伦比亚大学经济科、宾夕法尼亚大学政治科硕士学位。回国后历任香港工商银行、华商银行经理，广九铁路管理局局长，交通大学校长，沪江大学、上海圣约翰大学教授，国民政府财政部参事，铁道部次长等。中华人民共和国成立后曾任之江大学教授、校长等职。

② 蔡元培（1868—1940年），革命家、教育家、政治家。中华民国首任教育总长，1916年至1927年任北京大学校长，革新北大，开"学术"与"自由"之风，代表作品有《蔡元培自述》《中国伦理学史》等。

③ 《本市十四学术团体昨天在本校欢宴马可尼夫妇》，交大三日刊，民国二十二年（1933年）12月9日。

电,这个奇迹的发明,是人类了不起的发明,其重要性不亚于发现美洲新大陆。现在,无线电已遍布世界,给人类带来科学的福音。我谨代表各位向马可尼先生表示我们深深的敬佩。"

中央研究院院长蔡元培先生代表上海社会科学界致欢迎词。他说:"今天,我们上海社会科学界很荣幸地邀请到马可尼先生并与他座谈。马可尼先生 22 岁的时候,就发明了无线电,这是人类历史的一个伟大的发明,给包括在座的每一个人都带来了无穷的益处。今日我们中国的科学知识还很落后,国家现在最需要的人才便是科学家。需要我们青年科学家去创造发明的机会有很多,我们中国有一句话,说'少壮不努力,老大徒伤悲'。希望交大的青年学子发奋图强,以马可尼发明无线电的精神,为国家造福,为人类造福。只要努力去做,你们的前程是无限量的,我们在座的各位寄希望于年轻一代科学家,希望交大的青年学子以爱国之心,学好科学知识,报效国家,迎头赶上去。"

马可尼亦在会上致答谢词:"蒙各学术团体举行欢迎会,深觉荣幸。仅向蔡主席、黎校长深致谢意,本人此次来贵国观光,到处承政治当局及学术团体之欢迎招待,尤感愉快。"会上,马可尼和夫人还收到一份特别的礼物——上海大华无线电公司特意赶制的《欢迎无线电发明家马可尼博士来华纪念刊》。茶话会结束后,还举行了马可尼纪念物植基仪式。

马可尼出席上海交通大学纪念物植基仪式

9 日,上海各无线电公司在汉密尔登大厦(今福州大楼)举办无线电展览,市长吴铁城亲自出席开幕式。

10 日晚,上海市市长吴铁城在霞飞路上海市政府招待所设宴,款待马可尼夫妇一行。宋子文、孙科及各国公使、领事,上海商界、学界、电信业界等近 300 人。

11 日上午,在国际电信局局长温毓庆、电政司司长颜任光、意大利驻沪领事馆领事、马可尼无线电公司上海办事处经理、上海电报局局长荣宝沣、国际电台管理工程师张承祜等人的陪同下,马可尼来到南京路上的交通部国际电台中央报房参观。

参观完毕后,马可尼夫妇驱车前往真如发信台。在温局长和国际电台管理人员的陪同下,马可尼夫妇兴致勃勃地参观了无线发信台等机房和设施。每到一处,他都与值班的技术人员一一握手,并与张承祜、卢宗澄、宗之发等人一起合影留念。

离开真如电台时,马可尼说:"我这次来中国,到了大连、北平、天津、南京,看到你们的国家地方很大,人民众多。也看到你们中国的无线电通信技术人员非常优秀,你们一点也不比欧美国家的无线电通信人员逊色,中国的无线电事业大有希望,我非常钦佩。无线电不管是现在,还是将来,对于贵国来说,都是最有用处的通信方法,盼望你们的工作,能让中国无线电通信更发达,为建设一个强大的国家服务。"

马可尼访问交通部国际电台后留影纪念

12日一早,马可尼夫妇离开上海回国。

1937年7月20日,马可尼逝世,意大利政府在他家乡波罗尼亚为他举行了国葬。全世界所有无线电台停止通信两分钟,送别这位无线电通信之父。

第五节 中日美无线电话在上海开通

继中国到美国旧金山电报电路开通7年后,中日、中美无线电话电路首在上海隆重开通。

民国二十五年(1936年),奉国民政府交通部令,上海国际电台与日方商定开通上海至日本东京国际无线电话。2月15日,首先开通上海至东京间无线电话电路,通达国际长途电话的地点,日方有大阪、神户、横滨等170处。中方仅有上海。当日上午9时,在育婴堂路闸北电信局内举行通话典礼。国民党中央党部、国民政府行政院均派代表出席致辞,国民政府外交部部长、交通部委派的代表、上海市市长、上海商会主席与中央通信社长等分别与日本相关官员互致贺词。中午12时,开始收发国际长途营业电话[①]。

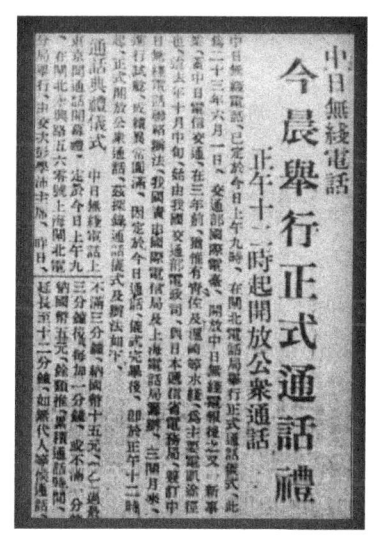

《申报》报道中日无线电话开通

---

① 《闸北区志》,第六编,交通·邮电,第五章,邮电。

这是中国第一条国际无线电电话电路，创中国通信业无线电话之先河。与世界上首开无线电话营业相差6年。

民国二十六年（1937年2月1日），国际电台开通上海到香港无线电话电路[①]。

4月1日，国际电信局奉令结束，其所属国际电台直隶于交通部管辖。同时厘清上海国际通信业务机构。

日本长途电话人工接续台

上海海岸电台归于国际电台，大北、大东、太平洋水线电报收发处归其管辖，改称交通部某某电报收发处。国际电报之核算，归新设立的驻沪国际报话费核算处办理[②]。为规范国际电信业务，公布了《国际电话营业规则》，规定国际电话业务种类分为政务、业务、私务3种。通话种类分为叫号、叫人、传呼3种。

原由国际电台管理的上海广播电台归上海电报局指挥。

至此，中国国际通信行政管理和业务管理体制建立。

上海国际长途电话接续台也正式设立，8月9日，上海电话局闸北新长途台正式开放使用。挂发国内长途电话拨"40"，由租界挂长途电话先拨"02"，经长途台挂发国内各地长途电话；拨"03"挂发国内外长途电话[③]。

上海国际无线电话人工接续台

以上国际无线电路的开通、国际电话营业规则的建立、国际长途台的设置为开通中美间无线电电话业务奠定了基础。

民国二十六年（1937年5月19日）晚8点30分，坐落在上海南京路上的国际饭店，于1934年落成，是当时全国也是亚洲最高的建筑物，它是中国人自己筹资建造的第一幢摩天大楼，被誉称为"远东第一高楼"。是日晚，以其名流汇聚之所的傲气，迎来了中国电信业一个重要的历史时刻，上海国际电台、

美国长途电话人工接续台

---

① 上海市长途电信局史志办公室编，《上海长途电信百年大事记》，1998年5月，第39～40页。
② 上海市长途电信局史志办公室编，《上海长途电信百年大事记》，1998年5月，第48页。
③ 上海市长途电信局史志办公室编，《上海长途电信百年大事记》，1998年5月，第49页。

第六章 抗战时期的中国通信网

王宠惠

詹森

宋霭龄

宋子文

上海电话局、电报局将在二楼举行隆重的中美无线电电话开通仪式。无线电话开通后，上海到美国旧金山的无线电话电路可转接华盛顿、纽约等49处，也可转加拿大、古巴、墨西哥等国的无线电电话。

开通仪式会场由上海电话局、国际电台广播电台连日会同布置，富丽庄严，应有尽有，盛极一时，场前挂有中美两国国旗与电政司标志旗，还挂有孙

俞鸿钧

俞飞鹏

中山、华盛顿、林森主席、蒋委员长、罗斯福的肖像，大厅顶上悬有万国国旗，四壁绕以鲜花彩灯，场中有糖果特制之中美无线电塔等优美珍品，举不胜举，工程艺术互有表现，均有深切之意义。

9时，中外男女来宾接踵而来，人数不下千余。行政院代理院长兼外交部部长王宠惠、美国驻华大使詹森、蒋委员长夫人宋美龄、孔副院长夫人宋霭龄、中委宋子文、代理市长俞鸿钧[①]以及中西各国外交、金融、商业、工程领袖等，均伴同夫人先后到场。交通部部长俞飞鹏[②]、次长彭学沛[③]率各司司长、科长以及沪上电政各局局长、工程师等礼貌接宾。

10时，通话仪式开始，由交通部俞部长、彭次长主持开幕典礼，首先由俞部长演说，由电报局包可永局长翻译英语。嗣后美国大使詹森致辞，11时，举行通话仪

---

① 俞鸿钧（O. K. Yui, 1899—1960年），1919年毕业于上海圣约翰大学，历任国民政府外交部部长英文秘书、上海市政府秘书长、上海市市长、中央信托局局长、财政部部长、中央银行总裁等职。1950年后任台湾财政、行政等重要职务。

② 俞飞鹏（1884—1966年），蒋介石表哥。历任军事委员会部长，晋升同时退为预备役。历任军事委员会运管局局长、部长，粮食部部长。日授陆军中将军衔，任总统府战略顾问、国策顾问。

③ 彭学沛（1896—1949年），曾在日本、比利时留学，回国后任北京大学政治学教授。后历任代理内政部部长、全国经济委员会委员、常务次长、政务次长、国民党六届中央执行委员、中央宣传部部长、行政院政务委员等职。

式，先由电政司司长温毓庆致辞介绍，随后的通话依次是：

一、王代院长与美国国务卿赫尔通话；

二、蒋夫人、宋夫人与总统罗斯福夫人通话；

三、俞部长与美国交通委员会主席博雷尔通话；

四、美国国务卿赫尔与美国驻华大使詹森通话；

五、王代院长、宋委员与中国驻美大使通话；

六、孔夫人与中国驻美大使施大使夫人通话；

七、美国外交部远东司司长项伯克与美国驻沪总领事高斯通话；

八、俞代市长与美国外交部远东司司长项伯克通话；

九、彭次长与美国电话电报公司副董事长密勒通话。

通话时，嘉宾们纷纷致贺词。

时美国国务卿赫尔在与王代院长通话时说：

贵我两国之交通，远自1874年美国货船抵华时始，其时纽约与广州之水程，需时六月以上，今日则以交通工具之发明与进步，国与国之间之货物贸易，思想交换，以及口语对谈，纵令距离遥远，亦不成严重障碍，盖科学上之成就，实已使世界日小，各国之接触日密，且使疆土远隔之国，无翼比邻。此无线电话，实乃美国与中国交通新道，余深信其必能使归我两国间有益之友谊关系益增便利，且从而促进之，而使中美两国共受其惠。

王代院长致答辞说：

三星期前，贵我两国间太平洋之空中交通正式开始，依此科学上之成就，将渐使一切人类，不论其种族若何，政治宗教信仰若何，于其生活行动与思想方面，必更关系日密，俨如一大家族也。

美国交通委员会主席博雷尔在贺词中说：

自今以后，贵国大上海与美国之电话，已能相互连接，此种工程上成功之奇迹，实属不可思议，贵吾两国虽与太平洋上有六千英里（约9 656.064 km）之相距，乃竟能以电话息息相通，我等相互间之意思，能于一刹那间经由无线电之通信网而编达九千英里之遥，太平洋两岸之联系，全持上海及旧金山两方之短波无线电台之功能，此次贵吾两国无线电话之开幕，对于两国间相互合作，实有重大之贡献，贵国政府此种伟大之建设，殊足令人嘉许。

以上演说词和通话经过放音器传播全场，并由广播电台加以广播，其传递之合度，音浪之清晰，所有局内局外人士，莫不赞扬满意。

通话仪式完毕，即有普通电话纷纷挂号，当晚接通者有：中委宋子文叫接纽约与旧金山中国银行；广东银行分行行长、国际电报电话公司总经理皮恩、华盛顿中国驻美施大使叫接在沪公子施思明；上海电话公司总经理鲍德叫接纽约国际电报电话公司总经理皮恩等数次。后因时间已晚，所有双方业已挂号而尚未接通的营业电话数十次，准于20日晚再接。

5月20日，《时事新报》的报道如下：

宋美龄与罗斯福夫人

昨晚举行典礼音浪极为清晰，中美双方要员通话互致贺词，东亚北美远隔重洋此时如晤对一堂。同时报道了蒋夫人与罗斯福夫人的通话，时蒋夫人在电话里说道："科学真是万能，我们隔着太平洋，竟像隔着一间房那样地对话起来了，这当然是科学可以消除民族间一切距离的铁证。可是科学现在却是一天天专心一致注重到消灭民族本身起来，这不是太糟了吗？我常想起我们世界上的妇女，应该怎样鼓励科学家设法维持人类的生命，不要像现在西班牙那样的打着堆地杀戮，现在世界上的政治家仿佛没有维护和平的能力，而军火制造家更不愿见和平的实现，这缺陷难道不能由我们妇女来补救吗，我觉得世界军备重整若不停止，第二次世界大战是不能避免的。"

第六节　七七事变中的长途电话和电报

蒋夫人对战争的担忧在71天后成为现实。此时国家政治局势纷乱，美、英、法、日、俄等国都在中国寻求自己的政治势力范围，寻求经济利益。在南方，局部的内战已连续多年。在北方，日本提出建立"大东亚新秩序"，为确保自己的原料来源，以及用这些原料制造的商品市场，已与外国势力产生相当大的利益冲突，其中包括美国等国家，因此，一场由日本侵略，中国迎战的战争在中国华北首先开始。这既是中国抗日战争的开始，也是日本点燃世界二战的导火索。

民国二十六年（1937年），震惊全国的七七事变爆发。国民革命军和日军在卢沟桥激战，日本派大批援军，向天津、北京大举进攻。二十九军副军长佟麟阁[①]、

[①] 佟麟阁（1892—1937年），历任国民军第一师师长、三十五军军长、新一军军长兼二十七师师长、第二十九军教导团长兼张家口警备司令、二十九军中将副军长等职。

国民革命军二十九军出宛平赴前线作战

一三二师师长赵登禹①先后殉国。

7月7日晚9点50分，济南电报局长途台话务员钟灵②赶到济南电报局长途台值大夜班。突然，北线号牌的小挂钩响声大作。钟灵刚刚接通，就听到耳机里一位姑娘急促的声音："济南，济南！我是北平，我是北平！请接南京，南京！加急电话！"

钟灵迅速接到南京，很快摇通了铜山（徐州）中转站，通报完电话，在记录单上写下通报时间：23点34分。23点41分，北平和南京开始通话。年轻的钟灵好奇心强，于是扳起小扳闸听了一下。话务员是禁止长时间监听电话的，但当时机房只有钟灵一个人，更何况，随着一个个加急电话不断从北平和南京之间往来，秦德纯、陈诚、宋哲元、何应钦先后在电话中进行着激烈的讨论，并不时转达蒋介石指示，听起来一件大事马上要发生了。

钟灵把电话从头听到尾，听到是日军借口士兵失踪坚持进入宛平城搜查。听到北平报告7月8日早晨5时许日军在卢沟桥向我军开火。直到他早上6点下班，北平和南京的通话一直未断③。

7月8日早晨，宋哲元报告卢沟桥发生事变的电报送到南京④，全国各大报刊登通电，向全国公告七七事变战况。

七七事变后第二天，中国共产党通电全国：

钟灵（1949年以后摄）

---

① 赵登禹（1898—1937年），陆军上将，任第一三二师师长，是抗日殉国的第一位师长。
② 钟灵，七七事变后，钟灵到湖南长沙参加抗日救亡运动，进入延安"鲁艺"美术系学习。后分配至八路军西安办事处，次年回到延安，在陕甘宁边区政府工作。先后设计了陕甘宁边区邮票和《庆祝中国人民政治协商会议第一届全体会议》《中国人民政治协商会议纪念》和《中华人民共和国纪念》等邮票。1949年，任政协筹委会总务处主任兼会场布置科科长，参与设计中华人民共和国国徽。
③ 半岛晨报，《在电报局偷听到七七事变消息》，2011年1月9日，《历史人物》。
④ 天府早报，《抗日名将宋哲元明七七事变时传电报成都解密》，2007年7月7日。

平津危急！华北危急！中华民族危急！只有全民族实行团结抗战才是我们的出路！号召全民抗战，团结抗日一致对外。

7月17日，国民政府军事委员会委员长蒋介石在庐山发表著名的"最后关头"演说并严正声明，指出：再没有妥协的机会，如果放弃尺寸土地与主权，便是中华民族的千古罪人。

7月26日，日军给宋哲元下达了最后通牒，要求他在28日把军队撤至永定河以西。宋哲元严词拒绝，派人把最后通牒给日军送了回去，并于27日以明传电报发电至成都：

本月7日夜，日军突向我驻军地袭击，我军守土有责，不得不正当防御；11日，双方协议撤兵，不料21日日军又炮击宛平县……①这份采用"韵母代日"写法的电报，详细记录了七七事变爆发后，中日双方将近20天的作战情况，文末的"感"代表此电报发出时间为27日。

电报显示，七七事变发生后，日军于11日、21日、25日夜、26日、27日早5时进行了5次挑衅，对当时的驻军部队先后进行了"宛平炮击""廊坊轰炸""广安门袭击""通县围攻"等，真实再现了卢沟桥事变发生的经过②。

7月30日，国民革命军因伤亡惨重而撤离平津地区，天津、北平先后沦陷。

第七节　淞沪会战中的长途和国际通信

七七事变，举国震惊。中国军队奋起反抗，全民族的抗日战争开始。

7月31日，国民政府军事委员会委员长蒋介石发表《告全体将士书》，宣告"和平既然绝望，只有抗战到底"。

同日，毛泽东命令中国共产党部队跨越山西至河北，以支持傅作义②的部队作战。

8月9日，国民政府在南京召开国防会议，军事委员会主要领导人、部分地方高级将领以及中国共产党代表共同出席。根据会议决定，15日，蒋介石下达全国总动员令，正式成立大本营，蒋以大元帅身份行使最高统帅权。20日，蒋下达大本营第一、第二号训令，颁布《国军战争指导方案》和《国防作战指导计划》。训令声明决心维护中华民族生存和国家领土完整，提出"以达成持久战为基本主旨"，确定了战争的战略方针和作战原则，明确了大本营的组织系统，并将中国军队分为5个战区。

12日，国民党临时常务委员会决定成立国防最高会议，以蒋为会议主席，授权

---

① 现藏成都市档案馆。
② 傅作义（1895—1974年），抗日名将，1949年毅然率部起义，促成北京和平解放。

他可以超越平时的程序处理一切事务。同期，中国国民党和中国共产党达成协议合作抗日，第二次国共合作和抗日民族统一战线正式建立。

民国二十六年（1937年8月13日），日军以租界和停泊在黄浦江中的日舰为基地，对上海发动进攻，八一三事变爆发。这是日本侵略中国的战争，也是其要竭力铲除在世界上第六大城市上海的其他列强的势力的战争。针对此形势上海市市长俞鸿钧立即举行了新闻发布会，通过新闻媒介，特别是用英文向外国记者发布消息，揭露日本侵华的真相，一时间，在沪各大通讯社纷纷拍发国际新闻电报，八一三事变的真相在第一时间传遍世界。

陈　诚

张治中

张发奎

顾祝同

8月14日，中国国民党政府发表《自卫抗战声明》。同时，国民政府军事委员会令京沪警备部队改编为第九集团军，由张治中任总司令，辖3个师1个旅及上海警察总队、江苏保安团等部，担负反击虹口及杨树浦之敌任务；苏浙边区部队改编为第八集团军，张发奎任总司令，守备杭州湾北岸，并扫荡浦东之敌。与此同时，蒋介石下达全国总动员令，将全国临战地区划为5个战区，沪杭地区为第三战区，冯玉祥任司令长官，顾祝同任副司令长官，并任命陈诚为第三战区前敌总指挥，动用70万国民革命军部队、历时3个月之久的淞沪会战开始。

哈里森·福尔曼

为保护在上海租界的侨民，美、英、法、日等国派出军队和军舰，组建志愿军团，与驻扎在上海的"正规军"队伍一起参战，保护本国的经济利益和侨民的生命安全。

在这场战事中，美国合众社、伦敦泰晤士报的记者哈里森·福尔曼①拍摄了数百张新闻照片，记录了淞沪战争的实况，也记录了上海电信业在淞沪会战中的

---

① 哈里森·福尔曼（1904—1978年），美国探险家、飞行员、摄影师、记者和作家。他毕业于美国威斯康星大学东方语言专业。在1930年年初，他来到中国重庆、延安和华北根据地，报道中国抗日战争信息。其最著名的作品为《红色中国报道》（后译为《北行漫记》），为记录其在华北抗日根据地进行战地采访亲身经历的作品。

工作影像。

中国军队在淞沪前线作战,童子军整装待发,国内外记者深入前线,奔波在上海市区报道战况,美国军舰抵达黄浦江,英国紧急从香港派遣皇家阿尔斯特步枪队、英国陆军步兵团,驻扎在上海保卫其公共租界和特权。驻扎在上海的英、美、法公共租界军队亦纷纷在租界设置路障,侨民们组建义勇军、志愿军团保卫租界。8月15日,上海公共租界工部局发布紧急宵禁公告。南京路至静安寺路的洋行大楼、商店亦以沙包堵窗,然而,在日军飞机的轰炸中,上海上空浓烟滚滚,各商业区被炸得百孔千疮,市民被炸死炸伤。在日军队上海进行的大轰炸中,国际红十字组织组建临时战时医院,修女们前往医院护理伤病员,上海国际电台、上海电报局的报差穿梭在十里洋场的各大公司之间,投送国际电报,上海电话局、美商上海电话公司的线务维修人员紧急修复在轰炸中被损毁的通信线路和通信电缆。淞沪之战成为一场涉及世界多个国家,让世界关注的第二次世界大战的导火索之战。

上海国际电台报差

淞沪会战时,全国和上海人民以各种方式积极参加抗战,支援前线。上海学生界救亡协会、上海市纱厂工友救亡协会等团体,开展了宣传、募捐、演出、慰劳等活动。全国各界民众积极支援上海抗战。湖南学生战地服务团和福建省民众组织的慰问团,都到前线进行慰劳。海外华侨踊跃捐献,支援祖国抗战,到10月16日,捐款已达330余万元。

抢修市内电话电缆

为淞沪会战的通信联络,交通部紧急部署了南京与上海、苏州等地之间的军事指挥通信,由于国民党军队没有自己的长途线路,军事通信建制也只有于民国十四年(1935年)建立的交通兵团下的一个交通总队,所以,那时需要沟通战地的军事指挥,尚依赖于电信局的长途电话。

蒋介石与他办公桌上的电话机

但是,那时的长途电话转接,并不尽如人意。上海至南京的长途电话线路于民国十六年(1927年11月25日)开通。时长途电话业务种类只有普通和加急两种。加急电话可随时提前接通,收费照普通加三倍[1]。长途电话接续程序为:有住宅电话的用户在挂发长途电话时,先告诉司机生(话务员)要长途电话,由司机生接至"03"记录台,记录台话务员询问和记录用户名称、电话号码及通话对方的电话号码后,用户挂机等候,然后报对方话务员接续,待对方局回叫以后,完成双方用户通话。

为了保证战时军事指挥长途电话的接通,南京电话局开出"军用电话专线台"。曾任蒋介石"军用电话专线台"话务领班的王正元[2]回忆如下。

"八一三"淞沪抗战一开始,蒋介石不分昼夜,频繁地径直叫接长途电话,指挥前线部队作战。当时的首都电话局长途台并未因军事而减少手续,女话务员们依然照章办事,无论谁要长途电话,都要问:"你要普通的还是要加急的?"

南京电话局长途台业务更加繁忙,尤其是宁沪间的线路更紧张,电路不够分配,造成电话积压。战争一开始,国民党部队纷纷东调,当时蒋介石时常用长途电话直接指挥战事,所以电话局特意为他专门架设了一对长途线直通其黄埔路官邸。

上海保卫战打响后,蒋介石每天都要打多次长途电话到淞沪前线。蒋对手下高级将领一般不叫名字,而习惯以职务或"字"来称呼。在叫接电话时,对电话员一般简要地说要"顾总司令"[3]或"朱总司令"[4]。当时前线上有两个"张总司

---

[1] 《上海邮电志》,第262页载:民国三十五年(1946年)8月,根据电信总局通知军政通话的规定后,方有军政电话种类。

[2] 王正元(1910—2005年),1928年起先后供职南京电话局、国民政府。历任委员长侍从室电话监听专员、陆军总司令部上校电话监察官、国民政府军务局电话监察等。监理国民党高层机密电信12年。

[3] 顾祝同(1893—1987年),抗战期间,任第三战区司令长官,兼江苏省主席,在黄埔嫡系将领中,顾祝同初为"八大金刚"之一,后又列名"五虎上将",国民党军政高层"军中圣人"。

[4] 朱绍良(1891—1963年),国民党高级将领。七七事变爆发后,率部参加淞沪会战,任中央军总司令兼第九集团军总司令。

令"，他就说"张向华①（张发奎字向华）总司令"或"张文白（张治中字文白）总司令"。蒋介石在通话中，都是先听对方的汇报，然后再作指示，要等待几小时或者稍停后，再打电话下达指令。

顾祝同是苏北涟水人，他把话说得慢而低时和宁波话相差不大；张治中是安徽巢县人，一口合肥腔，但他与蒋接触较多，双方都还听得懂。而张发奎说的广东官话，碰上宁波官话总是如鸡同鸭讲，在沟通上有些困难。所以，蒋每次说完后都照例问一声："懂了没有？"最麻烦的莫过于朱绍良了。朱的耳朵有毛病，蒋每次与他通话，总是一再重复，而朱常常把意思完全听错了，后来干脆给朱绍良的电话统统由顾祝同代为转达。

上海长途台

一般长途通话中，前方均系报告战况，蒋再酌情下达指令。如一次顾祝同几次在电话中请求增援，当时蒋军精锐大多数都开到淞沪前线了，蒋说："恐怕赶不上，正在赶运中。"顾说："情况比较危急，如果增援不上，第一线就支持不住了。"蒋接着说："那么就把桂永清

苏州长途台

的教导总队拿上去吧。"有时与张发奎通话，因张驻在江湾指挥炮兵，连炮弹的命中率，蒋都要电话"垂询"。

在战争最激烈之时，曾发生这样一件事。有一天晚9时许，蒋介石对长途台话务员说："要顾总司令（即顾祝同）电话。"接通时，却是朱总司令（即朱绍良）。蒋质问："我要苏州顾总司令，怎么……""你讲没讲苏州？"因蒋介石漏报了地名，再加上蒋的宁波官话，南京籍女话务员把"顾"听成"朱"。这个小姑娘也未必知道被"顶"的就是当时的最高军事指挥官蒋介石。

---

① 张发奎（1896—1980年），历任国民革命军第四军第十二师师长、第四军军长。抗日战争期间，先后任集团军总司令、兵团总司令、战区司令长官、方面军司令官等职，率部参加过淞沪、武汉、昆仑关等战役，被授予中国国民党军陆军二级上将。

当时淞沪前线的 4 个总司令,其驻防位置是:朱绍良驻安亭,张治中驻青浦,张发奎驻江湾指挥炮兵,顾祝同驻苏州。蒋介石有一项重要军令没能及时下达给顾祝同,气得把听筒摔坏,躺在长藤椅上,咆哮着呼唤侍卫官:"请钱主任(侍从室主任钱大钧)。"钱一进门,蒋介石就气呼呼地说:"你把樵峰(俞飞鹏字樵峰,时任长)叫来。"钱大钧①当时感到有些突然,不知发生了什么事,又联想到俞是蒋的嫡亲表兄弟,自己也和俞是多年的老关系,便上前低声说"报告",意思是问有什么事。蒋约略把话务员接错电话之事说了一遍,末了余怒未息地说:"问问樵峰,他是怎么部署的?"钱唯唯退出,立即与俞飞鹏联系,可是连打几处电话都没找到。此时已近午夜,旋命随从副官备车直趋俞家。俞见钱深夜来访,神色紧张,忙问什么事。钱大钧遂把所发生之事备述一遍。俞飞鹏听后十分不安地说:"是呀,贻误军情谁能担当?"

次日一大早,俞飞鹏在部长室召见电政司帮办陶凤山、南京电话局局长朱一成②,把蒋介石打长途电话的事说了,要他们马上采取补救措施。经研究决定,建立"军用电话专线台",选派干练电务人员专门负责。又经朱一成要求,指名抽调徐士元和王正元等 3 人到南京电话局长途台工作,每天 24 小时 3 人轮流值班。王正元等人一到长途台,就把蒋介石通往长途台的专线接到自己台子上的一部磁石话机上,并把经由镇江、无锡接转苏州的长途电话改为南京直达苏州。俞飞鹏立将安排情况电话告知钱大钧,钱又加派侍从室第二组少校参谋周某来协助工作。

"军用电话专线台"的建立为蒋介石和要员们挂发长途电话提供了极大的方便,从以往约定俗成的优先接转而成为由军政电话专线台专门接转,这标志着抗战时期国家、军队首脑开始正式使用军政专用长途通信。

淞沪会战时,为保证国际国内的电报传递,上海电报局将国内无线电台迁至公共租界麦根路(今静安区康定路)145 号、新闸路 1464 号、静安寺路(今南京西路)591 弄内,继续收发无线电报。国际电台设临时发信台于公共租界爱文义路(今北京西路)、麦特赫斯脱路(今泰兴路)附近和法租界杜美路(今东湖路)、格罗希路(今延庆路)附近;设临时收信台于法租界马斯南路(今思南路)、辣斐德路(今复兴中路附近)。国际电台在法租界善钟路(今常熟路)善钟里设料栈一所,又和上海电报局租赁法租界亚尔培路(今陕西南路)、巨籁达路(今巨鹿路)附近房屋作为联合堆栈。上海海岸无线电台和美商大来公司专用无线电台发报台迁移至公共

---

① 钱大钧(1893—1982 年),历任国民政府军事委员会委员长侍从室主任、国民政府航空委员会主任、军统局局长、上海市市长兼淞沪警备司令等职。去台后,担任台北市私立戏剧学校董事长、"中华全国田径协会"名誉会长、中华航空公司董事长。

② 朱一成(1900—1957 年),毕业于交通大学,后赴美国入哈佛大学,获硕士学位。归国后历任浙江大学工学院院长,中央大学、交通大学教授,清华大学秘书长,首都电话局局长,江苏、湖北电政管理局局长,国民政府电信总局局长、顾问,去台湾后任台湾电力公司董事长。

第六章　抗战时期的中国通信网

租界广东路 5 号大来大厦，收报台迁移至公共租界西摩路（今陕西北路）南阳路口。

淞沪之战中，上海北郊一带成为战区，国际电台真如、刘行发信台再度成为日本空军的轰炸目标，机件及天线损失颇为严重，无法工作。10 月 27 日，日本军队占领真如，随即炸毁了国际电台。

但已事先迁移在法租界里的国际电台，保证了不间断的国际通信。正是因为国际通信的畅通，一个个动人的战地故事，通过电报局传递的电版新闻，在民众中广为传播。例如，在苏州河畔的四行仓库保卫战中，女童子军杨惠敏[①]于 10 月 28 日携带一面中华民国国旗游泳过河，送于四行

日军炸毁真如电台

仓库守军。第二天清晨，国旗在四行仓库屋顶升起，迎风招展的旗帜传递着中国军队与人民抵抗侵略的信息，此情此景鼓舞振奋了守军士气，鼓舞了隔岸观战的民众，此情此景被当时驻扎在租界内的世界各国媒体，纷纷报发新闻电报，沪上各大报纸连篇累牍地以电版、专电刊登新闻报道，淞沪之战的战地新闻传遍世界。

淞沪战役是中国抗日战争中第一场重要战役，也是抗日战争中规模最大、战斗最惨烈的战役，前后共历时 3 个月。整个战程中，日军投入 9 个师团和 2 个旅团，共 30 万余人，宣布死伤 4 万余人。中国军队投入 75 个师和 9 个旅，共 75 余万人，统计死伤 30 万人。国民革命军空军炸毁日本海军陆战队司令部，炸沉日本海军第三舰队旗舰，超过半数团职以上高级将领以身殉国，国民革命军陆军为补充战损，5 次发布动员令。其中，奉命开往淞沪作战、驻防青浦一带的国民革命军六十七军中将

送国旗的杨惠敏

[①] 杨惠敏（1915—1992 年），上海女童军、教师，去台后她曾任职于台北女师专（今台北市立教育大学）、金瓯商职（今台北市私立金瓯女子高级中学）与文化大学等学校。

141

吴克仁

军长吴克仁[1]于11月奉令率部进抵松江,在黄浦江北岸及松江城作战,后为掩护淞沪战场我方大部队撤退,在苏州河架设浮桥时,不幸中弹殉国。

11月12日,中方历经3个月的淞沪会战失败,日军开进上海市区,上海沦陷。上海电话局通达江苏、浙江、安徽、江西、河南、河北、湖北、广东、湖南、四川、陕西、甘肃、山东、山西14省及天津、北平的国内长途有线电路完全中断[2]。国际电报则处于维持状态。

在这场战事中,哈里森·福尔曼拍摄的新闻照片,通过电波传遍了世界。

美军在上海租界设置的掩体

紧急抵沪的英军陆战步兵团

法军装甲车在法租界巡逻

犹太人义勇军在外滩设防

人们用沙袋堵窗口防炸

街道上布满路障和阵地

邮政大楼前设置了路障

租界道路亦布满了路障

士兵站在停用的信号亭前

---

[1] 吴克仁(1894—1937年),满族,吉林省宁安县(今黑龙江省宁安市)三道湾人。国民革命军高级将领,中华人民共和国追认为革命烈士。

[2] 上海市长途电信局史志办公室编,《上海长途电信百年大事记》,1998年5月,第51页。

被轰炸燃烧的建筑物

南京路时代广场被炸惨景

沿街被炸毁的通信线路

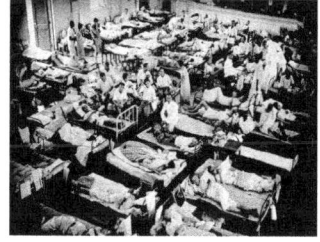
医院里住满了伤员

在医院里工作的修女

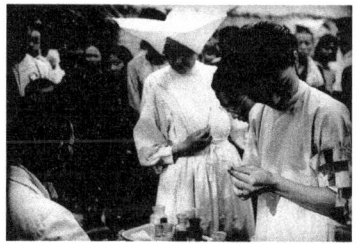
医务人员为难民治疗

第八节　交通部上海电信企业全部沦陷

民国二十六年（1937年11月9日），蒋介石令上海国军全面向南京及杭州撤退。11月12日，日本军队开进上海，占领上海电话局南市、闸北分局。从清代光绪年间经营到民国，历经30年艰难创业，从97户用户发展到30 287户用户的上海电话局被迫停业解散①，除一部分机务、线务员在战争中已内调外，其余职工大都给资遣散。

上海电话局南市分局

11月28日，日本递信省驻上海秘书官矶野等5人在上海租界工部局警捕的陪同下，侵占位于四川中路200号（即福州路70号）的上海电报局、沙逊大厦137室的上海广播电台播音室、麦根路145号和新闸路1446号的两发信台、静安寺路591

---

① 上海市长途电信局史志办公室编，《上海长途电信百年大事记》，1998年5月，第51页。

弄的无线电报房，正在工作的人员一律自动退出。一张以上海电报局联合电报挂号处的名义拟好的公告贴在了电报局的门首上：本局电报业务于今晚 10 时起停止收发电报，所有更改地址及续缴挂号费客户，请至爱多亚路（今延安东路）外滩大东、大北、太平洋水线公司收发处接洽①。据民国二十六年（1937 年 12 月 21 日）《大美晚报》载：在上海电报局和无线电台被日本人接收之后，现在全部的仪器和家具已被日本人转移到别处，损失超过 25 万元②。

12 月 25 日，以日本东信省秘书官东班为首的一行 43 人在上海登陆，着手接管交通部国际电台。所幸的是，早在淞沪会战时，交通部就做好了上海万一沦陷的通信准备工作。当时，为使我国国际电报业务在上海国际电台被日军占领后仍可以正常公开使用，交通部就与美国合组无线电公司（RCA），并商定，一旦沦陷，国际电台的国际电报业务就转由美商出面经营。于是，12 月 16 日起，国际电台变换台标为"上海国际无线电台"，由 RCA 公司远东代表美国人薛可霖出任经理，由原国际电台全班人马继续运营①。

民国二十七年（1938 年 1 月 3 日），日本东递信省③秘书官东班来到仁记路国际电台（现滇池路 59 号），一张"日本帝国政府"通知摆在了美国无线电公司代表薛可霖的面前：我们特此宣布，日本政府当局将自 1 月 3 日起接收国际电台业务①。

美国领事馆得知这个情况后，立即向日方提出抗议。然而，此时的抗议已无济于事。4 日，日本占领当局在国际电台原址组建上海国际电台。工作人员除一中国人担任杂务工作外，其余均为日方军事人员。电台主要为日本军事通信及日军方背景的企业（如中华航空株式会社、同盟通讯社等）提供通信服务。时于民国二年（1913 年）建立的日本沪崎线在战时利用此线传递军讯（至四十一年因沪淞宝间地缆阻断而停止通报）。

5 日早晨 5 点，上海国际无线电台仅仅诞生了两个月就被接收了。

交通部上海国际电台在上海报纸上刊登停业公告。上海通往伦敦、巴黎、柏林、旧金山、莫斯科、罗马、日内瓦、中国香港、大阪等的电路全部停止，上海通往国内外的通信全部中断，交通部在沪电信企业全部沦陷。

5 月 10 日，驻上海的日本军部代表和美商上海电话公司签订闸北、市中心区和租界地区互通电话协定，一切仍照以前民国政府上海电话局和美商上海电话公司所定办法办理④。

---

① 梅绍祖、宋刚刚主编，《百年电信铸辉煌》，中国计划出版社，1998 年 6 月，第 79 页。
② 上海市长途电信局史志办公室编，《上海长途电信百年大事记》，1998 年 5 月，第 52 页。
③ 东递信省是日本过去的政府机关（1885 年 12 月 22 日—1943 年 11 月 1 日），主要管辖交通通信电气等事务。二战后曾短暂复活（1946—1949 年），但此时期只管辖通信事务，也是现在的总务省、日本邮政（JP）及日本电信电话（NTT）的前身。
④ 上海市内电话局史志办公室编，《上海市内电话》，1995 年 9 月，第 24 页。

第九节　南京沦陷电话留守工程团撤退

日军占领上海后，国民政府正式宣告移都重庆。民国二十六年（1937年11月24日），蒋任命唐生智为南京卫戍司令官。11月28日，随着无锡、常州、广德的沦陷，日本参谋本部决定向南京追击。中国军队奋起迎战，南京保卫战开始。

为配合守城部队作战，交通部指令南京首都电话局成立了"留守工程团"。从10月起，用户话机只拆不装，到10月底电话用户已减少了4/5。各种通信机械于10月装箱西运，所有女职员全部撤离，同时奉令成立"留守工程团"，负责维持首都最后军事通讯，并划归南京卫戍司令长官部节制指挥。

军话专线台隶属留守工程团，团长由首都电话局总工程师黄如祖担任。

留守工程团成立后，除备足应用补充器材外，还采购了足够用6个月的食粮和生活必需品。11月中旬以后，民用电信全部停止，专供军用。电话局的留守工程团全体工作人员，都由南京卫戍司令长官部各发军衣一套和盖有"卫戍长官部"大印的臂章一个，为戒严时通行之用[①]。

南京保卫战进行得并不顺利，由于战前各部队在淞沪会战中的战斗减员，战斗力迅速下滑，战况也随之迅速恶化并失败。从12月11日中午开始，坏消息频传，雨花台地区、安德门、凤台门沦陷。12月12日，南京东南方紫金山、雨花台沦陷，守军全数殉国。唐生智召开撤退会议，出示军事委员会电：如情况不能久持时，可相继撤退，以图整理，而期反攻。

但会议尚未结束，撤退的消息就已传开，南京顿时混乱一片。

这一战时撤退情况，电话留守工程团工程师侯楷回忆到：

12月10日，"留守工程团"奉卫戍司令长官部命令，大部分撤离南京，团长黄如祖、施工员张光瞳、测量长陈尔福、测量员龙正谷、机务佐沈毛弟、线务佐汪子卿、长途测量员许国维、华无领班胡善保、机务员陈义刚和我继续留下担任通讯联络工作。

12月8日，日军围攻南京形势已成，炮兵不停地向城内打炮，情况十分紧张。因此，我们10人自12月10日起即搬到鼓楼电话分局集中居住。首都电话局在撤离前曾为我们这些人雇了一只木船，准备南京危急时渡江撤退之用。但这只船被先行撤离南京的"留守工程团"用去了，撤离南京是不可能的事了。当时南京城内的一些外国人，他们组织了一个国际救济机构，划了一个难民区，因此，城内的老百姓，纷纷扶老携幼，进入难民区，找到空房就进去住。我们10人只好也进入难民区。

---

① 王正元，《南京保卫战中的军话专线台》。

12月12日晚饭后，我们移住到首都电话局朱一成的房子里，南京电报局的一部分人由陈治平带领住进电报局局长吴保丰的房子里。朱一成的房子和吴保丰的房子，大门在不同的两条路上，但后面都可以互通。当天夜里，炮声隆隆，直至天明才停止，据说是国民党炮兵为掩护部队撤退在向日军猛烈轰击。

13日上午，日军大批入城。难民区内日军随意进出，并驻扎军队。上午10时左右，首批日本士兵2人，进入我们的住处，对我们一一观察询问（用简单中文句，结合打手势）有无武器。我们赶快摇头说我们是经商的，没有武器，问完后他们就走了。不久第二批又来了，这一批来的什么都不问，只是做手势要我们的自来水笔和手表，看到自行车就推走，我的自行车、自来水笔就这样被抢走了。以后络绎不绝的日本兵前来勒索、搜身。

12月17日，蒋中正委员长发表《国军退出南京告全国国民书》，内容如下。

此次抗战，开始迄今，我前线将士伤亡总数已达30万以上，人民生命财产之损失，更不可以数计。……就中国本身论之，则所畏不在鲸吞，而在蚕食，诚以鲸吞之祸，显而易见，蚕食之祸，缓而难察。……且中国持久抗战，其最后决胜之中心，不但不在南京，抑不在各大都市，而实寄于全国之乡村与广大强固之民心；我全国同胞诚能晓然于敌人鲸吞无可幸免，父告其子，兄勉其弟，人人敌忾，步步设防，则四千万方里国土以内到处皆可造成有形无形之坚强壁垒，以制敌之死命。

被困在南京的电话局留守工作团成员度日如年：

在南京沦陷的半个月后，另一个大的灾难又降临了。日本人规定，每一个人都要到指定地点领取良民证。大部分指定的地点是在难民收容所里。领证的人先排成队，然后逐一进行检查询问。检查的方法是逐个的看头上额面上有无戴军帽的痕迹，再看看手上肩上有无茧等，有时还要来回走路给他们看，只要被认为有可疑之处的，一律被带走，不知去向。

我们在难民区里就这样战战兢兢、朝不保夕地过了55天。在我的收容所里有一个人，他带着一个五灯收音机，每到夜间，我们就在一起，偷听广播，听到江西和湖北的广播，知道那里还没有沦陷，而安徽和县有时被日军占领，有时也被我军收复。了解这一情况后，我们首都电话局"留守工程团"决定设法逃到和县。我们11人（中国局10人及电报局陈治平）在1938年2月5日的凌晨天微明时出发，11人分开前后，每人相隔30米左右，经上海路、莫愁路至水西门。到水西门时，天已大亮，城门已开。城门口一半堆了沙包，一半走人。城门口站着4个日本兵。我们硬着头皮拿着良民证慢慢地朝城门口走。日本兵问我们出去何事，我们说是接家眷回南京。出城后一路上水西门外大桥，在江东门大桥住了一夜。次日凌晨，我们渡过长江步行至和县，然后步行去合肥，共走了6天才到。从合肥乘车到武汉，到武汉已是2月16日了。

第六章 抗战时期的中国通信网

第十节 日本在占领区的电信经营

南京沦陷以后，日本占领当局在已沦陷区成立三大电信公司，进行电信经营。

一、成立华北电信株式会社

北平是华北电信的中心局。民国二十七年（1938年1月1日），汪政府华北电政总局成立，设于北平长安街旧址。7月31日，华北电信株式会社成立，又称华北电信电话股份有限公司（以下简称华北电电），下辖电报局34个、电报收发处14个、电话局92个、电话分局7个、电话代办处1个。其中，在北平设有电报总局和电话总局，在天津、青岛、济南设有电报电话总局，在唐山、石家庄、保定设有电报电话局。各局总裁室、通信部和管理部为重要部门，由日方直接控制，审查室和电气通信学院由中国人管理。民国二十九年（1941年），华北电电将经营区域分为五区：北平、天津、青岛、济南、太原各设置总局。在经营上，实施华北内电信资费标准，制定《日中电话通话规程》，开通华北与华中之间的长途电话，民国三十年（1941年）4月，将《日中电话通话规程》改为《东亚电话通话规程》，将对日、对东北及对华中的通话统一于一个规程之内①。9月，华北电电实行地方分权，设置北京、天津、青岛、济南、太原、徐州、开封总局。华北电电进行殖民经营的8年期间，

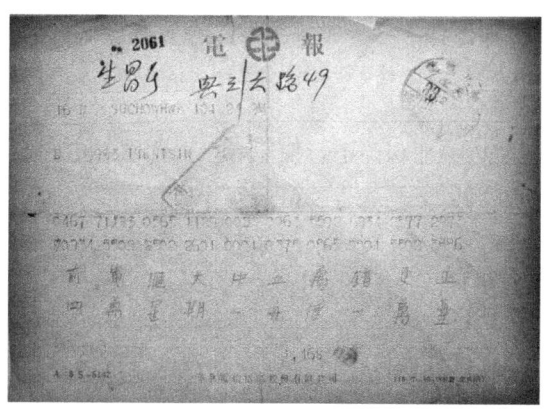

华北电电电报

北京市内电话局测量台

通信建设也有了一定的发展。以北平（北京）为例，长途电话通话量较之抗战前翻了4倍，如民国二十六年（1937年）月平均通话次数为29 130次，民国三十二年（1943年）4月的通话次数为119 408次。同时，还对北平市内电话进行自动化改

---

① 《北京志·市政卷·电信志》，第一篇，电信业务，第97页。

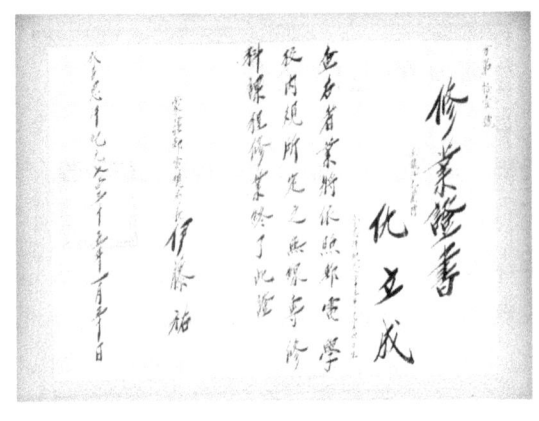

蒙疆电电邮电学校修业证书

造,至民国二十九年(1940年)已有40%的用户由共电式人工电话实现自动化,至日本投降前,市内电话自动化率已达到70%左右。双桥电台改造为中短波广播发射台。

二、成立蒙疆电气通讯设备株式会社

民国二十七年(1938年3月5日),该社在张家口成立。该社为日本、蒙疆合资创建的民有官营机构,资金1 200万元,在蒙疆联合委员会特殊法人绝对保障下行使职责,由蒙疆邮电总局全面履行特殊法人资格。出资单位及出资额为:蒙疆联合委员会实物投资200万元,蒙疆银行400万元,日本电报电话工程株式会社400万元,国际电气株式会社200万元。蒙疆电气通讯设备株式会社的出张所设于张家口、大同、厚和、包头等地①。此后,蒙疆政府曾先后成立邮电总局、交通总局等机构,管辖局内电信局所。并将原张家口电报局、电话局、邮政局合并,成立张家口邮电局。放送局(广播电台)设在张家口、大同、呼和浩特、包头。还建立了邮电学校,属于邮电系统管辖①。

三、成立华中电气通信股份有限公司

上海是华中地区的电信中心。民国二十七年(1938年3月7日),由日本国际电气通信株式会社、日本电报电话工程公司联合在上海成立华中电信公司。将上海国际电台改为国际电气通信株式会社②。真如发信台更名为真如送信台。14日,日本海军在兰路(今兰州路)1号建立上海海岸电台,使用"XSN"呼号收发日本海军军报和日本船舶商报。21日,华中电信公司恢复上海至天津、南京的无线电报电路。在东横浜路114号上海电话局建立闸北电话局。5月,重建的真如发信台、刘行收信台先后竣工启用。开出上海至大阪、旧金山、东京等地的无线电话。当

华中上海国际电台关防

---

① 内蒙古自治区地方志丛书,《内蒙古自治区志·邮电志》,内蒙古人民出版社,2000年4月,第94页。
② 上海市长途电信局史志办公室编,《上海长途电信百年大事记》,1998年5月,第53页。

年真如电台举行的开通仪式,受到日本军方和汪精卫政府的高度重视,在上海的日本陆军特务部部长、海军特务部部长及汪精卫政府的交通部部长、五贺少将、岛本少将、津田长官、片村少将、森文化局长、洪经济第一经济局长、大野经济第二局长等高级官员一应到场,在东京的陆军大臣、海军大臣、递信大臣、参谋次长等均来电

真如电台发信仪式

祝贺①。7月31日,日华中电信公司改名为华中电气通信株式会社,统一管理经营华中沦陷区各省市的电话、电报事业②。至民国三十二年(1943年)年底,该公司有电报电话营业局所150个,无线电路196条,电话用户约2万户,月处理电报约95万份③。

民国二十八年(1939年8月1日),将原闸北电话局改为上海电话总局。其高级管理人员均为日本军人,中层管理人员、通信技术人员也都由日本人主理,如上海电报局有164名日本人。据有关资料统计,日本人占公司职工的67.23%。当时的电报业务70%为日文电报,市内电话用户日本人占67.23%,其中,日军及汪精卫政府军事机关占53%③。刘行无线电收报台的机房、宿舍及无线电装置等均有添建,并将电台四周的铁丝网改成电网,增筑公路至顾村镇,共有职工118人,其中,日本人55人。民国三十年(1941年7月10日),日华中电信公司将原上海市电报局与国际电台合并改为"上海国际电台",开通上海至台北无线电报电路。民国三十三年(1944年1月),上海电话总局开通上海至台北无线短波电话电路,沪台间直接进行电话通信④。

华中电气通信株式会社真如送信所

---

① 梅绍祖、宋刚刚主编,《百年电信铸辉煌》,中国计划出版社,1998年6月,第82页。
② 上海市长途电信局史志办公室编,《上海长途电信百年大事记》,1998年5月,第53页。
③ 梅绍祖、宋刚刚主编,《百年电信铸辉煌》,中国计划出版社,1998年6月,第85页。
④ 上海市长途电信局史志办公室编,《上海长途电信百年大事记》,1998年5月,第52页。

第十一节　国家通信在沦陷区秘密运行

京津沦陷后，在交通部的指令下，秘密通信工作在沦陷区进行。

在天津，电报局局长王若僖①、工务课长吴朔平②与留守同仁在英租界建立秘密电台两处，一处在美商利华大楼内，另一处在电话三分局。当时设在法租界内的天津电报局对外的快机电报有线电路全部被切断，而电报局的几部无线电台均系人工操作，故积压了大量电报。吴朔平设计安装了一套无线电自动快报设备与定向天线，使通报速度提高了5倍以上。

外滩 18 号所在地

民国二十七年至二十八年（1938—1939年），在秘密工作状态下，吴朔平设计并多处安装了无线电收、发报机，与国民政府南京、汉口、重庆等地保持通报。与此同时，还为开滦矿务局安装并开通了"天津—唐山—秦皇岛"的无线通报网，并为吕正操将军参与领导的"华北党政军联合办事处"设计制造了几十部小型便携式无线电收发报机，供抗日游击队使用。

时天津留守电信同仁与交通部所属南京、重庆、汉口等地电报局保持的秘密通信联系工作，一直坚持到民国二十八年（1939年9月28日）被天津法租界当局强令关闭，王若僖不幸被捕，电台被日本宪兵查抄③。吴朔平撤退前往重庆国际电台工作。

根据交通部电信总局指令，上海电报、电话两局组织部分报务员、技术员等专业人员及电信器材迁往内地。两局联合成立上海电报、电话留守处，以保证抗战期间的敌后秘密通信。由电话局总工程师郁秉坚任留守处主任，陆鸿勋任副主任，下设总务、材料保管储运及特台（秘密无线电台）。国际电台也设立上海办事

---

①　王若僖（？—1946年），留学德国，回国后历任天津电报局局长、天津电信局局长、国民党中央委员、东北区电信接收委员等职。1946年7月12日飞机失事遇难。

②　吴朔平（1907—2002年），历任川康藏电政管理局工程师、机械股长、重庆电报局总工程师代理局长、第九区电信管理局副局长兼总工程师。1947年赴美在美国国际电话与电报公司深造实习，回国后在上海国际电台任工程师，曾主持研制成功无线电发报机、电台等，负责创建我国第一个电信研究室和第一个电信科学研究所，主持开展超短波通信和超视距、超高频电路等的研制工作，为我国的电信事业作出了开创性的重要贡献。

③　梅绍祖、宋刚刚主编，《百年电信铸辉煌》，中国计划出版社，1998年6月，第80～81页。

处，由崔雁宾任办事处主任。民国二十七年（1938年）7月，交通部上海报话留守处代表撤退到重庆的交通部电政总局，与美商环球和新闻两无线电报公司签订合同，以让该两公司开放中美、中非直达电路为条件，由他们出面在上海租界内开设无线电通信机构，取代交通部经营上海和国民政府统治区各地及上海和国外无线电报[①]。

时上海秘密通信工作由郁秉坚总负责。电报、电话两局留守处的工作任务是：

一、建立特台，以秘密无线电台与交通部保持联系，负责保管局台在上海的器材和档案，设法将通信器材转送内地，为调往内地工作的职工家属解决困难等；

二、联系海岸电台和所属大北、大东、太平洋水线电报收发处，负责与外商公司结算摊分电报费等。

国际电台留守处和办事处承担的主要通信任务是：上海是国际新闻电报的唯一收发地，世界各国著名大通讯社均在上海设有办事处，为保证中国抗战信息在国际的传播，在郁秉坚的统一谋划下，在霞飞路吕班路口四明里设立办公处，与美商环球无线电公司、美商新闻无线电公司分别建立3个通信机构。

一、美商通讯社（Bentley's Ltd.）。聘任美国人马古（Marco）为经理，以美商名义经营，通讯社发信台设在南阳路227号，报房及收信台设在南阳路82号。营业处设在外滩18号216室，主要收发上海与国民党统治区的重庆、成都、昆明、天津（亦系美商组织）、桂林、衡阳、上饶、金华等地的无线电报。如某地一旦沦陷，通信立即中断。报费收入除支付美籍职工工资外，全部归中方。

二、环球无线电公司（Globe Wireless Ltd.）。由白朗任经理，菲利普任副经理，在广东路5号设立营业处，收发信台在爱文义路西摩路（今北京西路陕西北路）转角一座公寓楼上，与美国旧金山、檀香山通报，除收发国际新闻电报、国际电报外，还与航行在太平洋的大来洋行的海轮通报。该公司行政权属美方，受美国驻沪领事馆保护，监督权归中方。报费收入除开支外由中美双方按比例分配。

三、美商新闻无线电公司（Press Wireless Inc.）。由罗珊任经理。这个公司设在福州路江西中路转角的汉弥尔登大楼（今福州大楼）901室，规模较小，主要传递上海—旧金山新闻电报，由美国人办理，

汉弥尔登大楼（今福州大楼）

---

① 上海市长途电信局史志办公室编，《上海长途电信百年大事记》，1998年5月，第54页。

中方监督①。

以上3个秘密通信机构均以美商名义公开经营，由少数美国人担任经理等职务，其余科长及以下职务和机器设备均由郁秉坚介绍和提供，因此，它们事实上是留沪公开营业的通信机构。也正是因为有了这些秘密通信机构，国际各大通讯社记者交由美商电报公司拍发的国际电报，经新闻"专电"广为传播，向世界传递了中国人民艰苦卓绝的抗日战争，沟通了国内外反法西斯战争的广泛信息。

这些通信机构的开设地点都在非日军统治区的租界内，故日本方面无法直接干预。因此，直到民国三十年（1941年12月8日）日本向美、英等国宣战，这3个公开营业的通信机构被日军强侵占而被迫关闭。留守办公处也停止活动，与内地的通信联系全部转入地下，转由上海电报电话留守处设立的秘密无线电台进行。

留守在敌后的通信同仁为建设敌后秘密通信网付出了巨大的代价。如原上海电信局总务科科长兼秘书恽昆琳，他在电界服务20余年，在留沪担任地下工作时，奔波在与美商环球及其他无线电公司洽办业务，营救留沪电信蒙难人员等繁杂事务里，因劳累患病而过早地去世。

郁秉坚更是身处在极度危险之中。民国三十二年（1943年5月至9月），他曾两次被日汪特务机关逮捕。日汪特务向这位电信专家追查留在上海的通信器材和秘密电台，并许以日汪高级职务。这一切威逼和利诱，都丝毫没有动摇郁秉坚爱国、爱他和同仁们亲手创建的上海通信事业的信念。他沉着机智地应对，最终被取保获释。出狱后，他更加谨慎地保护弥足珍贵的通信火种。在他和同仁们的精心呵护下，那道永不消失的电波在上海此起彼伏，日夜不断，始终保持与大后方的通信联系，一直坚持到抗日战争胜利。

日后，郁秉坚在《电信大意》著作里写道：电信交通之于国家，犹人体之神经系统，无论在国防上、政治上、经济上、工业上均占有极重要之地位，吾人即为国家、社会人民服务，应具有献身事业之牺牲心，爱护事业之勇敢心，改进建设之进取心，以及感觉毁誉褒贬之名誉心。此皆道之要素为：忠诚、诚信、敬业、勤劳、谦虚、和蔼、公正、清廉②。

以上的字句，字字力透纸背，句句真知灼见，一个电信专家对祖国、对电信事业的热爱，苍天可鉴。这既是他作为电信教育专家、电信专家对电信人的期望，也是他本人在电界服务的真实写照，是他与为国家通信而工作的同仁们在沦陷区里，忍辱负重，坚贞不屈，为保护国家通信火种而工作之真实写照。

---

① 梅绍祖、宋刚刚主编，《百年电信铸辉煌》，中国计划出版社，1998年6月，第80～81页。
② 郁秉坚，《电信人员应有之修养》，《电信大意》，中国科学图书仪器公司发行，1949年5月，第1～2页。

第七章

组建国家抗战电信网

为建立全国抗日战争通信网络,国民政府交通部建立了战时电信委员会,组建有线、无线通信队,随军进退,提供战地通信服务,保证了抗日战争时期中国国际国内的通信联络。

被日军炮火炸毁的民国政府交通部大楼

第七章　组建国家抗战电信网

第一节　制定战时电信管理体制

南京沦陷后，国民政府南京各机关于民国二十六年（1937 年 11 月 16 日）开始大规模地向重庆、汉口、长沙等地迁移。各政府机构的迁移地分别为：

行政院、立法院、司法院、监察院、考试院直接迁重庆；

财政部、外交部、卫生署暂迁汉口、长沙；

部分军事机关暂留南京。

随后，英、美、苏等各国大使馆也迁至外交部汉口办公地点。

19 日，蒋介石主持国防最高会议，重申了《国民政府迁都重庆与抗战前途》报告中的精神。11 月 20 日，国民政府正式发表移驻重庆宣言。宣言中肯定了全面抗战 3 个月以来的战绩和精神，宣示了国民政府移驻重庆的目的和持久抗战的决心。此时，各机关已大体迁毕。

民国二十七年（1938 年）年初，国民政府将铁道部与交通部合并，张嘉璈①任交通部部长。

此时，日本侵略军长驱直入，将侵略的战火继续燃烧至长江南北岸，武汉会战②在即。

为便利指挥战地通信，并使参战部队之间取得密切联系，交通部制定战时通信管理体制，以适应军事上指挥通信调度之需要。民国二十七年（1938 年 5 月 2 日），交通部发布电政类组织规章之电政专员办公处组织暂行办法 12 号令：为处理前方

交通部部长张嘉璈

电政紧急事务，设置电政专员办公处，设置专员一人，下设工料及通信两组，每组设主任一人，助理员一人至二人（以技术员或报务员充任），办事员四人（以报务员或业务员充任），机工、线工各一人③。

6 月起，中国军队在武汉地区同日本侵略军展开大规模会战。战场在武汉外围

---

① 张嘉璈（1889—1979 年），早年赴日留学，归国后，他入清政府邮传部。历任参议院秘书长、中国银行上海分行副经理、中国银行总经理、中央银行副总裁、中央信托局局长、国民政府铁道部部长、交通部长等职。

② 武汉会战，虽然以武汉最终失守而结束，但"武汉会战"却有着重大的意义。会战中，中国军队歼灭日军十多万人，消耗了大量日本军力和财力，争取到时间把工业迁入西南和西北地区，为抗日战争进入相持阶段做了重要的物资准备。

③ 《交通部聘战时电信委员会的函令》，中国第二历史档案馆，全宗号 20，卷 2334。

沿长江南北两岸展开，遍及安徽、河南、江西、湖北4省广大地区。大小战斗数百次，历时四个半月，是抗战以来战线最长、规模最大、持续时间最长并具有重要意义的一次会战。

南京留守工程团团长黄如祖抵达武汉后，在武汉电话局的长途台专设一个10门小交换机，除有蒋介石长途专线外，另有侍从室主任、航空委员会主任、航空委员会军令厅厅长、军令部部长等长途专线。由军委会办公厅军事处处长李某当面交给王正元一命令文件，内称："兹派王正元、白堉、徐士元等为本会（军事委员会）办公厅电话监听员。"李补充说："监听员既要在通话中进行技术调节，又要在通话中防止被窃听。"从此，王正元除在电话局供任原职外，又兼职"电话监听员"，具有双重身份。电话线路十分紧张，不能充分保证蒋介石的军用专线随叫随通。于是，交通部部长俞飞鹏一再召集湖北电政管理局局长朱一成及武汉电话局局长黄如祖研讨对策。解决办法无非是增设电路和添加设备，但此事非短期所能办到。王正元拟定了一个为最高当局接通长途电话的规定，内容大概是：受话局以及中转局接到我们（指专司军委会电话者）呼出的信号后，无论在任何情况下要一律让路，随要随转随接，遇有其他正在通话线路一律作撤线处理，并切实做到在接转中做好通话清晰、提高音量等工作。规定既详细，措施又简便，当即由黄如祖转呈交通部。为此，特受到交通部明令嘉奖。从此，这一在电路和机械不足情况下的弥补办法，即由交通部通令全国电话局，一律按照此规定接转蒋介石的长途电话①。

在这场会战中，国民革命军第二十六军军长萧长楚②于9月21日发于蒋介石的电报讲述了中国军队的坚强与牺牲：

特急，武昌委长将：朗密。奉李都长官马辰电转奉钧座手谕，谨悉。田家镇要塞关系成败全局，遵照钧意，抱有死无生之决心，报效党国。前军四次猛攻，业牺牲过巨。现四十四师、三十二师实有战斗员均不过千余人，除四十四师已竹影庙向香山进攻外，其余一旅与铁石墩以东之敌激战中，三十二师与四望山之敌亦在激战。兵力如此情况。如此最后之一集合官佐与民夫编并成队，与敌拼死一战，成功固佳，成仁亦所甘愿也，萧之楚。马午。参一。印。

至武汉沦陷前后，中国部分沦陷的省份有13个。按照沦陷面积从大到小的顺序，依次分别是河南省、山西省、安徽省、浙江省、绥远省、广东省、湖北省、广西壮族自治区、湖南省、江西省、福建省、贵州省和云南省。另外，在抗战期间，6个直辖市中有5个先后沦陷。

---

① 王正元，《为蒋介石专线接话十二年（六）》，《受任军委会电话监听员》。
② 萧之楚（1897—1958年），国民党北伐、抗日名将，陆军中将。抗日战争淞沪之战，萧奉令率二十六军参战，以其主力四十四师（师长陈永）全数投入战场，此役四十四师奋勇杀敌，建功至伟，军长萧之楚、师长陈永各记功一次，受记功状。1938年调第五战区，参加武汉会战，又立一级战功，并受陆海空军甲种一等勋。

严酷的战争中,中国国家电信网络也受损巨大,据国民政府交通部统计:战前全国共有电报线路95 000余公里,抗战中被日军占用和破坏达45 000公里;战前共有长途电话线路53 000余公里,战后被毁及占用达23 000余公里;电信局所由抗战前的1 300局,至民国二十六年年底,仅余928局;至于电信设备和器材被毁或被占用更是不计其数①。

第二节 组建有线和无线电通信队

民国二十七年(1938年9月8日),国民政府交通部建立战时电信委员会②,发布非常时期全国电信统制办法总字13号令,对电报局所、通信员工做出规定:

报话局所有人员无论国营省营民营均须遵照随军进退及办法之规定。以确实执行其一切业务,不得擅离职守致误戎机。报话局所于必要时得将必需之员工均应随军进退。各战区及武汉卫戍区通信指挥官在军讯上有必要时直接指挥该区内国营省营民营报话局所之权。无线电收发机凡在战区地域内者,必要时得由战区通信指挥官商承战区司令长官饬令移设相当地点工作,并设法取得联络,俾各该地方万一沦陷时亦得继续通信③。

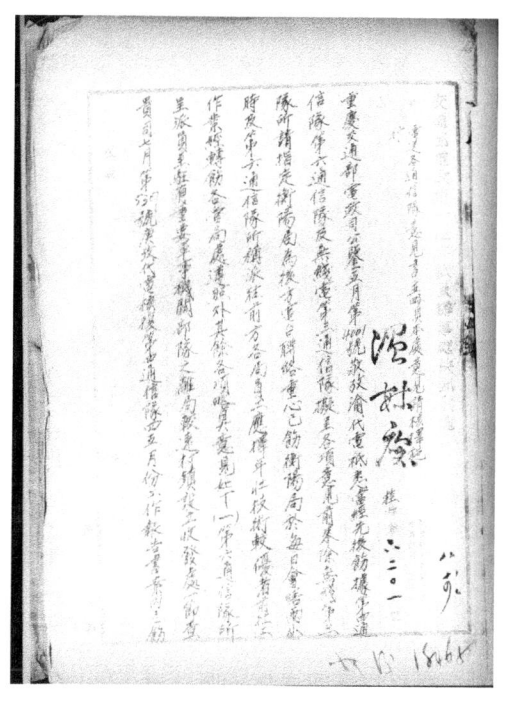

交通部发布组建通信队指令

根据交通部命令,电信总局先后编成通信队数十余支,开赴前线,随同军队作战,负责战地通信联络。每支通信队"设有线组、无线组、话务组、修线组,成员共有大队长、大队副、报务员、话务员、线务员、机工等35人,小工20人左右"③。如福州成立了交通部第16和第34通信队,携带小型电台和小交换机,随军沿闽江西撤至小箬、水口、大目溪口等地,维持南(平)福(州)间军政电信通信④。

---

① 《电信事业》,民国三十六年八月,行政院新闻局印行,第15页。
② 《交通部聘战时电信委员会的函令》,中国第二历史档案馆,全宗号20,卷2334。
③ 《全国电信统制办法总字13号令》,中国第二历史档案馆,全宗号20,卷2334。
④ 《福建省志·邮电志》,《大事记》,第348页。

抗战时期，交通部组织无线电通信队，携带15W手摇式收发信机，在西安、兰州、康定、桂林、南郑、赣州、迪化等地设立大型电台十余处，以及中小型电台一百数十处，配属于各战区之前哨，随军进退①。

通信队奔赴各战区，随同抗战军队在前线参战，有力地保证了军队与军队、军队与地方政府的通信联系。从当年第7通信队队长方国锜的一份工作意见书里，可以看到当年国家军队通信管理体系及技术力量和设备的匮乏："查通信队工作的前方原为便利军讯，凡前方各军师司令部均宜设立通信处，以利戎机，至于一切线料机件由队中自备或利用军用话线则视当地情形定夺之。"第8通信队在意见书里写道："以本处服务前方两年余之经验，深知前方需用最大者为电话。"②

中国军队指挥员在战地指挥所打电话

随军作战的通信队面临诸多的困难，首先是对于战争的恐惧。当年电报、电话工技人员大多是学生出身，从学校门到机房门，何曾有过如此的肩挑手扛，何曾亲历过如此血雨腥风。在战争中，通信队员派至重要军事机关部队，设立收发处，由于电务员工"尚未实施广泛之军训"，就投入战争环境，"故各地员工每临急要时，多以未具普通的军事常识而仓皇不知所措"②。

通信队工作前方接近战区，通信设备运输也颇为困难，"通信队机件材料既多，机件价值昂贵且来源不易"。而当时"所有的公路铁道均已破坏，无论何种车辆均无法行驶，若骡马驮载，山道平地大道小道均能运用自如"②，看到通信队员们常要在崎岖的山路上，为搬运笨重通信设备而奔波受累，湖北局有线工程师王柏年将两部

---

① 《各通信队员工服务成绩表》，中国第二历史档案馆，全宗号20，卷4517。
② 《各通信队员工服务成绩表》，中国第二历史档案馆，全宗号20，卷4517。

收发报机改制，使之体积变小、重量减轻，运输起来很方便。电政专员办公处在汇总各通信队所提出的意见时，专列出一个项目，请王柏年再改制数部，发往各通信队使用[①]。

因水土不服，通信队员也常身患疾病，因通信队事繁人少和没有较好的医疗条件，许多人往往是带病工作，难至极度疲惫时亦无法休养。例如，崇明局的报务员龚镇南，他于抗战爆发后调重庆，患上肺病，却因工作繁忙而未及时就医[②]，于民国三十一年（1942年5月7日）去世，时年仅25岁；第五区电信管理局陈更法，他自民国八年进入电信单位工作，先后任江苏、安徽电政管理局工务主任，西北、西南长途电话网工程第2总队队长，昆明区长途电话工务处处长和第2区电信管理局工务处处长，因积劳成疾，在抗日战争胜利后不到一年，就因病逝世于昆明。

抗战期间，通信队员在战场上以通信服务于国家，他们的姓名大都沉寂在尘封的历史档案里。在祖国危难之时，是他们和众多同仁一起以忠诚爱国之心，以通信科技之力，投身于抗日战争中前线战场，为国家军队的战时通信，作出了重要贡献，为在抗日战争胜利后重建国家通信网络做了有效的准备。

第三节　坚守通信岗位的电信员工

民国二十八年（1939年1月），交通部将全国电信划分为3个区，设置特派员，特派员办事处内设总工程师1人，下设工务、通信、事务主任，负责调度全区的人力、物力，以配合军事政治通信上的需要，紧急的通信设备或人事调派得先行处置后报部。各战区之通信队及联络员，均由特派员直接指挥。关于区内各电信机关经常事务，仍由各地电政管理局办理。

根据交通部命令，各战区电报局进入战时通信工作状态。时为水陆交通要道的广西柳州，随着湘桂、湘黔铁路的相继开通，成为战时重要的交通枢纽，同时，柳州成为重要的空军基地之一，苏美空军都曾进驻柳州，与中国空军联合对日作战[②]。因此，柳州市电报局对战时通信工作做出了周密的安排，当时的通信工作状态，从广西柳州电报局何汉华在《雄狮岩记事》中的回忆可见：

民国二十七年（1938年10月），广州、武汉相继失陷，日机频频空袭柳州，为谋通信安全，当年12月，柳州电信局（1940年以前称电报局）修整了雄狮岩，并于民国二十八年（1939年元月），首先将有线报房从斜阳路局本部搬进了雄狮岩。

---

① 《各通信队员工服务成绩表》中国第二历史档案馆，全宗号20，卷4517。
② 广西柳州市文化局、中共广西柳州市委宣传部编，《抗战烽火中的柳州》，广西人民出版社，2005年8月，第37页

在鹿寨县本龙村因飞机失事牺牲的
美军飞虎队 B-24 轰炸机组全体人员

雄狮岩坐落在柳江河南岸窑埠村外,距闹市约 3 公里,距窑埠村约 1 公里。岩洞分上下两层,下层的洞较大,进出口平贴地面,是附近居民的天然防空洞之一,上层的洞较小,进出口在半山上,它就是有线报房最初的所在地(1940 年因增加设备,有线报房稍向下迁移,其后原处由无线报房使用)。1939 年 7 月,日机四次轰炸柳州,15 日的一次,来 24 架,炸死 4 000 多人,伤者无数。22 日的一次,来 9 架,柳州电话局中弹,设备严重受损,但无人员伤亡。电报局安然无恙。

同年 11 月,南宁沦陷。12 月 28 日,柳州发生空战(苏联空军志愿队于 1939 年 10 月开始进驻柳州机场,他们与驻柳的中国空军密切配合,保卫柳州。1942 年年初开始,美国飞虎队陆续进驻柳州机场,美国陆军第十四航空队在柳州机场的驻军达 5 000 余人。柳州机场成为盟军最重要的基地之一①)。民国二十九年(1940 年 2 月 27 日),日机 70 架反复轰炸和扫射羊角山。同年 1 月与 2 月间,第四战区司令长官部从广东曲江移驻柳州。这一系列形势,促使柳州电信局进一步加强防空,以期在敌机频繁空袭中保持军讯畅通。于是,柳州电信局除将长途台开始就设在距闹市约 4 公里的大光岩之处,还陆续将办公室、局长室、修机室、材料库、无线报房等先后迁至雄狮岩一带,发信台也迁至靠近雄狮岩的鸡爪岩,仍旧留在斜阳路局内继续办理业务的,只有一个收报处(营业处)。

当时,作为柳州电信局主要通信手段之一的有线电报,其设备仍相当落后,只有重锤式韦斯登机两部,其中一部用于柳(州)桂(林)线,另一部用于柳州平(马)线(平马即田东,开通平马线是由于军事需要,当时南宁沦陷,桂西驻有重兵)。其余,柳州至宜山、长安(融安)、鹿寨至迁江各电报局,都是使用古老的莫尔斯机。还有英文打字机一台,是为韦斯登机来报(贴波纹纸条)而特设的。

第四战区司令长官部移驻柳州后,柳州电信局承担的军事通信任务很重。长官部驻扎在窑埠村边(今区卫校),和电信局近在咫尺,但长官部仍派出一个"快机班"常驻电信局工作。"快机班"由挂中校军衔的班长王凤魁率领,不带通信机具,

---

① 引自《抗战中的柳州——"美国飞虎队"在柳州》,第 33 页,广西人民出版社,2005 年 8 月。

第七章　组建国家抗战电信网

只带几名报务人员。他们在电信局办公室的贴邻开设一个"收发处"，专门收受长官部及其所属后勤部供应处送发的军电，并按电报的紧急程度分别贴上红绿标签，然后赶送有线报房拍发。"快机班"不管来报，所有长官部及其所属机构的来报，全由电信局投递。

雄狮岩原是个荒僻的山野，自材电信局迁来后，这山野便逐渐变得热闹了，电信局在雄狮岩山脚兴建了许多简易的竹子批灰的公用平房，一些携带家属的职工也在山边搭盖起一间间茅屋居住，甚至在屋前屋后围园种菜，不怕往返两公里到柳江河挑水用，修建在单身职工宿舍旁边的一座篮球场，恰

柳州市电报局山洞内的电报机房

好标志着雄狮岩是个新兴的居民点。遇上空袭警报，许多北岸的居民也涌到雄狮岩来躲避，一些卖香烟水果的小贩更是赶来"躲警报"并兼做生意。于是，雄狮岩就显得熙熙攘攘，像个圩场，而到达这个圩场的人们，脸上似乎都露着一种安全感。

然而，日本帝国主义要杀我们，要毁灭我们。民国三十年（1941年12月）的一天，有线报房在紧急警报声中照常做电报。忽然轰隆一声巨响，坐着做工作的人，有的被气浪掀翻，桌面燃着的植物油灯和墨水瓶也翻了筋斗……这是日本飞机在扔炸弹！侵略者的炸弹，一枚落在雄狮岩顶，有线报房的引入线被炸断，通信一时受阻。杂工刘某在包房岩口被炸重伤，终因流血过多而死亡。无线报房没有损失，只是从岩顶滚下的一块成吨重的大石头，堵住了门前的通路。另一枚落在球场边上爆炸，把对面报差宿舍的报差（送报员）黄海和一名水夫当场炸死，厨工梁富的老父坐在自家茅屋门前被炸弹片削走了脑袋，脑浆溅满茅屋四周。落在职工宿舍右侧的一枚，宿舍和修机室略受损害。对面躲满百姓的雄狮岩大洞内，当中一人因走近洞口窥看敌机时被炸伤。落在雄狮岩背石山野的10多枚，没有造成损失。

报房引入线很快就修复了，通信如常进行。抗战14年，柳州电信局职工经受种种艰难困苦，在雄狮岩坚持通信长达6年，至1944年（民国三十三年）湘桂大撤退时才撤离。从民国二十八年（1939年）至民国三十三年（1944年）的六年中，柳州电信局经历了3任局长，他们分别是黄治才、叶松如、麦萌多[①]。

---

① 来于柳州电信公司电信博物馆。

第四节　建设以重庆为中心的长途电信网

民国二十八年（1939年12月1日），国民政府正式宣布开始在重庆办公。

在交通部的部署下，建设国家抗战通信网的工作即"以西南西北为建设中心，关于通信联络，亦以重庆为中点，分头发展"①。制订的计划是：

一、构成西南西北之通信网。以有线电信为主，无线电信为辅，报话并重，以后方省会及重要都市为中心，由此分布次中心及小中心至个别单位，以与后方各省通信联络为最后目标。

二、完成前后方之军事联络设备，架设富有弹性之长途电话线路，须能随军转移，并备辅助线路，以应急需要。

根据以上方案，在电信建设方面采取的措施如下。

一、建立新的重庆电信管理体制

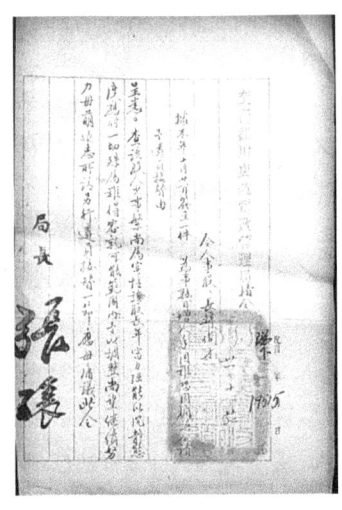

川康藏电政管理局指令

改重庆电话总所为交通部重庆电话局，由王介祺任局长，建立重庆电报局，由张明镐任局长，尔后成立川康藏电政管理局，由张骧任局长，至民国三十二年（1943年），成立重庆电信局，由黄如祖任局长。

二、大后方之长途建设积极推进

主要干线以重庆为中心，南向至昆明；并循滇缅公路接通缅甸，西北至成都，北通西安，转接至兰州宁夏；东南经贵阳、桂林、柳州至衡阳，接转吉安铅山，以达福建之永安。此三大干线，联络西南、西北、东南各战区，传达政令，辅助军讯，功绩至伟②。据民国三十二年（1943年）统计，新设线路4.69万余公里，连同原有线路在9万公里以上。建成了以重庆、贵阳、桂林、昆明、成都、西安、兰州为中心的长途通信网，完成了重庆与各战区的通信联络，以应军事需要，并就已成之干线延展至重要县份。后又以重庆、衡阳、西安为中心，增设调整载波机件，形成辐射式通信电路③。1944年，还架设了中印公路长途线路④。

---

① 钱其琛，《抗日战争时期》，《铁路电信七十五周年纪念刊》，台湾文海出版社，第104页。
② 郁秉坚，《有线长途电话》，《电信大意》，中国科学图书仪器公司发行，1949年5月，第16页。
③ 钱其琛，《抗日战争时期》，《铁路电信七十五周年纪念刊》，台湾文海出版社，105页。
④ 钱其琛，《七十五年来电信大事记》，《铁路电信七十五周年纪念刊》，台湾文海出版社，第112页。

三、制定长途通信干线维护章程

交通部发布《管理线路分区暂行办法》,设置长途电话干线维护工务处,分设重庆、长沙、长安(西安)、南昌4个地区。民国二十八年(1939年2月17日)修正公布了《长途电话干线维护工务处章程》,要求各地长途电话干线维护工务处应于每日晨五时至七时举行通阻试验一次,每周选择话务清闲时间举行通话效能试验一次,试毕通知本部所在地之机务站并汇填报告4份于每晨八时前送本部电政司备查。各段站遇机线发生障碍应随时派遣员工迅速修复,线路全阻如不能同时立即将各线修复,应设法于最短期间先行接通话线一对报线一条,然后继续修理等。以上战时通信管理规定,保证了战时军政部门和民众的通信需求。

四、电话建设有所扩充[①]

抗战期间,大后方若干重要城市因沿海机关人口大量内迁,原有市内电话,不敷应用,如重庆电话局在民国二十七年(1938年)年底有1 500余号,至民国三十二年(1943年)年底,即增至自动电话3 300号,磁石式机亦扩充200余号。其他各局容量亦逐年均有增加[②]。

重庆首条过江长途通信线路

重庆市区的通信电缆(威廉·迪柏摄)

重庆市各政府机关安装了电话

---

① 钱其琛,《电信机件之演进》,《铁路电信七十五周年纪念刊》,台湾文海出版社,第53页。
② 郁秉坚,《我国国内电信概况》,《电信大意》,中国科学图书仪器公司发行,1949年5月,第8页。

美空军14航空队白市驿基地的通信线路
（艾伦拉森摄）

沿重庆公路的通信干线（威廉·迪柏摄）

沿江的长途通信线路

五、增添了新的通信设备

电报装用新式高速度机、自动打字机，以及幻象与载波式之多功能收发，在效率上计算线条功用，几可超越一倍有余。

六、抗战电信工程的成就

以上电信建设工程任务的完成，使一根根耸立在重庆的电线杆，与江河山川间的电线杆相连，成为绵延万里的长途电话线路，与无线电波相呼应，为抗日战争架起了一张有线和无线通信网络。交通部电信总局局长钱其琛关于抗战期间电信建设总结到：

中国电信建设，在抗战以前，大都集中于京、沪、平、津、汉、粤等处及东南沿海一带。西南、西北各省因交通困难，素不健全。抗战以后，国都西迁，全国重心随之西移，非积极建设不足以适应前后方之需要，因有西南西北电信网之设计，以配合长期抗战。电报方面，线路原有九万五千公里。抗战中沦陷及被毁者四万五千公里，经竭力建设，在大后方新设之线，堪与损毁者相抒。长途电话方面则分别以重庆、贵阳、昆明、桂林、成都、长安、兰州为中心，修造干线，完成陪都与各长官司令部，以及各该司令部与前线之联络以应军事需要，并就已完成之干线，陆续展延至各重要县份[①]。

---

① 钱其琛，《首届电信纪念日献词》，《首届电信纪念日特辑》，电信总局印，第1页。

第五节　建设防空侦察警报情报网

抗战时期的中国防空情报网由防空侦察网和防空情报网组成，其中防空侦察网由国民政府空军、军统局、中央航校建设，防空情报网由交通部负责建设。两张网络相辅相成，在抗日战争的对日空战和保卫人民生命安全方面，起到了重大作用。

一、防空侦察警报网首先应用于中国空军系统的作战需要

九一八事变后，国民政府革命军事委员会定改组航空署为航空委员会，于民国二十四年（1935年）在南京、上海、洛阳、南昌等地设立空军总站，此为空军设立总站之肇始。总站设站本部，下辖站务、管理、飞行管理、电信等7股，负责管辖在航空署时期所设之23处站场。

宋美龄就任航空委员会秘书长

陈一白

民国二十五年（1936年1月），宋美龄担任航空委员会秘书长，划分全国为6个空军区，全面部署抗战时期的空军和空防事宜。在中央航空学校教育长蒋坚忍的主持下，中国空军于笕桥空军基地设立了第一座防空总台，并在对日作战前沿的沿海地带，迅速筹建了防空情报网站。

民国二十六年（1937年8月14日），日本派出18架轰炸机从台湾起飞，轰炸杭州笕桥空军基地。当其飞临温州及黑山时，被防空情报网发现，急电杭州报告，我空军驱逐机立即从杭州快速升空，隐蔽在云端上，等待日机来临后俯冲出击，升空迎击，以击落日机3架，我军无一损失，取得"八一四"大捷。15日，日本再度派出16架轰炸机飞南京轰炸，又被我空军击落6架，伤1架[①]。

国民政府迁都后，军统局在重庆开设侦测总台并参与了苏联方面合办的"技术研

---

① 马振犊，《国民党特务史》，九州出版社，2009年，第2版，第139页。

究室"侦听工作,在赣州、西安、重庆成立了工作队,由魏大铭①负责。为侦察军事气象动态,民国二十八年(1939年)曾逐日抄报日本华中气象总台分台天气航空气象报告100份。是年冬天成立了一个密电组,聘请美国前海军情报署密码专家奥斯本·亚雷德进行关于密码变化的训练,在得到军统局俘虏的日军飞行员大石信三的合作以后,弄明白了过去许多不明白的密电码。对日机来袭情报,密码组都能事先掌握情报,通报预警。此后,根据侦测工作队的侦空需要,空军情报总台迁往成都,又在湖北、湖南、四川、陕西各地飞机场附近分设秘密电台,侦察敌机行动,只要敌机一起飞,就有秘密电台发出情报预警,直到日机飞回降落,秘密电台传来情报,才告解除警报②。

二、建设由无线电通信与市内电话联网构成的防空情报网

由交通部负责,以各空军根据地为中心,划分纵横防区,设置监察纵队,利用无线电与各中心联络,以防敌机轰炸。抗战时期,日军在各次战役中均进行了大轰炸,在轰炸机的呼啸声中,炸弹从天而降,战火在各战区燃烧。燃烧的国土上,生灵涂炭,断壁残垣。

从民国二十七年至三十二年(1938年2月至1943年8月),日军对中国的战时陪都重庆进行了长达五年半的战略大轰炸,史称"重庆大轰炸"。据史料记载,因日军在轰炸中投下大量燃烧弹,重庆渝中区20余平方公里的弹丸之地上,曾在一日间燃起16处大火,有的大火连烧3日无法扑灭。在民国三十年(1941年8月8日至16日),重庆上空曾连续7日响起了6小时间歇的鸣响防空警报。

国民政府在日军队对重庆实施了"八一九"大轰炸后,发布了《国民政府令》,正式确认重庆为"陪都",且"还都以后,重庆将永久成为中国之陪都",表达了抗战到底的决心。交通部电信总局针对日机频繁轰炸中的通信,采取报话合一管理,在电话种类中设立了防空电话,规定此类电话立接立通,同时部署各战区电报局在机场附近设置电报报房,以传递防空情报信息。

时在日军轮番轰炸的重庆,每逢接到防空情报,防空指挥部立即以电话连接各点,命令发布防空警报信号,人民群众纷纷进入防空设施,以避空袭,因此,在"大轰炸"期间,重庆上空时常响起防空警报,老百姓"躲警报""钻防空洞"几乎成为生活常态。正是由于电信信息的传递,政府组织实施的防空措施,最大限度地保证了人民群众的生命安全。这一切正是电信员工对职业忠诚的表现,他们深知战时的电报电话关系重要,在日本敌机狂炸时,电务工人随炸随修,立即恢复被炸线路,使防空通信做到畅通无阻。

---

① 魏大铭,中华民国军统局主要将领,少将军衔,担任军统局第四处处长。1940年,接替温毓庆担任技术研究室代理主任,1949年撤退台湾,担任中华民国国防部技术实验室主任。

② 马振犊,《国民党特务史》,九州出版社,2009年,第2版,第139页。

第七章 组建国家抗战电信网

国外记者拍摄的重庆防空网通信纪实如下。

防空指挥部根据军情布置防空准备

国军军人调试防空装置

防空指挥部下达防空警报命令

以电话通知发出防空警报

防空情报点挂出红球紧急报警信号

民众进入防空洞

第六节 建立成都、云南国际电台

为以防远东局势恶化而保证国际通信,交通部于民国二十五年(1936年)指令将洛阳国际支台设备运至成都,于民国二十六年(1937年3月29日),成都市政府批准动工兴建国际电台成都支台[1]。

民国二十六年(1937年),日军进攻上海,交通部指令将上海国际电台抢拆转移的设备运抵成都充实成都支台。同年,在上海国际电台被日军占领后,于11月令广州电信局话台与旧金山美话台联络,开放中美间无线电话[2]。另在汉口局增开国际电路将工作最难之莫斯科电路,以及报务最忙之中国香港电路,改由汉口联络[3]。同时疏散一部分机件至成都。

一、建立成都国际电台

孙洪钧

钱尚平

民国二十七年(1938年1月3日),上海国际电台工程技术人员全部内迁到成都,7月31日合并成都支台,成立成都国际电台。其收信台设于外北梁家巷(中央室设李家巷),第一发信台设于南郊成都广播电台内,第二发信台设于外东陈家梁子。原上海国际电台卢宗澄、孙洪钧[4]、钱尚平[5]、周则乾[6]等

---

[1] 成都市地方志委员会编纂,《成都市志·电信志》,四川辞书出版社,1998年8月,第一篇,沿革,第11页。成都市档案馆馆藏资料:93-2-6243。

[2] 《广东省邮电志》,大事记。

[3] 钱其琛,《国际无线电路》,《铁路电信七十五周年纪念刊》,台湾文海出版社,第80页。

[4] 孙洪钧(1908—1971年),中国无线电通信专家。毕业于交通大学电机工程系,赴英国马可尼无线电公司实习回国,任国际电台真如发信台工程师,参与中国航空委员会拟订建立航空通信系统的机构设置,历任上海电信局副局长兼总工程师、上海市邮电管理局副局长兼总工程师、上海电子学会理事长及上海市业余无线电学院院长,先后当选为上海市第二、第三、第四届人大代表,第三届全国人大代表。

[5] 钱尚平(1906—1977年),毕业于交通大学,历任重庆国际电台工程师、上海国际电台真如发信台主任工程师兼上海交通大学电信专修科教授、上海邮电学校副校长、上海电信研究所(后改邮电部第一研究所)副所长等职。

[6] 周则乾(1912—1972年),毕业于交通大学,历任国际电台真如台、刘行台技术员,成都和重庆国际电台工程师,上海电信研究所(后改邮电部第一研究所)副所长等职。

无线电通信专家和工技人员,以成都为中心开通了直通伦敦、柏林、日内瓦、莫斯科、旧金山、万隆、西贡、中国香港的无线电报电路[①]。

时国际电台的主要业务是传递政府与新闻部门拍发的电报,兼办国内无线电话及一部分其他电报业务,沟通中国与世界范围内的信息。同时,扩充修理所,为国内各局台修配无线电机件,以应战事需要,还奉命办理技术员、报务员及机务佐等训练班,培养战时通信技术人员约600人,为战时通信建设提供了人才。

在国家需要大批技术人才的时刻,中国最早培养的通信技术高级人才——上海交大青年学生们——纷纷前往成都,为抗日战争效力。例如,民国二十八年(1939年)应届毕业生共126人,112人去到祖国内地后方工作,投身到抗战通信工作的磨炼中,他们成为无线电通信事业的佼佼者,后任邮电部第一研究所工程师的汪永年[②],就是与7个同学一起从上海出发,一路舟船奔波,跋山涉水,历时3个月,走到成都国际电台报到,为战时国家通信建设效力。

二、建立云南国际无线电支台

民国二十七年(1938年秋),交通部部长张嘉璈[③]视察云南电政,经与云南省政府主席龙云[④]协商,将云南省无线电报局裁并,其国内通信部分划归于云南电政管理局办理,其国际通信部分另成立国际无线电支台接办[⑤]。指令云南电政管理局在昆明县红庙寺村和团山村征购土地,兴建"昆明国际无线电台支台"。整个工程共耗资334 938.45滇旧币,其中,团山发话台房屋工程花费299 626.00滇旧币。

民国二十八年(1939年4月1日),云南国际无线电支台成立。从云南无线电报局到建成后的无线电台,其收发的无线电报,与盟军的无线电报一起,从日军实

龙 云

施"火"计划空袭云南,到"南侨机工"回国参战,从修建举世闻名的"滇缅晴隆二十四道拐"抗战之路,到中美联合开辟"驼峰航线",从中国远征军入缅作战,到美军"飞虎队"迎战日机大规模的狂轰滥炸,向全世界传递着中国抗日战争的信息。

在建设云南国际电台支台的同时,交通部还部署建设或扩充云南至缅甸的军用长途通信线路,那一排排沿着滇缅公路、中印公路延展的电线杆,是云南电信业员工和人民以爱国之心建设的抗日战争通信线和生命线。

---

① 上海国际电台,《国际电台回沪复业两周年》,《成都时期》,民国三十五年九月,第6页。
② 汪永年,上海交通大学毕业,历任国际电台技术员、高级工程师、邮电部第一研究所无线室主任等职。
③ 张嘉璈(1889—1979年),中国近代政治人物、学者,浙江财阀巨头,誉称"中国银行之父",1935年任交通部部长。
④ 龙云(1884—1962年),**彝族**。1948年加入民革,历任民革第二届中央委员、第三届中央副主席。
⑤ 云南省地方志委员会总纂,《云南省志·邮电志》,云南省邮电管理局编纂,云南人民出版社,大事记,第7页。

国际无线电台云南支台大门

云南支台院内

云南支台团山机房隧道

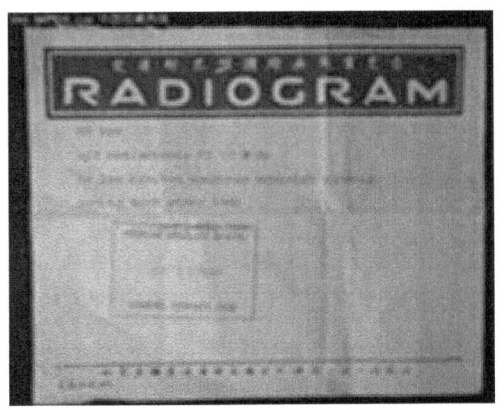
国际电台云南支台拍发的电报

在抗战14年中,往来于云、贵、川的电报发挥了重要的战时通信联系作用,例如,杨杰①将军于民国二十七年(1938年)10月3日致蒋介石的机密电报载:"戌船装运第二批海运全数之货如次:115重炮弹5万发,76野炮弹16万发,防坦克炮100门弹9万发,并预备弹头、信管、装药21万发,罗生培及格留生维克式步兵炮各100门,炮弹40万发,轻机关枪2 000挺,弹4 000万发,共载重5 000吨。"民国二十八年(1939年)6月26日,杨杰将军再致蒋介石密电称:"二,本午竭伏帅(伏罗希洛夫),哲公(孙科)在座,据称,在第二次借款项目拨付之陆空军武器,目前已详告孙院长(孙科时任国民政府行政院院长)转报钧座矣。现决定:甲飞机200架由陆运外,余均由海道运仰光。"②

---

① 杨杰(1889—1949年),民国时期著名军学泰斗,和蒋百里、白崇禧、刘伯承一起被外人称为中国三个半参谋长,他的《国防新论》《军事与国防》《大军统帅学》和《战争要诀》是20世纪三四十年代中国每一个想成为高级军官的必备读物。

② 李晓明,《抗战中的云南》,《滇池晨报》,2005年5月20日。

第七节　中国远征军的无线电通信

民国三十年（1941年12月23日），中英在重庆签署《中英共同防御滇缅路协定》，中英军事同盟形成。

12月26日，驻上海日本军下令上海国际电台停止收发"敌对国的电报"。沪烟沽水线被日军割取移作军用①。随后，香港至菲律宾水线亦中断。

因中英军事同盟的通信频繁，成都国际电台业务倍增，云南国际支台通信扩充工程开始：民国三十一年（1942年2月27日）起，昆明国际无线电支台先后开通昆明至贵阳、昆明至缅甸瓦城、昆明至缅甸腊戍、昆明至美国旧金山的电报电路。

同时，为支援中国军队与英军在滇缅（时为英属地）地区作战的通信需要。民国三十一年（1942年4月28日），云南电政管理局工程师陈志钧与技术员1人、报务员3人携带TR200型无线电报话机一部乘飞机往缅甸腊戍装设，途中发现日军已逼近该地，随即撤退回昆，途中机器丢失，陈志钧下落不明②。

美军联络组的无线电员二等兵哈特菲尔德
在怒江前线的滇缅公路上操作无线电
拍摄：美军通信兵

中国远征军出征缅甸军队配置了无线电台，与盟军通信人员共同担负战场通信。其中，有一批军统青浦特训班的女学员担任译电员随军作战。

在印缅边境当坡的作战中，7名女译电员随同新三十八师作战，在电台突遭日军伏击，掩护的中国军人全部阵亡的情况下，7名女译电员砸毁电台，高呼"中华民国万岁"，拉响手雷，跳下山崖，其中6人以身殉国。只有最年轻的姚某因于雷没有爆炸而坠崖，4天后被亲中国的克钦族游击队发现而获救，但因伤势过重牺牲。军统总部为远征殉国的7名女译电员举行了隆重的追悼会。时军统唯一的女少将姜毅英亲致祭词，并在她的办公室窗外，种下了7枝连根的美人蕉，军统人员称为"七姐妹花"。这次殉难的7名军统女译电员都是上海青浦等几个训练班招收的青年

---

① 李晓明，《抗战中的云南》，《滇池晨报》，2005年5月20日。
② 云南省地方志编纂委员会，《云南省志·邮电志》，云南省邮电管理局编纂，云南人民出版社，第17页。

为国捐躯的远征军女译电员

学生①。在这七姐妹中,有两个是共产党员。在那个如火如荼的时代,在抗战救国理想的感召下,有多少热血青年为国捐躯,终于迎来了抗战的最终胜利。

从中国军队入缅至中缅印大战历时3年零3个月,中国先后派出国民革命军第五军、第六军、第六十六军、第十一集团军、第二十集团军,并与美组成中美联军、中国驻印军联合作战,这是中国与盟国直接进行军事合作,也是甲午战争以来中国军队首次出国作战。在这一国际军事合作抗日时期,国际电报往来频繁,由重庆发往同盟国的国际电报业务陡升,民国三十一年(1942年)收发国际电报82 035份,次年,重庆电信局收发的国际电报占全国的83.5%。在这一组组电信史料的背后,记录着中国军队共投入兵力40万人,伤亡接近20万人,在这场反法西斯战争中立下赫赫战功,受到全世界尊重的抗战史实。

第八节　建立重庆国际电台

民国三十年(1941年12月8日)凌晨,日军轰炸美国海空军珍珠港。太平洋战争爆发。一场全世界反法西斯战争就此展开,第二次世界大战拉开帷幕。

为在通信上遏制中国战区,驻上海日军以"战时下的电报电话自有其重大的政治和军事使命,作为战争中制敌死命的重要武装的电报、电话不允许滥用,否则就是利敌行为"②为由,接管上海美英电信产业:美商上海电话公司、美商中国电气公司、美商无线电合组交通公司、美商马凯无线电报公司、美商通讯社、美商大来公司专用电台等均被日军侵占或接管;国民政府交通部所属上海海岸电台和大东、大北、太平洋三水线公司电报收发处,上海报话局台保管处等也均被日军侵占或接管,掌管的机器、材料、档案、家具等除遭洗劫损失者外,余均转入秘密状态③。

---

① 本处摘自《兵进北边》,作者系凤凰网专栏作者,中国书店出版社。
② 梅绍祖、宋刚刚,《百年电信铸辉煌》,中国计划出版社,1998年6月,第83页。
③ 上海市长途电信局史志办公室,《上海长途电信百年大事记》,1998年5月,第57页。

第七章 组建国家抗战电信网

民国三十一年（1942年12月9日），中国政府正式对日宣战，发布《宣战公告》，同时也发表了对德、意宣战的文告，明确宣布："中国对德意志、意大利两国处于战争状态。所有一切条约、协定、合同，有涉及中、德或中、意间之关系者，一律废止。"至此，中国与英、美、加、荷、澳、新（西兰）、法等国的联合阵线形成。

为保证前线抗战部队与盟军作战时的国际通信，奉交通部令，国际电台在重庆成立国际电台筹备处，在史家坪、九龙坡建防空洞，在洞内分设收发信台，在上清寺成立总办公室，并附设中央室及营业处，配 7 500 W 和 3 500 W 发讯机各 2 部，4 000 W 发讯机 1 部，收讯机 10 部，发电机 6 台，有员工 417 人[①]。民国三十一年（1943年），开放成都至重庆联络线，民国三十四年（1945年6月1日），正式成立重庆国际电台[②]，裁撤昆明国际电台支台[③]，开通了至河内、马尼拉、中国香港、仰光的无线电报电路，同时开放了美国无线电话与传真，继续与欧美各国维持通信，直至抗日战争胜利。

在中国军队与盟军联合作战的态势下，日军在二次世界大战进程中不断失利，日在华的电信经营江河日下，原开放至欧美各国的国际通信电路先后关闭。

民国三十二年（1943年9月6日），意大利墨索里尼政权宣布无条件投降。当日，华中上海国际电台停止收发上海和罗马间无线电报。是年，上海至长崎水线阻断，业务停顿[④]。

民国三十三年（1944年1月），布宜诺斯艾利斯电路被阿根廷政府切断。民国三十四年（1945年4月），柏林电路因柏林被苏军攻占而停闭。上海的电报交换量锐减，由抗战前的每月 30 万份左右，锐减至每月 1.4 万份左右[⑤]。

综上所述，在交通部的统一部署中，电信业工技人员，无愧于职业赋予他们的社会责任，为抗日战争中国家与军队、国家与国际社会、社会与公众信息的沟通做出了应有的贡献。日后，交通部电信总局局长钱其琛就关于抗战期间无线电通信建设总结到：

> 斯时敌机到处轰炸，报话线路，随时有中断之虞，乃积极广设电台，以为补救。计先后建设重庆、贵阳、昆明、长安、兰州、桂林、康定、南郑等大型电台十余处及中小电台一百数十处。原上海国际电台沦陷后即迁至成都继续工作，继又设立昆明国际支台，分别与世界各重要城市通报。
>
> 时至西南及西北各地，为配合军事与业务需要电台之增设尤多。计在二次世界

---

① 《重庆市志》，第五卷，电信志，成都科技大学出版社，1994 年 12 月，第 543 页。
② 国际电台：《重庆时期》，《国际电台回沪复业两周年》，民国三十五年九月，第 6 页。
③ 钱其琛主编，《国际无线电路》，《铁路电信七十五周年纪念刊》，台湾文海出版社，第 80 页。
④ 上海市长途电信局史志办公室编，《上海长途电信百年大事记》，1998 年 5 月，第 59 页。
⑤ 梅绍祖、宋刚刚主编，《百年电信铸辉煌》，中国计划出版社，1998 年 6 月，第 85 页。

大战尚未爆发之前,我国独立抗日,共历五年之久,西南西北,山岭纵横,交通不畅,加之国库支绌,材料缺乏,乃电信员工同心协力,不避艰险,遵照既定方针,以完成抗战时期之通信网,其克难精神,至堪钦佩。电信员工在此阶段中所表现之成绩,殊属不可磨灭①。

抗战时期,于民国二十六年(1937年)组成,民国二十九年(1940年)正式定名为"中国业余无线电协会"的业余无线电家们亦贡献巨大:

在众多的无线电业余家中,有黄小芹、杭州的赵振德、上海的苏氏兄弟、北平的毕德君等②,他们从爱好起步,除出版无线电画报,讲演无线电学术,举行无线电展览会,以灌输人们无线电常识外,更加紧组织无线电通信人员为国服务,如加入机关部队工作,制造军用收发报机,协助政府训练通讯人员,担任通讯重任,以及进行国际性质宣传等,不论在前方后方,皆遍布无线电业余家之踪迹,而克尽对于国家国防方面之职责③,创造了业余无线电在战争领域里的奇迹。

第九节 抗战时期台湾义勇军的电报

李友邦

抗战爆发,台湾同胞也纷纷回到大陆参战。台籍黄埔军校毕业生李友邦④和秘书张一之多次前往崇安,并联络动员台籍同胞参加祖国抗战,此举受到了台籍同胞的热烈响应。来到大陆的台湾青年,组成"台湾义勇军",以闽南为基地,分3个队,进行医疗、教育、宣传等工作。"台湾义勇军"下还设有"台湾少年团",对台籍志士子女予以照料与教育,并训练孩子们从事抗日宣传工作。

民国二十八年(1939年2月),李友邦拟到金华集训,并向福建省政府主席陈仪禀报,陈仪⑤同意并发电至

---

① 钱其琛,《抗日战争时期》,《铁路电信七十五周年纪念刊》,台湾文海出版社,第80页。
② 引用民国年间"实用无线电刊""无线电小报"等资料。
③ 郁秉坚,《业余无线电之历史与展望》,《电信大意》,中国科学图书仪器公司发行,1949年5月,第33页。
④ 李友邦(1906—1952年),1939年他在浙江金华组建"台湾义勇队"及"台湾少年团",在浙江金华正式成立"第一台湾医院",随后又在浙江衢州、浙江兰溪、福建建阳相继成立。
⑤ 陈仪(1883—1950年),国民党二级陆军上将,历任浙江都督府军政司长、陆海军大元帅统率办事处军事参议官、南京军政部兵工署署长、代政部部长、福建省政府主席、行政院秘书长,兼国家总动员会议主任,代理陆军大学校长。1944年,兼任国民党中央设计局调查委员会主任委员,开始做收归台湾的准备工作。

第七章 组建国家抗战电信网

崇：刘县长立密李友邦请求于留崇台胞挑廿二人赴金华集训已准所请并给服装伙食旅费等四百元交李带崇仰该县长洽办出发日期决定后希即电告以便饬兵站派车护送。

22日，福建省崇安台胞共44人分两批前往浙江金华。李友邦在金华县城酒坊巷18号（今84号）成立了"台湾义勇队"及"台湾少年团"。

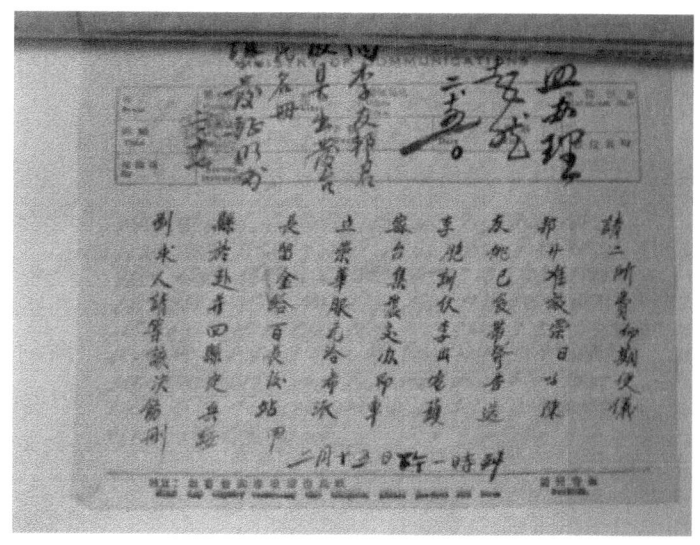

陈仪拍发关于台湾义勇军的电服

同年10月，国民政府正式委任李友邦担任"台湾义勇队"队长兼"台湾少年团"团长，并晋阶为陆军少将。

浙东战役后，国民革命军撤离金华和浙赣铁路沿线，台湾义勇军总队亦于民国三十一年（1942年10月）辗转抵达福建龙岩。在龙岩期间，台湾少年团员发展到100多人。龙岩商会和各界了解情况后，踊跃募集资金、物品劳军。时龙岩籍人士郑品聪[①]旅居台东任中华会馆馆长，因参加抗日活动被日本占领当局驱逐返乡，他建议李友邦招募台籍人员扩充队伍，龙岩籍青年学生因懂闽南语，文化水平较高，有苏禄洲、苏年湘、章仕丹、杜忠元、苏振文、谢启武、郑炳尧7人考入台湾义勇军为少尉队员，岩中第二班高才生苏禄洲提前晋升为中尉书记官。此时，台湾义勇军发展为381人，内官佐队员322名，士兵59名。

时台湾义勇军更多的是做抗日宣传工作，在闽南沿海前线巡回演出《台湾小主人》《松花江上》《在太行山上》《游击队之歌》《黄河颂》《二月里来》《五月的鲜花》等，话剧《放下你的鞭子》《帮助咱们的游击队》等，鼓舞了闽南人民和台籍同胞打败日本侵略者收复台湾的信心，另外做了大量的对敌情报工作和组织台湾义勇军医院为群众看病等活动。[②]

---

① 郑品聪（1902—1971年），毕业于福建省立龙岩旧制第九中学，后留学日本，毕业于皇汉医学院。历任中华总会馆执行委员和监察委员、台东中华会馆主席团顾问、台湾省参议会第一届参议员、制宪国民大会代表、中国国民党台湾省执行委员会委员、台北市执行委员会书记、台北市改造委员会主任委员等。1957年起担任中华日报社董事长，后又改任社长。

② 抗战时期的台湾少年团，http://news.sohu.com/20100426/n271762337.shtml。

第十节 抗战时期的国际、国内电报

蒋介石与宋美龄受国内外记者采访

抗战时期,在国民政府交通部的部署下,中国有了一张后方与前方结合的战时通信网,使社会各界和知名爱国人士的电报得以顺利拍发,及时沟通了国际、国内的各种信息,使中国人民的抗日战争受到全世界的瞩目,赢得了全世界爱好和平人士的支持。

14年抗战中的一封封电报,传送着中国军队浴血奋战的每一步:淞沪会战、徐州会战、太原会战、武汉会战、长沙会战等战役中的牺牲悲壮;千百纤夫拉船运输、千万军民修筑中缅盘山公路的团结决心;东北民主联军将士火烤胸前暖,风吹背后寒,爬冰卧雪,在白山黑水艰苦抗战;晋察冀和根据地军民同心协力,持久抗战;千千万万封电报,传递着中华民族同心同德一致抗战的每一个信息。

民国二十六年(1937年),国共两党为主体的民族统一战线形成后,国民政府组织总兵力为6个集团军计52个师(旅)共28万余人参战的太原会战,其中林彪、聂荣臻率领第八路军第115师于9月25日在平型关伏击日军,歼灭日军板垣师团1 000多人,缴获大批军用物资,取得平型关大捷。毛泽东、周恩来亲拟电报向全国人民报捷,电波将这一胜利迅速传向全国,并被国内外新

在河北西部八路军展示美国国旗来欢迎到访者
(美联社驻北平记者霍尔多·汉森摄影)

闻媒体广泛报道。一时间,通电、电版文章满天下,举国上下一片欢腾,世界为之惊叹。蒋介石发来贺电:"有日(9月25日)一战,歼敌如麻,足证官兵用命,指挥得宜。捷报南来,良深嘉慰。"同时,蒋介石还给朱德发来贺电、嘉奖电,国民党军政要员程潜、阎锡山等和各社会团体也纷纷来电祝贺。平型关大捷鼓舞了全国人民万众一

第七章　组建国家抗战电信网

心取得抗日战争胜利的信心。

电报亦留下了一段段惨烈的战史：民国二十七年（1938年3月17日）晚，国民革命军第41军第122师师长王铭章[①]发出最后一封电报：17日晚，我援军尚未到，敌大部队冲入城，即督所留部队，与敌作最后血战。随后，他下令把电台砸毁，率警卫排登上县城西北城墙指挥战斗，激烈的战斗中，警卫排战士全部阵亡，王铭章也腹部中弹倒地，在生命的最后，他高呼："中华民国万岁，抗战到底！"以手枪饮弹殉城。他的参谋长赵渭宾[②]、副官罗甲辛、少校参谋谢大埔、第124师参谋长邹慕陶[③]及随从十余人也都同时为国捐躯。

在常德保卫战中，国军74军57师的8000名官兵，在阻击10万日军15天之久后，最后只有200人能够战斗。师长发出了74军57师的最后一封电报："弹尽，援绝，人无，城已破。卑职率副师长、政治部主任、参谋部主任死守中央银行，各团长划分区域，扼守一屋，作最后抵抗，誓死为止，并祝胜利。74军万岁！"

一封封战地电报，记录了多少中国军人用生命抵抗外来侵略战斗中的陨落，一封封国际新闻电报的往来中，海外华侨积极捐款、捐物，支援祖国的抗日战争。美、英等国新闻记者、作家远渡重洋，奔赴中国抗日战争前线，以所见所闻撰稿著文，通过新闻电报向全世界报道中国人民抗击侵略者的英雄事迹。通过在华世界各国各大通讯社国际新闻电报的传递，中国人民抗日战争的信息传遍五洲四海，

美飞虎队在昆明使用的电话

世界各国热爱和平的人们，了解到中国人民组成统一战线，共同抗日的决心和行动，他们千里迢迢来到中国，与中国人民共同抗日，如美国飞虎队员驾驶飞机穿越太平洋，奔赴中国云、贵、川等地抗日战场，抗击日军空军战机。中国、美国、加拿大、波兰、保加利亚、匈牙利、英国、德国、印度等国医疗救护人员先后来到在图云关，与中国医护人员一起组成中国红十字救护总队，奔赴各大战区，为前线将士从事卫生保健和救死扶伤工作。

[①] 王铭章（1893—1938年），著名抗日将领。王铭章在中国抗日战争徐州会战中，因誓死保卫藤县而牺牲殉国，为台儿庄大捷的胜利奠定了基础，后被国民政府追赠为陆军上将，是中国军方在抗日战争中牺牲的高级将领之一。

[②] 赵渭滨（1893—1938年），与王铭章将军一起壮烈牺牲于藤县县城西门。南京国民政府追赠其国民革命军陆军中将军衔。1985年，经四川省人民政府批准，追认赵渭滨为烈士。

[③] 邹慕陶（1893—1938年），陆军第41军124师参谋长，在鲁南会战中激战时中弹殉国，牺牲于山东藤县西门，国民政府追赠其陆军少将。

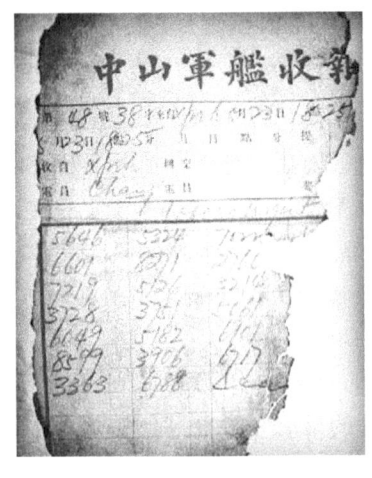

中山舰密码电报

14年抗战中的一封封电报,向全世界传递着中国军队和人民进行抗战的战况,凝集成一段悲壮的历史记录。

中国军队和人民以巨大的民族牺牲换来了抗日战争的胜利。抗日战争中,中国国民政府军兵力最高时达500万人。中国国民政府领导下的国民政府军与日军共有22次大型会战、1 117次大型战斗、38 931次小型战斗。据民国三十五年(1946年)有关资料统计,国民政府军作战伤亡3 227 926人、病亡422 479人,总计损失3 650 465人[1];军令部统计自七七事变以来陆军阵亡1 319 958人、负伤1 761 135人、失踪130 126人,空军阵亡4 321人、负伤347人,海军舰艇全部损失[2],战机损失2 468架。其中,民国二十七年(1938年10月24日),中山舰舰长萨师俊率中山舰参加武汉会战,他与全舰官兵在日军舰的炮火中奋勇作战,不幸船被日军炮火炸沉,他与全舰官兵阵亡于长江,为国捐躯。日后,沉没了近60年的中山舰被打捞出来,在舰艇无线电报房的泥沙中发现了一个箱子,经湖北省文物保护中心进行脱水处理后,整理出891份密码电报,收发报单位包括国民革命军海军部、海军署等33个单位,也有与第一舰队、第二舰队所属的27艘各类舰艇所发送接收内容,这些在战争劫难中保存下来的电报一旦破译,将还原中国海军抗日战争的悲壮史实,以及许多鲜为人知的战场往事[3]。

抗战胜利后,八路军参谋长叶剑英向前来采访的新闻记者公布,八路军进行了平型关战役、广阳战斗、汾离公路三战三捷、百团大战、冀中"五一"反扫荡等,还开辟了晋察冀、晋绥、冀豫、冀鲁豫、山东等敌后根据地,共牺牲40万人,八路军副参谋长左权成为牺牲职务最高的将领[4]。

萨师俊

---

[1] 迟景德,《中国对日抗战损失调查史述》,1987年。

[2] 何应钦,《八年抗战与台湾光复》,台北文海出版社,1980年。

[3] 《中山舰密码电报》,见《武汉晨报》,沉没了近60年的中山舰被打捞出来,在舰艇无线电报房的泥沙中发现了一个箱子,经湖北省文物保护中心进行脱水处理后,整理出891份密码电报,收发报单位包括国民革命军海军部、海军署等33个单位,也有与第一舰队、第二舰队所属的27艘各类舰艇所发送接收的内容,这些在战争劫难中保存下来的电报一旦被破译,将还原中国海军抗日战争的悲壮史实,以及许多鲜为人知的战场往事。

[4] 摘自《杭州日报》,2007年7月6日,第11版,作者佚名,原题为:《血战八年,八路军牺牲了40万》。

第八章

国民政府接收全国电信机构

民国三十四年（1945年8月10日），日本投降，中国抗日战争胜利。国民政府收回台湾，台湾电信回归祖国。奉国民政府陆军部、交通部令，电信总局组建全国各大区电信接收委员会，接收东北、华北、华中、内蒙古及沦陷区全部电信机构……

大陆和台湾同胞共同庆祝抗战胜利

第八章　国民政府接收全国电信机构

第一节　建立新的电信管理体制

民国三十三年（1944年），欧洲战场的盟军于6月6日成功在法国诺曼底登陆，纳粹德国陷入了两线作战的铁钳之中。在滇缅战场，中国远征军经过了在印度的休整再度出山对日作战，中国方面也开始反攻盘踞在滇缅边境一带的日军，抗日战争胜利在即。在这一形势下，国民政府未雨绸缪地进行战争胜利后的各项工作准备，是年7月1日，交通部建立新的电信组织体系，统一电局名称，将各省电政管理局改称为电信管理局及电信局[①]。

国内电信业务全国按区域一共划为九个区，每区各设一个管理局[②]，即：西安区（第一区），辖陕西、河南；南京区（第二区），辖江苏、浙江、安徽；汉口区（第三区），辖湖南、江西、湖北；重庆区（第四区），辖川、康、藏地方；昆明区（第五区），辖云南、贵州；广州区（第六区），辖广东、广西、福建；北平区（第七区），辖河北、山东、山西、内蒙古；兰州区（第八区），辖甘肃、宁夏、青海；沈阳区（第九区），辖东北九省[③]及热河（承德）。新疆电信局设在迪化，台湾邮电管理局设在台北。

特设特等电信局6个：南京、上海、北平、天津、武汉、重庆[④]。

国际电信业务：专行办理国际电信业务的国际电台，总台设在上海，南京设有支台。

电信企业管理体系的电信组织与业务范围、电信管理，电信工务之设施与维护，电信之效率、财务、定价、业务处理、材料管理、总务处理，电信建设计划等都在改善或建立之中。

电信总局先后推出新的电信业务管理制度：

电报：将官电电报列为"S"种类，原符合拍发官电机构的下属机关和出差人员使用该机关加盖公章的官电纸因公发电，列作全价官电，报类为"SP"，军事机关及部队因公所发电报列为军电，报类为"M"，同时，增设雨量电报，供水利、气象、农林等机关测定、报告雨量资料时使用。

[①] 上海市长途电信局史志办公室，《上海长途电信百年大事记》，1998年5月，第59页。
[②] 钱其琛，《分支机构之演变》，《铁路电信七十五周年纪念刊》，台湾文海出版社，第14页。
[③] 东北九省：1945年抗战胜利后，中华民国政府决定将东北地区划成9个行省，分别为辽宁省、安东省、辽北省、吉林省、松江省、合江省、黑龙江省、嫩江省、兴安省，即把原来的东三省每一个省分成3个省（安东省、辽北省原为辽宁省的一部分；松江省、合江省原为吉林省的一部分；嫩江省、兴安省原为黑龙江省的一部分）。除了设置9个省外，在东北还设有3个直辖市，直属于行政院，分别是大连市、沈阳市和哈尔滨市。
[④] 钱其琛，《分支机构之演变》，《铁路电信七十五周年纪念刊》，台湾文海出版社，第14页。

长途电话：制定重要军政通话限时接通的要求，电话分 A、B、C 三级，A 级为重要首长，限 5 分钟内接通；B 级为部长以上及等于部长地位的人员，限 10 分钟内接通；C 级为一般重要军政通话，限 40 分钟内接通。其余各类公用及商用长途电话，其电话系直达的，加急电话限 2 小时内接通，寻常电话限 3 小时内接通，如需经过中间转话局接转的，每一转宽限 1 小时，加急、寻常相同。并开放特快电话，接通时限为 10 分钟。

市内电话：下发适用于 5 000 至 10 000 号线自动市内电话电话各局的第五种市内电话营业价目表，市内电话采用包月制。

就胜利后对外商水线的接收拟定：

凡水线两端在中国境内者由政府自办，凡一端在他国者，我国至少保有该水线在国境登陆处至海中 3 海里（5 556 m）若干长度之所有权，同时决定不再发登陆执照，并拟定交涉原则六点：

一、各水线在我国登陆处至海中 3 海里长度之一段，由我国分别收买，作为我国之资产；

二、在我国境内，所有水线通信之一切运用事宜，完全由我国自办；

三、水线电报收发事宜，完全由我国电局统一办理，不再另设水线收发处；

四、水线电报每字总价按照国际无线电价目，同样规定及改订，其自发报国至收报国间所收之全部报费，除去应付第三方面之外线费后，应由我国水线公司双方平均分摊；

五、发往国外电报，凡经发报人指定水线路由外，由该水线传递，未指定路由者，悉由我国电局自行支配，公司并不得散发注有路由之空白去报纸；

六、我国水线公司所订之通报合同，规定以 3 年为有效期间[①]。

第二节　中国抗日战争胜利

民国三十四年（1945 年 8 月 10 日），日本天皇召开御前会议，决定接受波茨坦公告。并以照会行文，分别电请由瑞士政府转达美、苏、英、中国，请求投降。日本政府决定无条件投降的消息通过无线电波迅速传遍了全世界。

8 月 14 日，华中电气通信株式会社上海电报总局停止收发曼谷、西贡、爪哇、马来西亚、新加坡、苏门答腊、中国香港、北婆罗洲等地国际无线电报。

15 日，日本政府对外宣布向盟军投降，同时下令所有日本军人停止一切战争行为，正式宣布日本无条件投降。

---

① 钱其琛，《铁路电信七十五周年纪念刊》，台湾文海出版社，《水线交涉》，第 14、第 73、第 74 页。

第八章 国民政府接收全国电信机构

9月2日上午9时,在停泊于东京湾的美国战列舰"密苏里"号上举行了隆重的签降仪式。首先,日本外相重光葵代表日本天皇和政府、陆军参谋总长梅津美治郎代表原始的大本营在投降书上签了字。紧接着是接受投降的同盟国代表签字:盟军最高统帅麦克阿瑟上将,美国代表尼米兹海军上将,中国代表徐永昌将军,英国

在美国战列舰"密苏里"号上举行的日本签降仪式

代表福莱塞海军上将,苏联代表杰列维亚科中将,以及澳、加、法、荷、新西兰等各国代表依次签了字。至此,日本帝国主义战败投降被载入了史册,第二次世界大战结束。

在旷日持久的抗日战争中,中国人民付出了巨大的代价,从民国二十年(1931年)侵华日军发动九一八事变起,至日本投降,据中方史料表明,在抗日战争中,保守估计中国军民伤亡共3 500多万人,损失财产及战争消耗达5 600余亿美元。而今,在这终于迎来了抗日战争全面胜利的时刻,国民政府宣布,从9月3日起,全国连续放假3天,庆祝抗战胜利。

是日上午9时整,象征十四年抗战结束、和平安详到来的汽笛声响彻重庆上空,随着嘉陵江上军舰的101响礼炮的响起,有数万人参加的"陪都各界庆祝胜利大会"在市中心较场口广场隆重举行。延安军民也举行了盛大的庆祝大会,毛泽东主席题词:庆祝抗日胜利,中华民族解放万岁。全国各大城市、乡村宛如沸腾的海洋,人民群众载歌载舞,群众抗战胜利,满怀憧憬地迎接中华民族复兴时代的来临。

第二次世界大战中国战区受降仪式

9月9日9时,第二次世界大战中国战区受降仪式在南京中央陆军军官学校大

上海欢庆抗战胜利游行

延安欢庆抗战胜利大会

礼堂（现南京军区大礼堂）举行，日本派遣军总司令冈村宁次签署投降书，向同盟国代表、中国陆军总司令部总司令何应钦表示日军投降，并缴出他的随身佩刀，以表示侵华日军正式向中国缴械投降。日本投降书中日文各一份，其主要内容为如下。日本帝国政府及日本帝国大本营已向联合国最高统帅无条件投降，联合国最高统帅第一号命令规定：在中华民国（除东三省之外）台湾与越南北纬16度以北地区内之日本全部陆海空军与辅助部队应向蒋委员长投降。

整个受降仪式历时15分钟。仪式结束后，何应钦总司令发表讲话："敬告全国同胞及全世界人士，中国战区日本投降签字仪式已于9日上午9时在南京顺利完成，这是中国历史上最有意义的一个日子。中国将走上和平建设大道，开创中华民族复兴的伟业。"

至此，历时十四年的抗日战争胜利结束。中华民族的坚持抗战，取得了全世界的敬仰。正如美国总统罗斯福此前曾在广播中所说："我们要记得中国是第一个全民族起来抵抗日本的，这个打不倒的中国，在将来不但对于东亚和平与繁荣，并且对于全世界的和平与繁荣都要负担相当的责任！"[①]

第三节　台湾光复回归祖国

日本政府正式投降，台湾回归祖国怀抱。此时，台湾已与祖国分离46年。

自台湾割让日本以来，期盼台湾的回归，一直是中国海峡两岸人民的心愿。早在民国二十七年（1938年3月29日），国民党即召开临时全国代表大会，议程的重要一项是制定《抗战建国纲领》。蒋介石在会上宣明，务必解放台湾：日本自明治维新以来，早就有一贯的大陆侵略政策，过去甲午之战，侵占了我们的台湾，以台湾

---

① 罗斯福于1942年4月28日广播中发表的讲话。

第八章　国民政府接收全国电信机构

为南进的根据地，侵略我们的华南和华东。台湾是中国的领土，中国要讲究真正的国防，断不能让台湾掌握在日本帝国主义者之手，必须针对着日本之积极侵略的阴谋，以解放台湾的人民为我们的职志[①]。

民国三十年（1941年），接收台湾的准备工作启动。国民党军统局在福建成立沿海工作区，下设台湾组，并于香港、汕头、厦门、上海、启东各设一组，分头策进对台工作，以台湾革命党翁俊明[②]为中心，成立军统台湾直属组，在江西泰和训练台籍青年，布置其从粤入台工作，后又成立"台湾工作团"[③]。

民国三十一年（1942年11月中旬），宋美龄访美，她建议罗斯福总统召开大国首脑会议，商讨战后事务，并提出台湾将来应归还中国，罗斯福即表赞同。12月9日，中国政府正式对日宣战，发布《宣战公告》，公开声明收回台湾：兹特正式对日宣战，昭告天下，所有一切条约、协定、合同，有涉及中日关系者，一律废止。1895年4月17日，日本强加给中国的《马关条约》，理所当然在废止之列，台湾归还中国。

民国三十二年（1943年11月22日），中美英在开罗召开最高首脑会议，发表了著名的《开罗宣言》，宣言明确了战后台湾的归属：我三大盟国此次进行战争之目的，在于制止及惩罚日本侵略。三国之宗旨，剥夺日本自1914年第一次世界大战开战

蒋介石夫妇在开罗最高首脑会议

以后在太平洋上所夺得或占领之一切岛屿，使日本所窃取于中国之领土，如满洲、台湾、澎湖列岛等，归还中国。

民国三十三年（1944年）夏，世界反法西斯战争胜利在即，国民党中央设计局组建了"台湾调查委员会"，专司其事，以行政院秘书长陈仪为主任委员。接收台湾工作正式启动。

民国三十四年（1945年8月15日），日本政府正式宣布日本无条件投降。国民

[①] 陆茂清，《文史精华》，《日本投降台湾光复实录》。

[②] 翁俊明（1891—1943年），1942年，在江西开办国民党中央组织部台湾党务工作人员训练班，任班主任，1943年春任国民党第一任台湾党部主任委员，同年11月在福建漳州遇刺身亡。

[③] 马振犊，《国民党特务史》，九州出版社，2009年，第2版，第342页。

国民政府举行台湾省日军受降仪式

政府即公告中外行将接收台湾：本年8月14日，日本政府已答复中、美、英、苏四国无条件投降。依照规定，台湾全境及澎湖列岛应归还中国，本府即将派行政及军事各官吏前往治理。凡我在台人民，务须安居乐业，各守秩序，不得惊扰滋事。所有在台日本陆海空军及警察，皆应听候接收，不得逾越常规，危害民众生命财产……

9月9日，日本向中国政府投降签字仪式在南京举行，台湾日军第10方面军参谋长谏山春树也是投降代表之一。当天晚上，冈村宁次下令，在中国的全部部队，一律向中国政府投降。

10月25日，国民政府在台北举行台湾省日军受降仪式。晨曦初露时，台北市民纷纷拥向公会堂受降典礼举行处，熙熙攘攘，人山人海，为的是亲见亲历翻开台湾新纪元的场景。

公会堂大门口，高大牌楼上方，"庆祝台湾光复"6个大字光彩夺目，下挂"中国战区台湾省受降典礼会场"宽大横幅。进入受降大厅，首先映入眼帘的是台上蓝底白色的高大英文字母"V"，象征着胜利。上方是"和平永奠"4个金黄色大字。

受降大典共有5分钟，短短的5分钟，结束了日本对台湾长达半个世纪的占领，台湾重回祖国怀抱。

陈仪在受降大典会场发表广播讲话，向中外庄严宣告：中国战区台湾省接受日军投降典礼，经于中华民国三十四年十月二十五日上午9时，在台北公会堂举行，顷已顺利完成。从今日起，台湾及澎湖列岛正式重入中国版图，所有一切土地人民，皆于中华民国国民政府行政权之下。此一极富历史意义之事实，本人特向我国同胞及全世界报告周知。台湾现已光复，吾人应感谢历来为台湾光复而牺牲之革命先烈及此次抗战将士，并感谢协助吾人光复台湾之同盟国家。

日本投降，台湾回到祖国怀抱，1895—1945年，日据台湾50年的邮电历史结束。台湾邮电通信与祖国再度相连，一体运转。

第四节　组建各大区电信接收委员会

民国三十四年（1945年10月），行政院院长宋子文呈请蒋介石批准，除有关军事系统的接收归陆军总司令部，一切有关行政范围内的接收和处理，全部划归行政院负责成立"行政院收复区全国性事业接收委员会"，并出台《行政院收复区全国性事业接收委员会组织规程》，办理收复区全国性事业接收事宜并协助中国陆军总司令部办理接收事宜。

关于通信系统的接收，由军统局电讯处负责接收汪精卫政府军委会总台，特工总台及所属各地支、分台[①]。交通部的电信、邮政接收事宜由行政院、军政部、陆军总司令部、联合组建收复区各地电信交通接收委员会，负责接收沦陷区的电信机构。

交通部将全国电信系统分为京（宁）沪区、武汉区、平津区、广东区、东北区和台湾区，设置各区特派员办公处及接收委员会，由特派员与各大电信局局长担任接收委员，根据陆军总司令部何应钦、俞大维发布的训令，全面接收日本在中国境内经营的"电信交通事业，全部房地产、材料、账册、文卷等"[②]。其中，长春（东北九省）、上海、华中（含现华东、长江三角洲地区）、台湾电信的接收颇为重要。

11月15日，交通部电信总局下发接收训令[③]：

令上海电信交通接收委员：

案奉：六部三十四年十一月六日电戌字第1020号训令开关于收复区管制日人通信一案，前经由部邀请军训部军令部等会商议有管制办法，经予呈请行政院及军事委员会核示，各在案兹奉军事委员会本年十月一日令二微字第2550号代电及行政院本年十一月一日平四字第2438号指令，分别修正饬遵到部，除分函军政部军令部洽办并函请外交部转余收音机事项，探寻盟军占领德日后之办法依照办理。再为饬尊外合丞抄同行政院原令及附件令仰遵照办理为要等因奉此令丞抄同原办法令仰遵照办理为要。

同文下发收复区日方通讯管制办法[④]：

甲：电信

一、与日本本土通信者。所有收复区原与日本本土通信之各种设备，一经接收

---

①　马振犊，《国民党特务史》，九州出版社，2009年，第2版，第298页。
②　《接收上海地区电讯交通事业》，上海电信公司档案馆藏。
③　《关于收复区全国性事业接收委员会组织规程受制日人通信及接收交通机关办法以及接收或处理敌伪财产等办法的有关文件》，上海电信公司档案馆，1945年长期，086号，第2页。
④　《关于收复区全国性事业接收委员会组织规程受制日人通信及接收交通机关办法以及接收或处理敌伪财产等办法的有关文件》，上海电信公司档案馆，1945年长期，086号，第3页。

后应停止其与本土通信，如因双方接洽军政事务，必须通信时则日本本土一端之设备应商请盟方占领军管理，运用在国境一端应由我方管理，暂以集中上海、长春、台湾三处，并以政务及新闻电报为限，一律限用中英文明码，至长途电话，不论其为有线无线电，一律禁止日人使用。

二、在国境以内通信者。所有国境内电信设备属于一般者，由接收管理。属于军用者，由军政部接收。如日本部队需要收发电报，应以交由当地我方军事通信部队代为收发为原则，倘以路由关系，必须经由电路接转者，收发两端均须有我方军事长官核准，转交电信局收发。

乙：商民电信

如在台湾区域以内往来者，短期内暂准维持现状，使用日文明码，至在我国境内其他各处，一律限用中文明码，经由指定之主管机关派检查人员，严格检查后始得收发。

丙：日本军民在我国境内一律禁止使用长途电话

三、凡中国境内日人绝对不准设立电台，并不得保有收发报机。

四、日人私设电台应特别注意，严格侦察取缔，由指定之主管机关执行。

五、关于收音机事项，拟有办法两种：①日本军民一律不准装用；②准予装用唯限于以中波及所用器材，以收当地节目为限，究采用何种办法，探询盟军占领德日后之办法仿照办理。

乙：邮政

六、日人寄递信件，不论由我国境内与日本往来，或在我国境内互相往来，应暂以信函、明信片为限，收发两端均应由指定之主管机关所派检查人员严格检查。

七、日人外交邮袋予以取消。

第五节　接收满洲电信电话株式会社

光复前东北地区的电信和广播系统主要由满洲电信电话株式会社（以下简称满洲电电）经营。时东北地区有100余万平方公里土地，人口3 400余万，工业发达，矿产、农林产业丰富，交通便利，电信与广播设备和能力均为亚洲一流，故东北地区成为抗战胜利后国共两党两军激烈争夺的战略要地，也成为美国与苏联分别插手国共两党两军事务，争夺势力范围和苏军掠夺战利品的地区。所以，东北地区电信和广播的接收之初在苏军与国共两党两军中进行[①]。

早在世界反法西斯战争即将取得胜利之际，美国、英国和苏联3个大国就于1945

---

① 由国民政府接收的已在第六章叙写。

第八章　国民政府接收全国电信机构

年 2 月 4 日至 2 月 11 日，在黑海北部的克里木半岛雅尔塔皇宫内举行了关于制定战后世界新秩序和列强利益分配问题的秘密首脑会议，就击败德国后，如何占领与控制德国，如何处理战后等问题达成一系列协议。签订《雅尔塔协定》，同日又签订《秘密协定》（即《苏联参加对日作战协议书》），以允诺苏联在中国取得旅顺、大连港口与东北铁路之特别权益及外蒙独立等，作为苏联参加对日作战之主要条件。这次会议对第二次世界大战以后世界历史的发展产生了极其深远的影响，决定了直到今天许多国家的命运与方向。

8 月 8 日，根据雅尔塔密约，苏联对日本宣战。苏军进攻中国东北、朝鲜、库页岛的日军。9 日，苏联红军陆军部队计 80 个师和太平洋、黑龙江区两舰队各种舰艇 500 余艘，总兵力 150 余万人，向中国东北的东、北、西各部边境和朝鲜部，库页岛南部及千岛群岛的日军同时发起进攻。至 23 日，苏联红军解放东北全境，原电信管理机构结束，日

雅尔塔会议上的丘吉尔、罗斯福、斯大林

本管理人员与员工退出，东北地区的电信管理成为真空地带。

进入东北各地的苏军对满洲电电实行军事管制①。在哈尔滨原满洲电电中央电报局道外电报分局，日本员工退出后，局长朱连贵等中国员工联合组成临时维持委员会，朱连贵任委员长，管理市内电信业务。

8 月 22 日，苏联红军派巴拉诺夫将军接管满洲哈尔滨中央电话局和电报局，并派拉究阔夫上校任局长，将临时维持委员会改为哈尔滨电政管理处，朱连贵任处长，协助苏联红军管理哈尔滨电政②。苏联红军撤退后，由国民政府交通部于民国三十五年（1946 年 3 月 18 日）接收哈尔滨，取消哈尔滨电政管理处，成立哈尔滨电信局，由方砚农③任局长。是年 5 月 2 日，东北民主联军接管哈尔滨，建立哈尔滨卫戍司令部，接管哈尔滨电信局，任命朱连贵为哈尔滨电报电话局局长，王昌荣为副局长。

---

① 抗战胜利后，东北电信机构的接管先后在苏军和国共两党中进行。因此，本书将东北的电信接管按两个时期分为两部分叙写，由国民政府接管的在本章叙写。由中国人民解放军接管的在第八章叙述。

② 《哈尔滨市志·电信》。

③ 方砚农，毕业于上海无线电专科学校，历任上海国际电台服务员兼三级无线电等现教员，拉萨、迪化电台台长，军令部侦察电台台长。1938 年加入军事委员会调查统计局，并任军统局武汉、长沙电训班教务长。1940 年任军令部第二厅第四处上校科长、军事委员会技术研究室侦收电台组长。后任军令部通讯总所少将所长。1946 年任成都电讯局局长。

被苏军掠夺一空的沈阳满洲电电

只能勉强维持的齐齐哈尔电话局

被苏军拆卸通信设备的大连中央邮便局

被苏军拆卸通信设备的大连中央电报局

进入东北的苏军在接管了原满洲电电设在黑龙江、吉林、辽宁等地的电报电话局后,将可与欧美相媲美的通信设备洗劫一空,拆卸回国。如进驻沈阳的苏联军队对沈阳市的电信机构实行"军事管制",并拆走自动交换机 10 000 门及载波机、无线电收发信机等设备,运往苏联国内①。进驻大连的苏联红军将满洲电电中央邮便局,大连中央电报局和大连中央电话局及其分局、分室实行军事管制②。将其自动交换机 3 400 门及载波电话机等通信设备拆走,运往苏联国内。苏军的洗劫使辽宁全省的通信系统陷于瘫痪。在黑龙江、长春等地,市内电话通信大部分设备也被苏军拆走,只有哈尔滨、齐齐哈尔两个电话局能够勉强维持通话。被拆走的设备只是苏军战利品的冰山一角,据《陈诚回忆录·受降》一文载:"自'九一八'日本据有东北后,刻意经营各种轻重工业,十余年来投下资金,在一百亿美元以上。俄军侵入后,竟以此项工业设备,视为战利品。"据统计,第二次世界大战末期,苏联在东北地区掠夺的战利品为 1946 年币值的 53.4 亿日元,折合当时美元 13.6 亿。尚不含

---

① 《辽宁省志》,《邮电志》,辽宁民族出版社,2002 年 7 月,第 78 页。
② 《大连市志》,《邮电志》,大连出版社,1997 年 3 月,第 96 页。

第八章 国民政府接收全国电信机构

没有折价的白金32 401.55克、白银1 866 549.69克和钻石741.066 2克①。

民国三十四年（1945年8月14日），中华民国国民政府同苏联政府签订了《中苏友好条约》。其主要内容为：①苏联允许给中国各种援助完全给国民党政府；②苏联尊重中国在东北三省的充分主权及领土行政完整；③关于新疆问题，苏联无干涉内政之意；④外蒙古独立问题由公民投票决定；⑤大连辟为自由港，旅顺为两国共用军港，为期30年；⑥中东、南满铁路之干线，由中苏共管，均以三十年为期；⑦日本投降后，3个月内东北三省苏军全部撤退。

根据条约规定：东北的主要城市和交通干线移交给国民党政府接收①。蒋介石在重庆宣布成立中华民国军事委员会委员长东北行辕，任命熊式辉为行辕主任，接收东北，同时改原东北十九省一特别市②为九省二市：辽宁省、安东省、辽北省、吉林省、松江省、合江省、黑龙江省、嫩江省、兴安省和大连市、哈尔滨市。9月1日，国民党任命熊式辉为东北行营主任。11月3日，国民政府东北电信交通接收委员会随同国民党军队到达锦州，在锦州成立办事处，开始着手接收国统区的电信机构③。

锦州电报电话局

民国三十五年（1946年5月），东北电信交通接收委员会办事处迁至沈阳，由王若僖任委员，接收由国民党控制的区域的电信机构，时接收的电信机构，东路初抵抚顺，继达梅河口、通化等地；西路由新民达绥中，热河境内由朝阳至承德；支路达赤峰、围场；南路由辽阳至营口，前锋曾达普兰店；东南路由本溪至安东；北路达长春、吉林。至1946年年底，共接收原满洲电电所属电报电话局及电信营业处97处，另设机务段3处：沈阳、锦州、长春。线务段5处：沈阳、辽阳、锦州、长春、承德③。接收后一律改称电信局，并按各局业务划分三等，每等又分甲、乙、

---

① 《苏军红军出兵东北后的疯狂掠夺》，凤凰网历史频道。
② 原东北十九省一市：安东省、奉天省、锦州省、吉林省、热河省、间岛省、黑河省、三江省、龙江省、滨江省、兴安东省、兴安西省、兴安南省、兴安北省、牡丹江省、通化省、东安省、北安省、四平省、新京特别市。
③ 《辽宁省志》，《邮电志》，辽宁民族出版社，2002年7月，第79页。

丙级。除长春为一等甲级，吉林为二等甲级，四平为二等乙级，通化、公主岭和辽源为三等甲级外，其余均为三等乙级。

民国三十六年（1947年1月1日），东北电信交通接收委员会接收处奉命改组为第九区电信管理局，陈树人①为局长。局设总工程师管理工务处、业务处、秘书室、总务科、财务科、人事室、视察室，各科之下设股。该局成立后，即管辖接收委员会办事处接收的电信机构。在此次第二轮的接收中，国民政府将本溪、抚顺、营口、铁岭电信局的自动电话机拆走3 800门，运往关内装用。此后，随着国民党在东北战场的失利，该局管辖的电信局处由原来的97处减少到32处③。其中，在辽宁境内者为22处。次年2月，沈阳电信局建制撤销，其机构并入第九区电信管理局。

第六节　接收台湾区电信与邮政机构

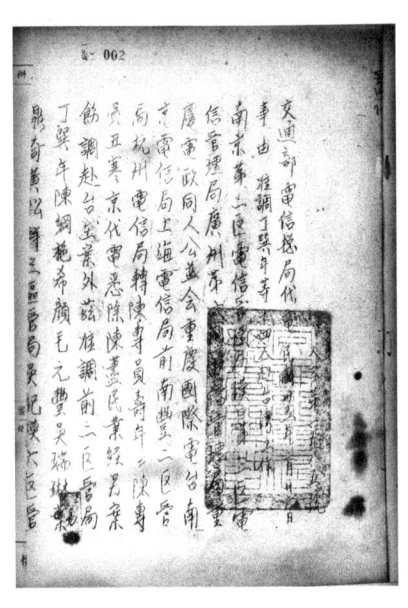

《准调丁巽年等14人赴台湾工作》令

接管台湾邮电的具体事务落实由上海电信局总负责。

民国三十五年（1946年2月6日），电信总局下发人字第1985号文《准调丁巽年等14人赴台湾工作》。分别从南京、广州、重庆电政同人公益会，重庆国际电台，南京电信局，上海电信局，杭州电信局等调丁巽年、陈纲、施希颜、毛元丰、吴瑞林、易鼎奇、黄松祥、吴纪模、林维完、曾云、仲骐公、徐鸿安、徐修华、陈学栋14人赴上海局报到，赴台湾工作②。

4月5日，电信总局调陈寿年、杨铭久飞台准备接收台湾邮电。5月5日，台湾省行政长官公署交通处成立邮电管理委员会，接管台湾邮电。

4月29日，京（南京）邮政总局致电上海电信局，转台湾邮电管理局陈局长：调派人员约100余人已饬集中沪局，限4月底到台③。

5月5日，台湾邮电管理局正式成立，首任局长为陈寿年。

---

　① 陈树人，后去台湾电信业界工作。
　② 《关于内地各局调往台湾工作人员的有关文件》，上海电信档案馆藏，档案号：1946年长期84，第1~2页。
　③ 《关于内地各局调往台湾工作人员的有关文件》，上海电信档案馆藏，档案号：1946年长期84，第41~42页。

9月9日，台湾电信局成立，由台湾邮电管理局副局长兼总工程师杨铭久兼任局长。是日，接收前台北电信局、电话局、暨电话试验工务出张所。12日，接收前电信试验工务出张所，员工共计700余人。

10月2日，派出刘彝善、朱焕章、卓培元、林润祥、郑云锺分别接收桃园、板桥、中坜、观音等无线工务出张所，成立桃园发报台、桃园收报台、板桥发报台、中坜发话台及观音收话台。3日，中正西路及博爱路营业处同时开放报话业务。20日，开放台北至南京无线电话。25日，正式启用关防及官章。接收台北电信局工作完成。至此，日本在台湾的电信企业全部被收归国有。

27日，于21日莅台的蒋介石与夫人返回南京，为奖励台湾电信局通讯人员，特拨台币5 000元。

接收后，台北电信局改日据时期员工称谓为员、佐、工、差等名称，进行废止旧章、整理料库、加强人事登记等行政工作，建立了新的管理体系。由于原日本电信人员遣返回日，由赴台大陆电信人员与台湾电信人员共同组建新的业务处室，如台北长途台，共有话务员63人，其中有内调话务员14人。

时接收的台湾电信概况如下。

长途电话：原岛内长话所及各地，均有话传电路，先后与东京、大阪、鹿儿岛、香港、马尼拉、上海、广州、厦门、海口、汕头等处通报。光复后，至日本方面电路全停。

市内电话：市内电话曾最高至7 500号左右，1944年5月，市话机线设备被炸，原一万余对地下电缆被破坏损毁，陷于停顿。

海底电缆：海底电缆分别有台北—福州、台北—八重山—那霸、台南—澎湖、高雄—澎湖、澎湖—厦门、台南—广东、台北—长崎线。由于战争及旧线年久失修等，日治期间的海底电线障碍颇多，至日本战败投降，海底电线已无一条可以使用。

无线电通信：真空管及配件缺乏，或废置未用，或效率低落。

接收台湾电信除电信设施外，还面临着将原来"日本型"之人事的变动，器材程式之不同，言语文字转变为中国型的制度之改变。

接收后，由于台湾电信建设的需要，交通部继续派出电信各类技术及业务人员赴台工作，据上海电信档案馆历史资料记载，从民国三十五年（1946年3月）起至民国三十七年（1948年12月11日），为充实台湾邮电人员，又先后从南京第二区电信管理局、汉口第三区电信管理局、广州第六区电信管理局、重庆电政同人公益会、上海、昆明、贵阳、重庆、南平、杭州、西安等地抽调技术员、无线电报务员、话务员、线务佐等电信人员及交通大学电信专修科学生等87人赶赴上海集合，与从全国各地抽调赴台的100多名邮政人员，分别在福州、杭州两地乘船赴台湾工作。

第七节　接收上海华中电信和广播机构

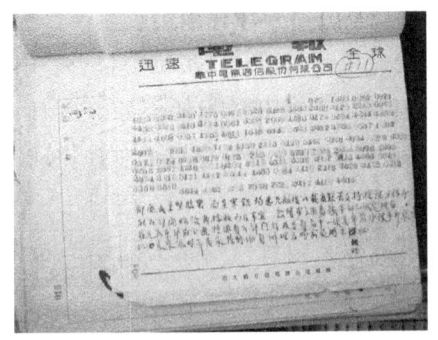

俞飞鹏致郁秉坚电报

上海是日在华进行电信经营的重地，华中电气通信股份有限公司负责华东、华中地区的电信管理。

光复伊始，交通部部长俞飞鹏即在重庆致电郁秉坚①：悉兄敌后八载艰苦支持捷讯方传即能在沪开始洽商接收局台事宜，念贤劳至用嘉慰。本部已派定陈伯庄②为京沪区特派员各部门接收委员会若干，一俟美军莅沪即乘机东来，届时希商承陈伯庄特派员办理为盼。

民国三十四年（1945年8月16日），交通部上海报话局台保管处在静安寺路（今南京西路）996号美琪大楼404室成立"江苏省江南区电信规复处"（简称"规复处"），后改为"京（宁）沪区电信接收委员会"，由郁秉坚任处长、陆鸿勋为副处长、卢宗澄为管理工程师，负责接收上海电信企业。

与此同时，发布接收布告③：

奉交通部令，规复处发布布告本处奉交通部电令组织成立自即日起开始办公办理一切关于接收并归复江苏省江南区所有国内外有无线电报电话及水线等电气通信事宜凡各局台现役员工应照常工作维护机件听候接收不得稍加损害致干惩处仰各遵照此布。

处长　郁秉坚　　　　　　　郁秉坚签发接管令

---

① 《关于江苏省江南区电信规复处组织成立情形及接收华中电气公司等项的有关文件》，上海电信档案馆，上海电信局，1945年，卷宗号008页。

② 陈伯庄（1892—1960年），中华民国工程师、政治人物，陈伯庄早年赴美国哥伦比亚大学学习工程。回国后，历任国民政府财政部煤油特税处处长、国民政府铁道部建设司司长、国防设计委员会委员及交通组组长、立法院立法委员等职。

③ 《关于江苏省江南区电信规复处组织成立情形及接收华中电气公司等项的有关文件》，上海电信档案馆，上海电信局，1945年，卷宗号003页。

第八章　国民政府接收全国电信机构

一、接收上海华中电气通信股份有限公司

9月14日起，交通部京沪区电信接收委员会正式接收日华中电气通信股份有限公司和所属上海电报总局、真如送信所、刘行受信所、南翔送信所、虹口电话局、上海电话局、闸北电话分局、南市电话分局、市中心电话分局、育婴堂路160号华中电信学院和麦根路145号与新闸路1464号两部分的日华中电气通信股份有限公司及其在上海的各电信企业和机构①，据统计接收的主要电信设备有自动发报机28部、波纹收报机28部、拉纸机25部、键盘凿孔机20部、音响机44只、放大器18部等。接收的全部无线电通信设备计有：发信机42台，共198.5 kW，发信天线110组；收信台35台，计B型机（分集式）14台、A型机5台、超外差式11台、小型机5台、收信天线46组；接收的长话设备主要有六路和单路载波机各1部、三路载波机3部和长途交换机18席90回线。当时有线长话线路仅有宁（南京）、杭地区载波话路13路和实线话路20路②。接收国际电台时真如电台仅存中瑞（上海—日内瓦）一路，前上海至东京电路在收复后亦即中断，因此中国与欧美各国之间的重要国际电报，多由重庆本台接转。

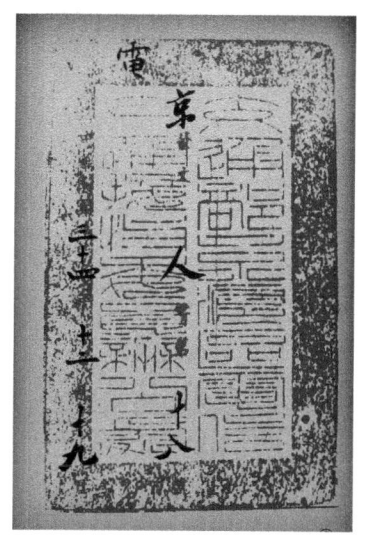

京沪区接收委员会关防

日本递信省所属上海电信局

二、接收日本递信省上海电信局

9月17日，接收日本递信省所属上海电信局熙华德路（今长治路25号）和爱多亚路（今延安东路34号）日本管理的丹商大北电报公司、英商大东电报公司和美商太平洋商务水线电报公司，并于当日将大北、大东和太平洋公司的房屋发还各公司自行保管。

三、接收日本上海海岸电台

9月14日，根据陆军部命令，江苏省江南区电信归复处向上海海岸电台管理工程师司徒尚逸、姜尔发出训令，接收日本于民国二十七年（1938年）在沪成立的以军报和船舶电报为主的电信企业——上海海岸电台。地址在杨树

---

① 上海市长途电信局史志办公室，《上海长途电信百年大事记》，1998年5月，第67页。
② 梅绍祖、宋刚刚主编，《百年电信铸辉煌》，中国计划出版社，1998年6月，第58页。

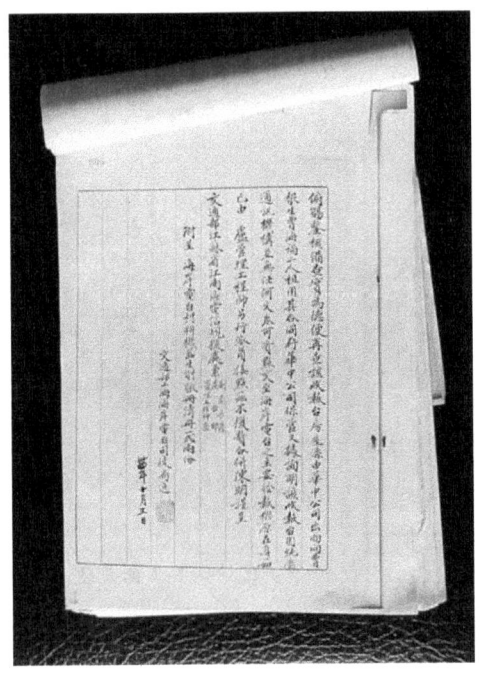

接收日本上海海岸电台令

浦韬朋路860号，系由华中公司出面向曹根生、曹海福二人租用。18日，根据电令，上海电信接收委员会切断了上海至东京及上海至大阪无线电报话联络。19日，郁秉坚、陆鸿勋、卢宗澄率司徒尚逸、姜尔前往接收海岸电台，办理接收事宜。当日，还接收日军管理的美商中国电气公司，当场移交给该公司代表接管。21日，日方副参事林邦雄向接收人司徒尚逸办理移交事务。时海岸电台管理人员3名、职员16名、雇员2名，均为日本籍。接收的主要通信机器有：100W中短波发报机、100W长波发报机、200W短波发报机各一台及长波收报机、中长波收报机、自动发报机、真空管及《沿革志》《通信日志》《社员名簿》《递信省电信局》《递信法与电信局》《万国电信局名录》《万国无线电信局呼出符号表》等文书。移交文卷为：①上海海岸电台台员名单；②上海海岸电台办公室用具一览表；③上海海岸电台通信机器目录；④上海海岸电台预备用具真空管目录；⑤上海海岸电台账簿类目录；⑥上海海岸电台参考书目录。

四、接收美军军用超短波上海终端站和外商无线电台

9月18日，先后奉令接收美军用超短波上海终端站和昆山、无锡两个中继站。接收小沙渡路（今西康路）225号德侨通信电台。从法租界的法国人郎格兰手中接收已被日军封闭的法国顾家宅电台、建国西路135号发报台、荣昌路20号发报台和皋兰路收报台。

五、接收上海广播电台

民国三十四年（1945年）9月25日，国民党中央广播事业管理处派员接收日汪在上海所管辖的广播电台6座及机关2所。接管后，原日伪上海广播电台及其国际电台改组为上海广播电台，属国民党中央广播事业管理处管辖。民营广播电台仍属交通部管理①。民国三十五年（1946年3月），上海电信局奉令颁发广播电台设置规则，首先办理公私电台登记，作为初步整理，综计登记电台106家，即由上海电信局会同军警当局派员实地查验各台机件设备，按其优劣情形，分列等

---

① 《上海广播电视志》总述。

级，呈报核定暂准播音者若干台，饬改善机件后再暂准播音者若干台，在抗战期间不甘屈辱自动停业，特准优先播音者若干台，合计二十有余，均暂以两台合用一个周波，以轮流播音为原则，借以减拥塞干扰之弊①。

至此，上海电信接收委员会完成全部接收工作。

第八节 接收抗战时期沦陷区电信机构

民国二十七年至三十四年（1938—1945年），日本在中国沦陷区的电信殖民经营主要由华中电气、华北电信、蒙疆电电进行。抗战胜利后，国民政府交通部组建电信接收委员会，对沦陷区的电信机构进行接收。

一、接收原华中电气通信公司经营的电信机构

接收南京日华中电气公司。成立京（宁）沪区电信接收委员会，委派安钟瑞、尤箕照、计舜廷3人接收南京日华中电信公司。民国三十四年（1945年7月），接收南京电话总局，改称为南京电话局②。尔后将南京电报局、电话局及海岸电台合并，建立南京电信局，并定为特等局③，局长为计舜廷。局机关设2处12科（室）19股。民国三十五年（1946年1月），第二区管理局在南京成立，局长为安钟瑞，负责管理江苏、浙江、安徽三省电信事业（后在1949年2月局机关迁杭州）。

接收武汉区电信机构。成立武汉区电信接收委员会，委派洪长瓒、尤箕照、祝秉珩负责接收电信机构，并将汉口原有的电报、长途电话业务及武汉三镇的市内电话业务合并，于民国三十五年（1946年2月1日）成立武汉电信局，负责管理湖南、江西、湖北，并在武昌设分局，在汉阳设营业处④。

接收广东区（含广州、福建、广西）电信机构。广州市政府派员接收自动电话管理处。广东区电信接收委员会接收广东电报局并改名成立广州电信局。民国三十五年（1946年2月5日），第六区电信管理局在广州南华中路186号成立，邹茂桐、梁式恒为副局长，管辖粤、桂、闽三省电信。指定汕头、湛江、韶关、苍梧、邕宁、桂林、福州、厦门、南平9个电信局兼指挥局⑤。广州电信局属该局管理。

二、接收华北电电经营的电信机构

接收华北电信电话株式会社。成立"平津区交通接收委员会办事处"，委派聂传儒、

---

① 郁秉坚，《我国广播事业之今昔》，《电信大意》，中国科学图书仪器公司，1949年5月，第31页。
② 南京市地方志编撰委员会，《南京电信志》，海天出版社，1994年3月，第10页。
③ 《南京电信》，民国三十七年二月第五十七期。
④ 武汉地方志编纂委员会，《武汉市志》，武汉大学出版社，1998年3月，第647页。
⑤ 广东地方史志编纂委员会，《广东省·志省志》，广东人民出版社，1999年8月，第62页。

第六区电信管理局局址

徐家瑞等人接收平津地区（含河北省）原华北电电所辖的电信机构。先后接收了华北电电原北平、天津、青岛、济南、太原等局所，石门北京总局支处，唐山天津总局支处，将河北省的电报、电话机构分别归属北京、天津总局管理。接收华北电电公司后，于民国三十五年（1946年2月）在北平成立交通部第七区电信管理局，以特等局直辖冀、鲁、晋察、绥电信机构，聂传儒为局长，徐家瑞为副局长。9月，根据电信总局颁发设置电信指挥局的规定，指定华北石家庄、唐山电信局和察哈尔省张家口电信局为指挥局。

三、接收原蒙疆邮电总局经营的电信机构

至民国三十四年（1945年），蒙疆地区共设有邮局63处，邮电代办所98处。民国三十六年（1947年7月1日），交通部北平第七区电信管理局接收绥远省地方专用电话局，将各地原部办、省办机构合并，统称电信局。归绥电信局由第七区电信管理局指定为归绥电信指挥局，除直接办理当地电信业务外，还负责绥远省地区的机线调度、业务指导、人员及财务监督等工作。民国三十七年（1948年1月），电信总局核定归绥、包头电信局等级不变[①]。

交通部电信局颁发的徽章（部分）如下。

交通部上海电信局　　交通部衡阳电信局　　交通部国际电台　　川康电线工程队

---

① 内蒙古自治区志编纂委员会，《自治区志·邮电志》，2000年4月，第91页。

第九章

光复后的电信建设成就

　　在交通部电信总局的部署下,全国各大电信局的网络建设、设备更新、电信服务工作都渐次展开,电信的整体面貌有了很大的改观,首次举行了全国第一次电报技能比赛和第一届电信日纪念活动,以中国电信业被誉为世界电信五强的荣誉,成为国际电信联盟理事国。

上海电信局工作会议（中为郁秉坚局长）

第一节 制定电信事业建设规划

台湾光复后，交通部电信总局按照国家实业计划中电信建设原则及《中国之命运》一书内有关电信建设之指示，拟订战后5年建设计划，并拟订战后电信建设基本政策。

一、战后电信力求服务大众化、组织合理化、设备工程标准化、建筑与运用机械化，以配合国防民生及政治、经济、文化之需要，并加强国家民族之团结与统一。

二、国内通信网络以长途电话为主，多装载波设备。

三、有线电报利用环通及载波电路，多用自动式，并逐渐发传真电报。

四、市内电话以各地平均设置为原则，不偏重于少数都市。

五、国际通信充分利用无线电，多开直达电路，国内无线电则用在建设初期，以辅助有线电之不足。

六、电信器材逐渐自行制造，欢迎外国技术，以达到国内自给之目的。

七、人员之培养训练与组织，特加注意，并建立健全之管理制度，以垂永远。

八、国营电信事业得分区管理，对于边远之区，宜使其有较大职权，俾利工作实施[1]。

此计划中的电信建设方面，需要进行的有添设西北干线，以利国防。此外，国内通信网拟于各地大量增设无线电话机，以补有线电话之不足。国际通信亦将再度加强，拟装置大型机件，增开国际直达电路。尤为重要者，各地市内电话大都陈旧，且均不敷供应，亟须分别加装总机添设外线，以应需要。因此，本计划实施共需建设报话线约35万对公里，市内电话46.7万具，连同其他机件，约需外洋材24万吨，工作人员9万余人，数字相当庞大。

为完成此计划，交通部部长俞大维一再指示：吾人应以心补力之不足，以力补神之不足，吾电信同仁，务必拳膺斯言，坚守岗位，克服困难，完成电信大业。同时电信同仁，谨以至诚，请求公众对于电信赐予协力，尽量批评，多加指导，俾得根据大多数之意见，作为改进之南针，爰藉今日机会，敬抒衷悃，略献芜词，愿与全国同仁，共加奋勉，并就教於社会人士。全国电信同仁共同努力，艰苦耐劳，以一贯之努力，尽各自职责，良深敬慰。然事业之进步无疆，还望各加惕励，以革新之精神，担负将来之艰巨任务。

---

[1] 钱其琛，《铁路电信七十五周年纪念刊》，台湾文海出版社，第10页。

第二节 恢复和重建上海电信

交通部上海电信局成立
职员在局门口合影留念

民国三十六年（1946年2月1日），交通部上海电信局正式成立，负责管理上海地区的国际、国内电报、电话业务，列为特等电信局。由郁秉坚任局长，局址设在四川路士庆路口（今四川北路1761号）。在福州路70号设国内电报机报房及总营业处。交通部国际电台正式在沪复业，其管理部门、中央控制室、营业处仍暂设在福州路70号内，由卢宗澄任管理工程师。

恢复和重建上海电信时期，上海电信局、国际电台除分配一部分美军剩余物资外，也进口了一部分通信器材，新设备的使用使上海的通信面貌发生了很大的变化。

一、加快长途通信网络建设

上海是中国国际与国内重要的长途通信枢纽局，为迅速恢复全国的通信联系，上海电信局迅速布置长途通信网的恢复和重建工作，至民国三十五年（1946年5月），已开通上海至南京、重庆、天津、青岛、汉口、广州、台北、福州、长沙、南昌、锦州及江浙地区无线电路26条。尔后又先后开通至徐州、芜湖、沈阳、西安、成都、郑州、基隆、贵阳、烟台、秦皇岛、怀宁等有线、无线电路61条。

开出载波电报电路

开出长途电话电路：开通上海至南京、无锡、杭州、苏州、嘉兴、松江、广州、北平等地长途电话电路共29路。至民国三十五年（1946年年末），共开放无线电路65路，通达长话业务的地点为76处。到民国三十六年（1947年），上海开放的长途电话电路增加到80路。由上海直达或转接的长途电话通话地点约有500余处。但内战爆发后，电路大多因战争毁损，至1949年5月，国内直达电报电路仅18条，畅通电话的有线电路全停[1]。

开出国际电报电路：国际电台电报电路至民国三十四年（1945年9月）到民国三十六年（1947年）下半年已开放21条直达无线电路。

二、装置新的传输和交换设备

随着通信网络的扩建，通信设备也有了更新。

添置美制波满自动发报机和BC-1016波纹收报机代替无线快机收报用的音调放大器、波纹收报机和拉纸

开出电传打字机电路

机、美制15型电传打字机、14型电传机凿孔和TD发报机、美制BD-100电传交换机（10门）等新式机器实现自动发报。

添置美制CF-2B型4路载报机2端、X-61822型12路载报机，沪宁、沪杭两方向开始采用载波电报通报。添置美国西联公司真迹传真机。开始使用报务科自行设计的华文译电打字机，提高了译电速度。添置美国西联公司真迹传真机。

长途国内电话交换台扩充到22席，其中无线交换台4席。同时，在国内长途台北侧新辟国际长途台，装无线交换台4席，供中美国际无线电话开放时接续国际电话用。

传真伊丽莎白与菲利普婚礼照片

三、开办真迹电报传真业务

民国三十五年（1946年11月20日）开办沪宁间的真迹传真业务。12月5日，增添交际真迹传真电报业务，民国三十六年（1947年11月），试收英国伊丽莎白公主与菲利普亲王结婚照片，经由伦敦传至纽约，转至旧金山，再由旧金山传至上海，收录后于次日登载在上海《字林西报》上。原片虽经多次传递，见报后仍清晰可见。民国三十七年（1948年6月27日），上海《东南日报》向美国合众社特约，将拳王争夺决赛照片由纽约经旧金山再传至上海。经国际电台全力协助，

---

[1] 梅绍祖、宋刚刚主编，《百年电信铸辉煌》，中国计划出版社，1998年6月，第149页。

郁秉坚主持中美无线电复话仪式

赛后4小时即传至上海。这是美国与上海的第一张新闻传真照片。

四、恢复中美无线电话业务

民国三十六年（1947年2月）起，上海电信局开始培训国际话务员，上海国际电台开始购买和装置西电公司双路单边带无线电话机，筹备中美间无线电复话，5月，无线电电话机件装置完成，经一个多月在真如、刘行、长途台近数十处之间的日夜试话，成绩甚好。7月1日上午10时，上海电信局在四川北路1761号电信局二楼举行中美无线电话恢复仪式。是日，郁秉坚局长率伍正达、白堉等高级职员迎候来宾，社会各界出席人士有上海市市长夫妇及交际科科长张彼德，中国电气公司福尔迈，电话公司爱沙波、魏克逊、魏景蒙，暨各报社记者等50余人。中央电影摄影场特派员至会场拍摄纪录片。会上，司仪小姐以中英语按次序报告节目，首由郁局长报告复话经过，报告完毕，会场即传来旧金山市长拉柏汉清晰异常的"哈罗上海"之呼声，吴市长即与拉柏汉市长互致问候并代表各自的市民祝贺恢复通话。郁秉坚局长与国际电台管理工程师卢宗澄先后代表中国与美国电报电话公司代表汤姆逊通话，会上还放映了电信局业务电影[1]。中美间直达无线电话业务后，国际电台的国际广播节目传递业务恢复[2]。

五、长途通信业务交换量增加

电报。民国三十七年（1948年），上海的电报日交换量平均达到2.6万份，其中国际电报近3 000份，分别超过1936年的110％和50％。同年上海电信局收入各项电报报费为48.12亿元。

长途电话。据民国三十八年（1949年）统计资料记载：长话交换量为143.51万张，其中来话79.50万张，去话60.62万张，转话3.39万张，市郊长话交换量为21.79万张，

上海电信局国内长途台

---

[1] 《申报》，《天下一家·友情交流》，民国三十六年（1947年）7月2日。
[2] 上海市长途电信局史志办公室编，《上海长途电信百年大事记》，1998年5月，第67页。

其中来话 9.75 万张，去话 9.75 万张，转话 2.29 万张[①]。

国际电报电话。据 1949 年统计资料记载，国际电报交换量为 84.13 万份。其中来报 34.08 万份，去报 34.63 万份，转报 15.42 万份。国际长途电话交换量为 1.36 万张，其中去话 0.63 万张，来话 0.73 万张[②]。

六、市内电话的恢复与网络建设

恢复和发展公用电话。上海电信局先后恢复南市、龙华、市中心、真如等电话交换所，在大场、龙华、真如、洋泾与梅陇等市郊地区装设公用电话一批，并与美商电话公司联合筹编并统一刊印、出版全市电话用户号簿[③]，民国三十六年（1947 年）电信局辖区内公用电话 171 部，电话公司辖区内公用电话 197 部。

新增号线满足用户装机需求。市内电话美商上海电话公司归还美商继续经营后，申请电话者不断增多，并出现供不应求的现象。

民国三十五年（1946 年 4 月 15 日），上海公司制定了《装置电话临时限制办法》，其中规定：凡申请电话者，必须具备紧急需要条件，以重要政府机关、市政机关、重要军事及航空机关等 12 种为限。

高空维修通信线路

民国三十七年（1948 年），美商上海电话公司准备发展电话 1 万号线，但由于申请新装者有 3 万余户，为此，上海市政府公用局制定了《新 1 万号开放办法》，排出先后次序，次第安装。

上海市内电话网位于全国之首。至民国三十八年（1949 年 5 月），上海有 7.299 5 万门电话交换机，电话用户 66 462 户，电话容量和用户数均位列全国各大城市之首。时上海电信局有 9 个市话交换局所。其中：步进制自动式交换局所有 3 个，分别设在虹口、南市和市中心；共电式交换局所有 2 个，分别设在浦东和龙华；磁石式交换局所有 4 个，分别设在吴淞、真如、复兴岛和闵行。市内电话用户为 2 905 户，其中军政机关用户 763 户、住宅用户 1 158 户、商号用户 984 户。美商上海电话公司时有 9 个交换局所。其中：旋转制自动电话局所有 7 个，分别设在中央、毕勋、汇山、福建、敏体尼、北区和西区；共电人工电话局局所有 1 个，设在路升；人工电话交换所有 1 个，设在虹桥。市内电话用户

[①] 《市郊长话交换量》，收于《上海市邮电统计资料汇编 1949—1978 年》，上海电信档案馆藏，档案号：1978 年永久 8，第 4～10 页。

[②] 《全市国际电报、国际长话交换量》，收于《上海市邮电统计资料汇编 1949—1978 年》，上海电信档案馆藏，档案号：1978 年永久 8，第 4～11 页。

[③] 《上海市内电话》，上海市内电话局史志办公室编，1995 年，大事记，第 29 页。

为 58 349 户，其中军政机关用户 875 户、住宅用户 22 151 户、商号用户 35 323 户。

在建设恢复时期，由于通货膨胀严重，上海金圆券的发行额原限定为 20 亿元，到民国三十八年（1949 年 5 月）飙升至 679 458 亿元，因此电信资费也畸形飙升。寻常电报于民国三十八年（1949 年 4 月 17 日）调至每字金圆券 3 000 元，长话资费调至每 3 分钟 9 000 元。与民国三十七年（1948 年 11 月 6 日）首次使用金圆券，寻常电报每字金圆券 2 角，长话资费每 3 分钟金圆券 6 角比较，提高了 1.5 万倍。市内公用电话费也由每次金圆券 1 角调至 30 元，提高了 300 倍[①]。

第三节　恢复和重建台湾电信

恢复台湾通信困难重重。台北电信局局长杨铭久曾写道：台岛沦陷达五十一载，过去各项建设，日人为配合其统制殖民地之政策，故一切旧制度与我国迥异，电信事业自难例外，然其规模设施，良有足多。台北系全岛首府，电信设施为各局之冠，遭战时轰炸，损失颇巨。尤以市话接线为甚。接收伊始，举凡设备之整理，业务之拓展，制度之改革，人员之训练等，莫非当务之急。

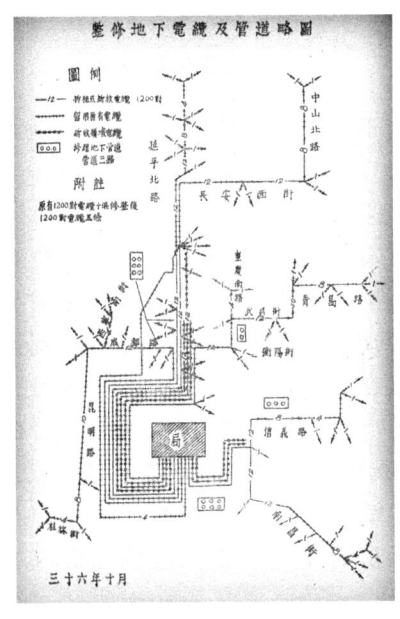
全台整修地下电缆及管道略图

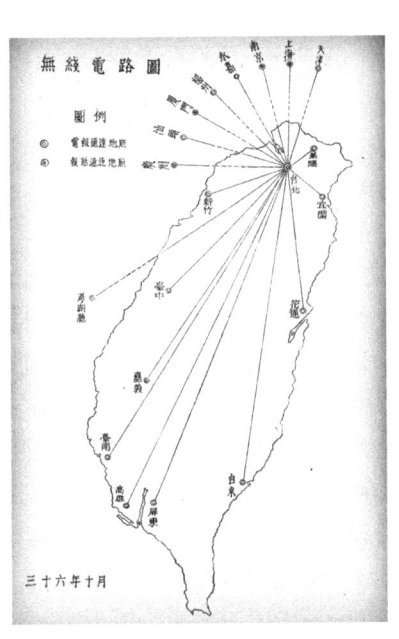
全台无线电路图

---

① 《关于 1948 年调整市内电话价目的有关文件》，上海档案馆，1949 年，第 80 页。

第九章 光复后的电信建设成就

然人力物力肆应均感困难,应如何恢复旧观,以适应社会之迫切需求,深感工作艰苦,职责綦重,实未敢稍懈着也①。

正是在这样的职业责任感下,初来乍到台湾的大陆电信员工,投入了恢复台湾的电信事业建设之中。在战时台湾电信设施损毁严重的情况下,组织恢复重建台湾通信网成为首要任务。

市内电话修复1 000号,修复1 200对地下电缆,共5条,修复无线电通信设施,于民国三十五年(1946年5月),先后开通台北至上海无线电话电路、基隆至上海无线人工电报电路。同时与天津、南京、永嘉、福州、厦门、汕头、广州建立了无线电报话通信。在电信业务上,推出增加电信营业局所、指导开办代办业务、开放特快电报、改进公电处理、加快送报时间、恢复公用电话、成立社会服务台等业务,为市民提供电信服务。

方便公众使用电信的公用电话

一、大陆赴台电信同仁与台籍同仁的台岛邮电环岛视察

在恢复和重建台湾电信的工作中,大陆的电信工作制度,时台湾各局尚未脱变的日本邮电制度,以及语言上的差异等,在大陆籍与台湾籍员工的互相配合下,都在改变和融合中。

台北街头修复的通信线路

民国三十五年(1946年10月7日),台湾邮电管理局邱时骝曾与邮务视察丁琼(省籍)、吕进松(台湾板桥人)同行,作台湾全岛14个邮电普通局的首次视察②。他们3人一行,走新竹、台北、台中、彰化、澎湖、桃园、宜兰等地,邱时骝在《台岛环行杂记》中写道:

吕君年轻俭朴,光复一年来已能略谙普通话,他又是工作经验丰富者,这对于我们三人行实在是便利不少。温暖的阳光下,祖国的光辉,在美丽的岛上投射出无限的光芒,实在令人鼓舞和欢欣。台中车站很宽大,地下孔道

---

① 《台北电信局接收一年来工作概况》,中华民国三十六年十月编。
② 邱时骝,《台岛环行杂记》,《电讯界》,第6卷,第3期,第17页。

的建筑亦甚讲究,一出车站,迎面就是宽广的中正路,行人车辆,熙熙攘攘,在热闹中显出富有恬静而无喧嚣的都市之美。也描绘着台湾临海的壮丽景色:车离新竹,我们看见了旷古如斯大的茫茫大海,澄碧的海水,宁静得几乎一波不兴,点点的帆影,远远的在海面上移动,在秋日的阳光下,反映出一副素淡的海之奇伟画面。

邱时骊也触景生情地想念海那边的大陆:我遥想着隔海的福建省东海岸,此时正是秋收时节,这未来伟大的东方"直布罗陀",中国的"地中海",不禁令人涌起一片思潮。

作为电信高级管理人员,邱时骊亦非常关注台湾电信的建设,也发现大陆与台湾电信服务的差异。在其视察台中邮电局时,他看到:

台湾长途台话务员工作情景

电话部分在局的后背,楼上为交换室,2 400门的复式磁石市内交换机和1 800门复式磁石长途交换机相对装设,极其情节美观。楼下为电力室和试验室,与电报房有天桥相通。那些值机的台湾小姐们,在工作上却具有极优良的精神和态度,我看是大陆各局所少见的。同时,他注意到:因为台中没有受到战时影响,所以机线很完整。该局在光复后保持着一千数百号线的市内电话和五十余对的长途线,工务出张所亦在局内,因为材料补充的缺乏,工务与业务未能切实合作联系,使这先天优厚的市话,一天糟一天,当我去视察的那天,竟发现市话在最近飓风过后半个多月的时间里,每天平均有半数左右的障碍,使用户啧有烦言。后来我拉住那位工务出张所长来商量,把该所现有的工人分组出去修理机线,结果在几天内几乎全部通话。这样看来,台湾的电信并不是"做不好",而是"不好做",要看我们怎样去"做"才会好,这一点实在是太重要了。

二、台湾电信的恢复与重建制

民国三十六年(1947年),电信总局局长陈澍人撰文《台湾邮电事业之展望》,他写道:台湾光复,重返祖国怀抱已有两年了,回顾过去一年多来之艰苦支持,展望未来,我们对于台湾邮电事业之前途,实觉责任艰巨。邮电事业是国家交通行政中重要的两环,亦就是政府对于人民两件重要的服务工作,这是我们都明了的,而本省邮电事业关系国际的观感,比任何省市更为显著,因此,我们邮电从业人员的肩上有着不轻的负荷,要发挥自动自觉的精神,把我们热心工作的美德,所有的智慧和力量,来贡献给我们的事业。我们的意志与力量应指向同一个目标：为人民服务，使他们感到邮电同仁在为他们忠诚服务。

正是在这个宗旨下，大陆赴台邮电人员与台湾电信员工一起，以人力补物力之不足，以忍耐持久的修养，以客观考察与远大的眼光，打定主意，将所有的力量集中于电信建设，台湾电信基本复原，业务量渐次增长。如接收之初，市内电话仅700余户，长途台每天来去转话不满500次。

台北地区的电话线路

至民国三十六年（1947年），台北长途台的来去转话增加到平均每天1 000多次。市内电话增加到3 000多户，同年，还首先在台北、台中、台南、嘉义、花莲、高雄推出了"局营公用电话"[①]，并增加了公共场所公用电话的装置。

日后，大陆赴台湾邮电人员基本都留在了台湾，他们与台湾籍员工一起，从最初建立台北电信局、邮政局，到建设台湾14个二等局，他们的足迹遍及台湾全岛，从最初的修复电信，到他们尽心尽力地建设公用电话、立即电话等，努力为台湾市民与社会各界提供普遍电信服务。

宜兰乡间遍布电线杆　　　摄影：冯台源

---

① 《台湾电信的故事》，台湾科学工艺博物馆。

第四节　恢复建成全国通信网

光复后，国家进入恢复建设阶段。疗治战争的创伤，沟通信息至关重要。交通部动员部署迅速恢复和连通国家通信网，以利国家经济形势信息通达之需要。在电信总局的统一调配下，各大电信局在沦陷区域线路与机件多有被毁，损失惨重，在通信网四分五裂的情况下，积极谋划恢复和重建通信，从一张"六十年来电信之进展"示意图中，可以看到中国通信网络的建设情况。

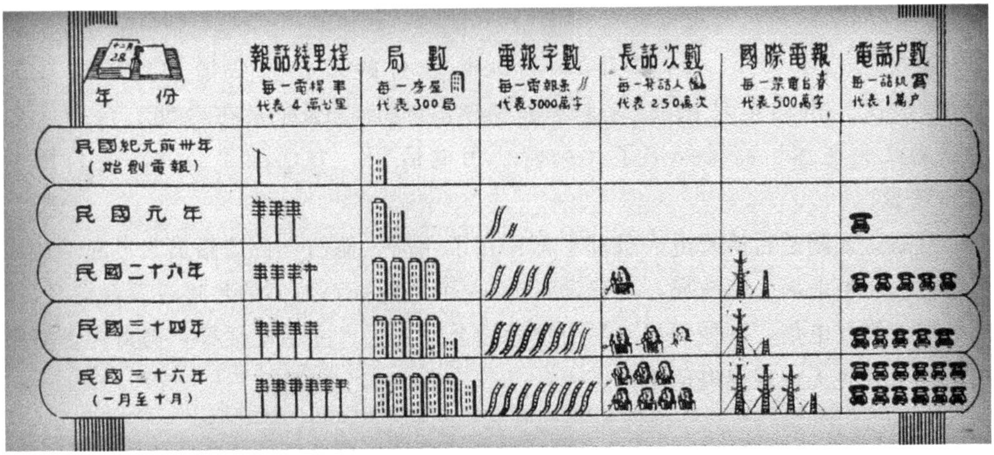

六十年来电信之进展统计表

一、国内长途通信网络设备、服务质量、局所和人员

时国家外汇紧张，电信又亟须增添设备，故以修复与添置并重，使机线工程设备较战前日趋完善，全国电信建设、电信业务、服务局所、通信服务质量、职工人数有所发展和增加。

二、国际通信能力增长，开出新业务

迅速恢复了上海至旧金山、伦敦、巴黎、莫斯科等十几条电报电路，新开通至孟买、科伦坡、布鲁塞尔、利马、悉尼、伊尔库茨克等十几条电报电路。新开通至伦敦无线电话和至美国相片传真电报电路。通信设备增添了多路无线电打字电报机、多路微波无线电话机、真迹传真机，中美间通话用单边带无线电话发射机等新式无线电通信设备。另在南京设立支台，通信能力与质量有了很大的增长。通信网络设备战前与光复后建设对比如表6所示。战前与光复后电信业务及局所人数比较如表7所示。国际电台国际电路开通时间表如表8所示。

第九章 光复后的电信建设成就

表6 通信网络设备战前与光复后建设对比[①]

项　目	单　位	1937年6月	1947年6月	增　减
长途话线	对公里	52 245	113 024	＋26％
电报线	条公里	105 902	115 678	＋9％
载波电话机单路	套	4	34	＋30
载波电话机三路	套		58	＋58
载波电话机五路	套		10	＋10
载波电话机六路	套		4	＋4
载波电话机单路	套		1	＋1
载波电话机四路	套		8	＋8
载波电话机六路	套		6	＋6
载波电话机十二路	套		3	＋3
电报机韦氏机	部	122	347	＋158％
电报机莫氏机	部	1 598	850	－748
电报机音响机	部	15	357	＋342
打字电报机	部	6	72	＋66
无线电机 5～100 W 机	部	113	238	＋125
无线电机 100～1 kW 机	部	131	290	＋159
无线电机 1～20 kW 机	部	17	112	＋95
微波电路	路		16	＋16
市内电话机	门	76 232	167 240	＋91 008

表7 战前与光复后电信业务及局所人数比较

项　目	单　位	1937年6月	1947年6月	增减的百分比
局所	局	1 270	1 595	＋26％
人员	人	12 100	41 152	＋95％
官军电报	万字	1 478.4	1 048.6	－29％
私务电报	万字	494.8	3 011.9	＋530％
国际电报	万字	79.7	168.5	＋110％
长途电话	万次	113.2	135.5	＋485％
市内电话	户	53 167	80 458	＋51％

---

① 《首届电信日纪念特辑》，电信总局。

表 8　国际电台国际电路开通时间表①

直达通报电路	开始通达日期
上海—日内瓦	未中断
上海—洛杉矶新闻无线电公司电路	民国三十四年九月六日
上海—们那里新闻无线电公司电路	民国三十四年九月十七日
上海—伦敦	民国三十四年九月二十四日
上海—中国澳门	民国三十四年十月一日
上海—中国香港	民国三十四年十月八日
上海—哥伦布	民国三十四年十月八日
上海—旧金山交通公司电路	民国三十四年十月二十五日
上海—旧金山马凯公司电路	民国三十四年十一月二十六日
上海—巴黎	民国三十四年十二月十七日
上海—马尼拉交通公司电路	民国三十五年二月二十八日
上海—西贡	民国三十五年三月十八日
上海—盘谷	民国三十五年五月二十七日
上海—莫斯科	民国三十五年六月二十日
上海—伊尔库茨克	民国三十五年八月六日

第五节　改善电信服务的进展

光复后，社会各业均努力恢复生产，恢复经济，流通金融，报话业务日繁，官军电报下降，民用电报日增，长途电话次数更是增长迅速，各重要地点的报话业务已超过了战前的水平。但是，公众对于电信需求的增加，远超过了机线所能补充的容量。民国三十六年（1947年3月），交通部电信总局设立"公众服务组"，其开展的主要工作是使电信作风转变为事业化和服务化②，具体分为4个阶段进行。

第一阶段为开展工作。

一、检讨缺点。编印营业员服务手册作为辅训材料，主管人员随时告诫或举行座谈会、检讨会，鼓励建议实行奖惩。

二、征取公众意见。加强业务稽查员出勤访问，在各业务较繁电信局原设有业务稽查员的情况下，新增30局设稽查员，共增加稽查员43人，全年出勤访问次数达31 044次，这项工作得到了用户的认可，因为直接访问用户，是促进彼此间了解的最好办法，而他们的意见亦是最正确的。

---

① 《本台业务概况》，《庆祝首届电信日特刊》，国际电台印，第7页。
② 张有德，《一年来的公众服务》，《首届电信日纪念特辑》，电信总局，民国三十六年（1947年）12月28日印。

三、寄发业务稽查信,把电信问题分为若干项,刊登各地报章,公开征求公众意见。印制征求意见小签条附送发电人或封入电报封内,一并送交收电人。据统计,电信总局于 5 月和 8 月共发出两次,共发出 15 052 件,收回的百分比为 37%。由各电信局发出的为 66 316 件,回收 24 249 件,这项工作的结果使小地方各局普遍注意本身业务的改进,服务得到改善。

第二阶段为整改工作。

广泛征集分析公众意见,根据所得各方面公众意见资料,得到如表 9 所示的统计数字。

表 9 公众意见分析表

类 编	公众意见	百分比
电报方面	注意准确	26%
	力求迅速	25%
	改进来报书写并代译后投送	23%
	特快电报应普遍收受	10%
	改善查询手续	6%
	去报纸应尽量供给发报人并改善纸质	5%
	报价过昂贵	5%
电话方面	市内电话过少应即扩充	27%
	长途电话守候过久接线迟缓	26%
	修理障碍及移装话机应力求迅速	16%
	长途电话有时声音欠清	13%
	增加直接长途电话	10%
	话费过昂贵	6%
	增设公用电话	2%
服务方面	改善服务人员态度	28%
	营业厅拥挤	20%
	增设局所及营业厅	14%
	小城市及乡村应同样注意力求普遍	14%
	赞誉及勉励	12%
	处理手续应予简化	5%
	内部力求整洁并增添有利于发报人的设备	4%
	严禁报话差索小费	2%
	各地电信通阻应随时公告	1%

报差以摩托车投送电报

带有微波设备的行动电局

开设在火车站月台上的电亭

第三阶段为公众意见的实施。

根据公众的意见,在电信物力、财力、人力可能范围内力求配合改进,制定的实施情形归纳为5类。

(1)迅速。电报:增设电报打字机电路21路。上海、天津、南京试办分区投送来报。京、沪、平、津、汉、渝等13处报差用机车送报。实行电报限时到达办法,规定特快电报限一小时半送程。寻常电报6小时送达,据统计,在此规定后,电报在时限内送达者占长途80%。长途电话:增加载波电话电路99路、无线电话电路44路、特快电话电路61路,实行电话限时接通,如特快电话限10分钟接通,据统计,特快电话均能在时限内接通。

(2)准确。严订抽查办法,各大局平均统计差错降为0.4%。举办六特等局电报准确竞赛。邀请发电人合作将电报书写清晰。加强电话机线检查,并在南京设立监听台。

(3)普遍。增设电信局所及营业处共158处。在京、沪、平、津、汉等十二大城市设立报话电亭359处。在京、沪、平、津、汉、杭设立行动电局12辆。推广减价交际电报及夜间电报。办理旅行社电报照加急报传递按寻常件计费,增设减价夜间电话业务。

(4)服务。来报一律代译。设立示范营业处30处,以整齐清洁、注重服务为示范标准,并有各项便利发电人之设备。各大营业处普遍设公众服务柜,接受一切查询事项。增设公众服务机构,特等局设立公众服务组6处,并有23局由业务稽查员兼办公众服务事项,举办全国性整洁谦和运动,举办京、沪、平、津、汉、渝六特等局公众服务竞赛。

(5)改善训练:为做好电信服务,编印《营业人员服务手册》及《报差服务手册》共8 000本,以利补充训练,改善服务态度,如《报差服务手册》的内容有《报差的新概念》《代表着电信局》《电信机构的一环》《利用车辆争取速度还要安全第一》《怎样使死电报复活》等,对报差的电报投递工作、着装要求等都进行了规范化操作的教育。规定简化处理电报手续及查询电报提前处理办法,全国各局实施。京沪试办订去报纸按成本法售并改善纸质。其他使人们便利之服务有:推行电话通知收取电报业务,由京、沪、平、津等18局办理;办理代传长途电话,京、沪、平、津先行试办;增设电话服务台35局。

第四阶段为改进工程中的公众批评。

针对公众的需要,在业务上加以配合改进,公众对于电信推出改进服务工作的满意与进步评比如表10所示。

表10 公众对电信改进满意与进步百分比统计

项 目	5月份平均统计/(%)	8月份平均统计/(%)	11月份平均统计/(%)
电报速率	46	63	84
电报准确	26	57	83
长途电话	26	45	52
市内电话	19	42	50
服务态度	51	61	80
便利	31	81	90
整洁	53	64	97
总评	36	59	77

在4个阶段工作的开展中,还同时进行改善电信营业厅的客户服务工作。

电信营业处是直接面向社会与公众的窗口,以上改进的工作过程,国际电台的营业员深有体会:复原后国际电台的营业处原暂设在福州路电报局内,后又在滇池路设立营业处,当时营业员有20余人,那时的国际电台营业处装置得富丽堂皇,曾有一时期营业员们都穿制服,颇为美观。服务方面经主管的竭力整顿,大有成绩可观,发报人的等待时间不会超过10分钟,另还有"1120"服务电话,只要拨通,国际电台就派出专人坐机器脚踏车,在半小时内上门收报。①

光复后,短短2年时间里,国际电报日趋增多,时在国际电台账单部工作的金娇珍以《看,谁家最常利用电报》一文,做了详尽的介绍:进国际电台

国际电台营业员

---

① 《我在营业处》,《庆祝首届电信日特刊》,国际电台印,第33页。

之初，我就派在账单部工作。胜利之初，比较空闲，因为战后吾国国际地位提高，商业渐渐繁荣，国际交易往来频繁，故各部分工作均开始忙碌。国际电报之收费，须与外国拆账，所以报费之计算，以金法郎作单位再折合国币。由于吾国局势未稳，物价高涨，币值贬落，目前支付报费则须巨大数额，若以全部现金支付，点钞手续麻烦，而或易错误，同时更将耽延发报时间，所以账单部之设立，为便利于客户平时记账，以迅速发报，而月底总结清，一次性收费。现有之记账客户700余户，平均一月之报费超出一亿以上者达一三四户，而多数均在千万元以上，电报之报费有多至千万元一份，百万元以上一份之电报甚为常见。本台收入原系现金记账对半，而目前记账之报费，则超出现金收费一倍以上，上月本台记账报费收入为八十余亿，本月份，因为金法郎价之再度调整，当又得增加，账单部之工作也日趋繁忙。我们整天埋首于数字间，这工作，看似枯燥，却也有乐趣。从无数的数字中，我们能得知谁家最常利用电报，谁家业务最为发达，从而推知我国的金融现状。下面是最常利用电报的客家，在上月份拍电所费的报费：善后救济总署为482 875 000元；中国银行为334 375 000元；亚细亚公司为293 432 000元①。

时电报的投送是有时限的。国际电台的报差成文汉以一篇《报差的话》记录下了时为保证服务质量而做出的努力：我们的任务是送报，工作虽不机械，却比较辛苦。夏日冬夜，固然吃不消，踏雪冒寒冷，更是不好受。但是不管天宫怎样和我们开玩笑，我们总是常常竭力设法，以最短的时间，把电报送给收报的人①。

改进电信服务工程的推进，使电信的整体服务得到用户的认同。上海崇德路华宝坊胡启记药行于民国三十六年（1947年12月12日）致函国际电台，对国际电台的外勤营业员、总营业处公众服务柜的工作人员表示感谢：

敬启者：查贵处职员倪毅、董金松、雷定芳君平时服务周到，态度和蔼，接电迅速，且不受额外报酬，贵处训导有方，实堪钦敬，用特具字铭表谢意②。

第六节　复办电信人员训练所

战后百业待兴，通信技术人员极为缺乏。交通部电信总局着力在全国恢复战后通信事业的重建和发展的同时，电令上海电信局筹设上海电信人员训练所，并任命上海电信局局长郁秉坚任所长。

民国三十五年（1946年1月13日），由郁秉坚主持，在上海电信局召开会议，决定华士鉴任教育主任，孙洪钧兼技术员班主任，李桐兼任报务员班主任，朱福仪兼任话务员班主任③，他们将秉承"电信事业，非唯为通讯主要工具，实为百业之先导"理念，要在"煌煌电信国之大业，建设方殷改进弥切"④ 的愿景中，为疗治战争创伤的祖国培养电信技术人员，以求"蔚为国用"。

---

① 《看，谁家最常利用电报》，《庆祝首届电信日特刊》，国际电台印，第35页。
② 《庆祝首届电信日特刊》，国际电台印，第35页。
③ 《本所复兴一年来大事记》，电信总局电信人员上海训练所第一节毕业纪念刊，第8页。
④ 《本所复兴一年来大事记》，郁秉坚题词。

第九章 光复后的电信建设成就

电信人员训练所教育主任与班主任

电信人员训练所教员

1月31日,上海电信人员训练所将拟定的开办计划、各班课程总表、课程内容等连同概算书电呈电信总局审核。拟定首批招收报务员350人,技术员100人,话务员50人,在原华中电信学院原址开办上海电信人员训练所。2月5日,开始登报招生,并在电信局三楼办理报名手续。22日,技报话班学员录取初试举行,监察院派江苏监察使秘书顾峤若莅临考场监考,实到考生407人[①]。

3月1日,上海电信人员训练所启用关防及长官章,并电呈总局备案。在《申报》及《新报》揭晓发放技报话班笔试入选学员179人,并另函通知入选各生。随后,进行了入选考生的口试、体检,向被聘请的学术各科教员缮发聘书,正式入选考生名单揭晓等工作。16日上午10时,举行开学典礼,郁秉坚所长、华士鉴教育主任、各班主任相继致训词,实到校学生102人,21日起正式上课。

---

① 《本所复兴一年来大事记》,郁秉坚题词。

电信人员训练所报务员班在上课

电信人员训练所话务员班在上课

8月12日,实习快机报务员举行入学考试,报考者达845人,实际录取110人。

至民国三十七年(1948年)12月,电信人员训练所先后开办学期分别为6个月和12个月的一等话务员班、无线电三等技术员班、无线电三等报务员班、快机实习报务员班、维护打字机三等技术员班、无线电实习报务员班、无线电终端机技术员训练班、全能三等报务员班、维护打字电报局三等技术员班。开设的课程有电工学、无线电学、电报学、电话学、内燃机学、电工实习、金工实习、电信实习、长途电话机线工程、制图、材料管理、电码收发、电政法规、公文程式、实用英文、军训。至1948年12月,电信人员训练所先后培训出话务员、报务员、技术员共7批461名。话务员班30名学员训练期满后,派往浦东、吴淞、南汇翔等交换所实习。

时全国各大局均开办电信人员训练所(班),训练所学员毕业后,分配至各地电信局工作,成为中国电信业发展建设的骨干力量。上海电信人员训练所有14位学员于民国三十八年(1949年)去了台湾,也都分别在台湾电信业高级管理岗位上工作。这些从电信总局电信人员上海训练所走出的一代电信人,承上启下,在海峡两岸电信事业的发展历史上,都以自己的学识和才干而建树非凡。

清代电信教育从单一训练打报生(发电报)开始草创初萌,至民国历经60余年的坎坷经营,进入到国家高等教育体系。但自己本身所开办的电信基本教育虽名字屡经嬗变,其教育方式却一脉相传,在命运多舛的中国社会历史里,始终未断,在这由电信业自创的职业教育训练事业里,仅上海就培养了近3 000名学生,他们学有所用,与电信业数万名员工一起,在中国大地上的"穷乡僻壤,边地蛮陬,无不有我电信员工制足迹,深谷危崖,长河旷野,皆曾洒染我电信员工之血汗,我电信员工离乡背井,涉险蹑危,饱历风霜,坚守岗位"①,为国家电信网络建设,奠定了历经战乱坎坷而坚韧发展的基础。

---

① 《庆祝首届电信日》,国际电台庆祝电信日特刊,第1页。

第七节　中国成为国际电信联盟理事国

民国三十四年（1945年6月），50个国家的代表聚集在美国圣弗朗西斯科，签署《联合国宪章》，10月24日，联合国正式成立。中国作为联合国的发起国之一，在《联合国宪章》上签字，与美、英、苏、法共同成为联合国安理会常任理事国。同时，中国电信以世界电信五强身份，成为国际电信联盟理事国成员。

中国代表在《联合国宪章》上签字

战后，国民政府交通部部署国家通信网络的恢复建设，使中国通信技术已与世界同步。通达世界各地的无线电电路把中国与世界相连，信息的快速沟通和进一步发展巩固了我国国际通信的主权，结束了外商电报水线垄断中国国际通信的历史，中国成为国际电信大家庭的重要成员。

民国三十五年（1946年9月），中国以电信强国的身份出席在莫斯科举行的中、英、美、法、苏五强电信预备会议。中国政府派出10人代表团参加会议[①]。

代表团成员如下。

团　　长：　傅秉常　中国驻苏联大使
副团长：　陈　定　中国驻苏联大使馆参事
代　　表：　卢宗澄　国际电台管理工程师
　　　　　黄如祖　天津电信局局长
　　　　　邓乃鸿　电信总局工程师
　　　　　汪德官　第六区电信管理局局长
　　　　　王世新　第六区电信管理局业务处长
　　　　　茅于越　第六区电信管理局工程师
秘　　书：　彭乐善　中央广播电台事业管理处上海广播电台副台长
　　　　　朱世熊　不详

---

① 《国际电信预备会议提案会议报告摘要》，中国第二历史档案馆，全宗号二十十（21），案卷号1926。

这次会议根据战时科学技术发展和战后国际形势变化，讨论了关于1938年开罗会议通过的《国际电信公约》《国际无线电规则》《国际电报规则》《国际电话规则》等修订问题，修改制订了《国际无线电规则》，并为即将在美国召开的国际无线电会议、国际高频广播会议和国际电信全权会议做准备。

1947年，国际电联在亚特兰大召开大会，这是旨在使电信机构走向完善和现代化的大会，也是在第二次世界大战以后，在战争中得到发展的无线电电信技术将造福于人类的又一个新开端。

5月至10月，国际无线电会议和国际高频广播会议在美国大西洋城召开。国民政府派卢宗澄任中国总代表出席，同时卢还任中国代表出席国际电信全权会议。会议于5月15日开幕，在开幕前的各国团长会议上，卢宗澄首先提出中国语言文字应当作为会议的正式语言文字之一。经讨论，获得一致通过。从此，国际电信联盟无线电会议及其他正式会议、国际电信全权会议等正式文件，都印有中文文本，中国汉字成为世界电信的官方文字[①]。

在这次国际无线电会议上，进行了无线电呼号的分配，中国争得无线电国际呼号序列中整个"B"字母作为标志中国国籍电台的呼号，改变了过去只有部分"X"字母作为我国电台呼号的状况[①]。会上，还制定了无线电规则。由于第二次世界大战催生了世界无线电通信的快速发展，为更好地管理世界范围内的无线电频率，国际电信联盟决定增设一个由11名委员组成的国际频率登记委员会。在竞争激烈的选举中，中国以绝大多数票当选委员会成员[②]。

卢宗澄回国后，国际电台同仁在中国银行大礼堂举行茶话会欢迎。会上，卢宗澄介绍了参会情景：我国经十四年抗战，国际地位提高，故我国代表到处受人尊重，而在会议中举行各种选举，均占优势，实非幸致。当分访美方与我国直接通报通话之各电报电话公司当局时，均据称最近一年来我国国际通讯效率进步卓著，咸表赞誉云云[③]。

但是，在当时社会环境下，尽管中国进入了世界电信五强，通信的发展也是不平衡的，首先是因国内政治、经济时局的影响，电信出现严重亏损，据《电信事业》载：民国三十六年（1947年）一月至五月收支概况表显示的亏损数字为：一月份，95.54亿；二月份，75.14亿；三月份，62.02亿；四月份，66.83亿；五月份，238.01亿。二是电信事业发展不均衡，电报、电话业务的发展大多在大城市，据《电友》复刊第九期1948年11月15日载文中写道：今乃在通都大邑，于设有局台之外，又一再增设营业处及电亭，相距密迩，几有五步一处十步一亭之感，而较小县镇，则电信机构都付大诸阙如。

[①] 钱其琛，《国际电信会议》，《铁路电信七十五周年纪念刊》，台湾文海出版社，第87页。
[②] 《国际电信预备会议提案会议报告摘要》，中国第二历史档案馆，全宗号二十十（21），案卷号1926。
[③] 《欢迎卢管理工程师回国纪略》，《庆祝首届电信日特刊》，上海国际电台，第31页。

1947年10月15日，新成立的联合国达成协议，国际电信联盟成为联合国专门机构。同年，在国际电信联盟召开的全权代表大会上，中国第一次被选为行政理事会的理事国。

1948年，国际电信联盟机构总部从伯尔尼迁往日内瓦。从此，国际电信联盟将遵循联合国宗旨：维护国际和平与安全；发展国际以

国际电信联盟总部

尊重各国人民平等权利及自决原则为基础的友好关系；进行国际合作，以解决国际经济、社会、文化和人道主义性质的问题，并且促进对于全体人类的人权和基本自由的尊重；作为协调各国行动的中心，以达到上述共同目的。以电信为全世界人类的沟通服务。

第八节　隆重举办第一届电信纪念日

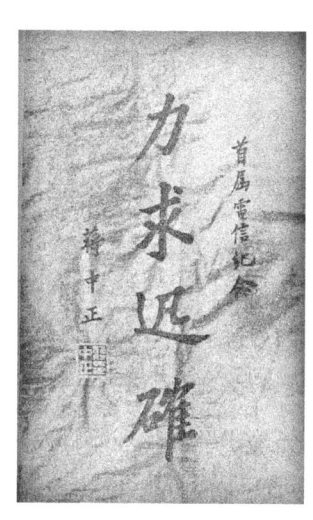

蒋介石为首届电信日题词

民国三十六年（1947年12月28日）上午，交通部电信总局在大礼堂隆重召开"第一届电信纪念日"大会。

会场中悬挂着的标语是：快·准确·便利人民·普遍服务。

第一届电信纪念日可谓隆重，各大电信局局长纷纷莅临出席，政府要员纷纷题词。

蒋介石主席题词：力求迅确。

孙科副主席题词：发展电讯事业，促进国家建设。

张群①院长题词：科学建国电信日新，无远弗届万里户庭，电信纪节宏开盛会，济济一堂嘉谟孔萃。

于右任院长题词：促进科学文明之复兴。

---

① 张群（1889—1990年），国民党元老，历任国民政府兵工署长、上海市市长、湖北省主席、国民政府外交部长、国民党中央政治会议秘书长、行政院副院长等。

俞大维　　　凌鸿勋　　　钱其琛

交通部部长俞大维[①]题词：居中御外腾实蜚声，视远若近万里户庭。

交通部次长凌鸿勋[②]题词：电信流传六十纪，思想以通，文物以寄，精益求精，其境靡止，愿与同仁共成厥志。

交通部次长谭伯羽[③]题词：禹甸瞬息可通，广兹庶绩民用斯宏。

一、首届电信日的主题——以便利公众普遍服务为目标

电信总局代局长钱其琛为第一届电信纪念日撰写献词：

66年前之今日，我国第一条电报线路——上海与天津间——建设完成，开放公用，此实为我国电信第一日。政府为纪念以往，策励来兹，规定自本年起，每年12月28日为电信纪念日，其用意实至深且远。

电信为公用事业，应以便利公众普遍服务为目标，与社会之接触甚繁，与公众之联系甚密，办理电信事业者，应详知公众之需要，尽力服务，并将电信概况，以及业务情形随时公诸社会，使公众对于电信发生注意与关切，双方合作，事业始有进步。

电信纪念日会上，钱代局长就复兴时期建设做了业务报告：

抗战胜利后，各收复区内电信线路机件设备破坏甚多，剩余者以年久失修、维持不良及配件缺乏之故，大都不能正常工作。而复原事繁，电信交通需要激增，接收时之电信设备，质与量均不敷远甚。经营年余，在财力、物力、人力三种限制条件之下，尽力以赴，修复六大长途干线，恢复收复区次要干线，同时添建长途报话线，装设载波报话及无线电机件，以应与日俱增之需要。

会上，钱代局长列举欧美国家电信事业的数字与中国来做比较，向与会电信业

[①] 俞大维于1946年5月任交通部部长。其设置挂一张全国路电邮航等均在图上绘出的会报室。每日上午9时，俞主持会报，听取路电邮航等各司报告后，即口头指示解决办法，各单位主管即将指示下达办理，不需要再行批示。俞致力发展航空运输，无论付航空邮资与否，一律交付空运。空邮数量大增，最高时占全部空运量百分之十。以往累月经年到达的邮件，数日即可送到。

[②] 凌鸿勋（1894—1981年），1915年交通部上海工业专门学校毕业后即被派赴美国实习。1918年回国后先后任职于交通部路政司和交通大学，曾任代理校长、沪校副主任、校长等职。曾任多条铁路局的局长、处长兼总工程师，西北公路公务局局长，交通部常务次长等职。1948年当选为中央研究院院士。在台湾，与一批著名校友共同促成新竹交通大学的建立。

[③] 谭伯羽（1900—1982年），国民党元老谭延闿之长子。同济大学毕业，后赴德国留学。历任上海兵工厂工程师、同济大学秘书长、国民党南京政府驻瑞典使馆代办、驻德国商务参事、经济部常务次长。1946年任交通部政务次长后长期移居美国。

界人士提出警惕性的昭示：

根据1946年的统计，全世界电话的总数为5 150万，美国占2 700万，合每百人中有20个人有电话；英国占380万，每百人中有8个人有电话；而中国则在一万人中只有35人有电话。美国有电报线360万公里，每人可分得2.7公里，电报总次数为2.3亿，每人1.7次。而中国的电报次数则为

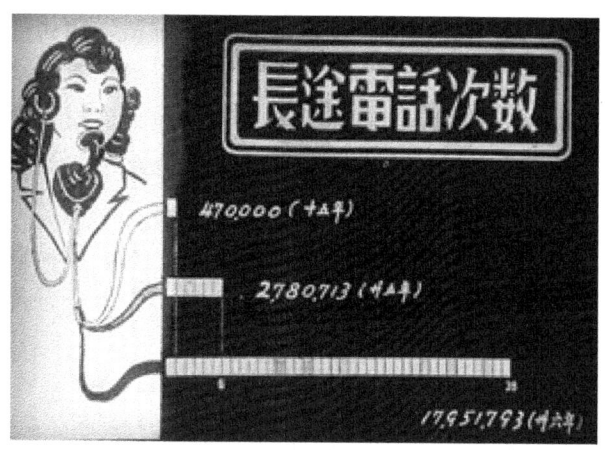

1936—1947年中国长途电话次数

1 500万次，每个人每33年才打一次电报。他鼓励业界同仁咬紧牙关，埋头苦干，电信是有前途的。

交通部次长谭伯羽也在会上讲话，他以一个朋友的经历，讲了一个发生在电信营业处的故事：

我的一个朋友到电信营业处去打电话，因而丢了一本记事簿，营业处非但为之保存，且根据他打电话的号码，通知他丢了东西去拿，这种服务精神，实在是值得钦佩，还有就是希望已发明中文电传打字机有所成就的高仲芹与王柏年先生的技术合作，克服中文打字机上先天的困难。

交通部部长俞大维在会上讲话，他说：

电信从业人员对公众不能做到周到的服务，简直是种耻辱，这种作风延播下去，无疑将影响整个事业的建设，因此痛感作风转变的需要，经过一年来的整顿、重建，最近已有显著的进展。他还列举了有个外国朋友亲自写信告诉他，在上海接自香港来的电报，只有30分钟就到了，这不但是中国难能，即使在欧美进步设施下也不容易。相比光复之初，一封电报比信还慢的情形，总算扫除了，希望大家作更进一步的努力。

二、首届电信日的意义与回顾——各大电信局局长抒怀

举办第一届电信日之时，是中国第一条公众电报线开通66年以来的第一次，可谓是中国电信业界的一大盛事，各大区局长纷纷以电信专家身份，撰文追昔，抚今，不胜感慨。

陈履夷：以《祝第一届电信节》撰文

本日钦逢电信日，凡我电信从业人员，回忆过去66年来之演进，至今报话通信，成为国家社会之交通命脉，实有不可言喻之喜慰，履夷服务电政垂30年，深感电信事业，传递信息，瞬刻万里，于军事经济以及公共私信，其重要性与时间

性，未有甚于此者，我国八年长期抗战，固由于前方将士浴血奋战，百战不屈，达成最后胜利，而报话通讯，配合军事之需要，同进同退，随地建设，使军情密切联络，其功亦不可没。唯是我国地大人众，通信建设，限于国家财力，虽经历年增进，较之欧美犹望尘莫及，电信为超时代之事业，必须与时俱进，朝夕相竞，锐意进取，庶今后吾国电信事业，一日千里，将媲美于友邦。又有言者，吾电信从业人员，莫不否电界为终身事业，衣于斯，食于斯，朝夕与斯，吾人应体念当前之使命重大，警惕过去功效之微小，舍辛忍苦，认清岗位，力谋进步，以尽匹夫之责。

聂传儒[①]：《电信纪念日的意义（一）》

今天，是全国电信同仁第一次公开来举办电信纪念日，在这纪念当中，前人的功绩，自是值得景慕，创业的根基，尤其值得珍重。光绪七年的今天，天津上海间电报线路完成，开始收发电报，开放公用，为我国电信事业服务社会发报第一日，故自本年起，规定每年12月18日为"电信纪念日"，因此，在今天第一次来举行纪念，除了对着电信事业已往的成绩和贡献。从回溯中多少应该表示庆祝以外，我们电信同人，却愈加深切地认定了，电信的最大责任是为公众服务，其设施的目的，是处处为公众谋福利，并且要做到使社会上每一个人随时随地都能享有这主要通信工具的机会，那才算是完遂了我们最大的愿望。

郁秉坚：《电信纪念日的意义（二）》

电信交通之于国家，犹人体之神经系统，在国防政治经济实业文化均占极重要之地位，故电路之修短，机械之良窳，足为推测国力强弱与文化盛衰之准则，试观欧美诸文明国家，电信线路，如罗如网，纵横贯通，此所以视联邦如比邻，连全国为一体也。反观吾国。在抗战前数年，亦呈欣欣向荣之向，惜以对日战事爆发，原有设施，多遭毁损，抗战期间，虽物资缺乏，设备不足，但仍能上供军需，下给民用。既而夷酋请降，复原东归。当轴因电信建设重要，戮力以赴，两年以来，胼手胝足，规模犊具，展望未来，尤觉事业业钜，任重道远[②]。

邹茂桐[③]：《电信纪念日的意义（三）》

夫电信纪念之取义，不在试通军讯之时，而在开放公用之日，以知电信交通，在战时固为国防利器，在平时即应服务社会，其涵义职位显著，因为电信同人所深自砥砺，亦为社会各界所需要明了之时刻意义。我国电信事业，诞生至今，已66年，在国步艰难，经济脆弱之过程中，电信当局，全力推动，不断努力，抗战14

---

① 聂传儒，交通大学电气机械科第十届毕业后赴法留学、赴美实习。任电政第二区特派员，兼任陕西电政管理局局长、平津区电信接收委员会委员。

② 郁秉坚，《电信纪念日的意义》，首届电信纪念日特辑，第6页，电信总局编于民国三十六年（1947年）12月28日。

③ 邹茂桐，历任广州无线总台管理工程师、浙江电政管理局局长、第六区电信管理局局长等职。

年，历尽艰苦，于配合军事动作当中，仍能完成服务社会任务。

计舜廷[①]：《首届电信纪念日言》

中国电信事业，虽然已有66年的历史，然所处正是一个动乱时期，从未得到有顺利建设的机会。直至北伐完成，国民政府奠都南京以后，才得以突进的姿态，从事划时代的建设。不幸抗战14年，使电信设施遭到严重的摧残。尤其是南京电信局，在抗战期间，曾遭到毁灭性的打击，我们劫后归来，简直是等于在废墟上从事重建工作，再起炉灶，千头万绪，各式各样的问题纷至沓来，经过几多困难，几多心血，两年来，总算在上级睿智的领导与从业同人合力苦干之下，重建后的南京电信局为使社会各界都有使用电话的机会，在各营业处、电亭、车站、交通干路普遍装设人工式公用电话。在长途通信方面，增装载波电路，开出直达电路；使用高速电传打字机，开出真迹电报业务；在国际通信方面，装置无线电调频设备、短波无线电报话双用机；在服务方面，迭次举办公众意见测验，向用户发出业务稽查信笺，开出示范营业处，分设了"行动电信营业处"。

黄如祖[②]：《天津电信局两年来服务情况》

天津电信局的唯一目的，给天津市民以优美的电信服务。优美的电信服务，包括着下列诸要素：普遍、迅速、正确、便利、周到和经济。两年以来，本局在先天不足与后天失调的设备情况下，员工在食不常饱、衣不常暖的生活压迫下，努力挣扎着推进服务，在服务的普遍化、服务的迅速化、服务的准确化、服务的便利化、服务的周到化、服务的经济化等各方面。根据本局收到用户填写的稽查信笺，可以看到各方面都有进步，如对电话营业处满意度为30%，电报营业处为55%，长途台为62%，市内电话为38%，来报为66%，报差为88%。但我们自知距理想的优美服务环境地尚远，唯有不断努力继续向服务目标迈近。

梁式恒[③]：《两年来之广州电信》

广州电信恢复之初，即积极规复与各重要城市维持电报电话联络，同时加强电信设备，增调人员，及陆续加辟各有无线电路，不久报话业务渐趋常轨话次数逐月增加，新业务之举办计有：特快电报、特快电话、电话收取去报、电话传送来报、交际电报、夜信电报、旅行电报及夜间减价电话等，总之能便利各界之业务无日不

---

① 计舜廷（1908—1971年），南京人。金陵大学教授。抗战时任国民政府军委技术研究室中将顾问，曾领导破译日军偷袭珍珠港及山本五十六行踪密电等，蒋介石评价说："一个'军技师'可抵我10个师。"抗战后，任南京电信局局长，后为国民政府在大陆最后一任电信总局局长。

② 黄如祖，上海交大电机系电信专业优秀毕业生，赴英国标准电话电缆公司等处实习，回国后，主持上海、武汉、南京、重庆等城市的电信工程的设计、安装和改进工作，历任电信局局长、大学教授，并主持制订我国邮电院校的教育计划、教学大纲和教材编写。

③ 梁式恒，两广电报学堂毕业。历任柳州、浔州、梧州电报局局长。广西电政监督、广西电政管理局局长、第三区电信局副局长。抗日战争爆发后，任第四战区司令部少将电信联络专员、军事委员会暨广东区电信少将接收委员、广州电信局局长、电信总局专门委员等职。

在计划扩展中。今社会不断进步，电信事业无疑亦随之前进，尤以中国电信事业因种种条件较诸先进各国已瞠乎其后，今后之电信离理想尚远，举凡电信之建设业务之扩展，尚须努力以臻迅速、准确、普遍、便利。

李春祺：《追记闽电员工收回外办电权史绩》

在我国自办电报之先，丹商大北水线公司先后在我国境内架设水线，我国电报创办以后，政府仍与之订立合同，借设登陆线，与水线相接，我国电信即发轫在后。因辛亥军阀割据，政令未能统一，电信事业既无进展之望，欲保持其原有状态，且不可得，外办者日以新式之各种机料，与优越待遇员工工作制效能而发展业务，于仓前山设有大东营业处，厦门为大北公司登陆线之区，亦设有营业处，我电信界两地员工，平日耳闻目接，由两公司外溢电款之巨，至足惊人，切望回收之忱。国民政府奠都南京，统一政权后，恰值大东大北两公司与我国借线合同期满，正议收回，大东大北两公司要求延长借约15年，当此关键，福建省电务职工会与各业工会主持，发表声明：借线合同已满，咸有本助政府挽回国权之义务，进行步骤，约辅下三端：①劝告国人，以电权外溢之利害，并保证收回以后，必较外办迅速而正确；②联络两公司华籍员工喻以大义，许其来归；③必要时决然能行动折断粮公司陆线端，接收其营业处，当第一、第二步骤进行之际，得知政府将正式下令许大东大北延长之际，于民国十九年（1930年12月30日）采取第三步骤，于民国二十年一月一日，将两公司接收清楚。奉还国家，而至今日。员工爱护本页之精神，真正公理之感召，非有何强权所能屈服。前事不忘后事之师，福建电信界有此光荣史绩，且开我国收回电权之先声，为电史上留无上之荣光。

三、首届电信日的检讨与展望——电信专家的期望

在庆祝首届电信日之时，电信专家们以《电报的发明》《中国电信事业史话》《吾国电报机械进步史》《电话发明小史》《六十六年来电政大事年表》等为题，介绍了中国电信事业的历史，并谈到了电信业界需要努力的方向。

陈崇静：《我国电信事业之检讨与展望》

66年之今日，我公众电信事业呱呱落地，从幼稚而成长，而童年，而青年，而壮盛，而强健，若以年龄谕之于人，已有丰硕成就，故今日之电信，宜乎已有相当基础，而今日之基础，实系若干从业者之心血与努力所奠。目前电信措施，在各大城市已具显然之进步，而其次之城市，则尚未全面改进，而且局所之简陋，报话之迟缓，尚待普遍之改进，尽其全功。仰更有进者，以我国面积人口之广众，全国电信局所仅有2 000余所，人民享受电信之便利机会太少，如南京市有居民100余万之众，仅有电话50具，平均每200人以上方有电话一具，增设局所之必要与紧迫，毋待繁陈。

傅士彝：《中华民国宪法与电信》

"宪政运动"发祥于清末，到现在是 66 年，于 12 月 25 日施行《中华民国宪法》，看起来和电信有若一对孪生兄弟，两个兄弟一个代表精神文明，一个代表物质文明，虽然现在都 60 多岁了，而在中华民国史上却只算得初成人的孩童，身体的发育，事业的光大，才开始哩！

四、首届电信日的感言与感慨——电信同仁的心怀

庆祝首届电信日，各大区电信局均非常重视，电信同仁纷纷在当地各大报刊及局刊上登文章、出专集，纂写感言，抒发电信人员对电信事业的感悟，介绍本区局的电信历史。其中，上海国际电台的《庆祝首届电信日》一文可谓是对中国电信事业的一个总结，更是对中国电信业者艰苦创业的真实历史记忆：

电信事业为传递消息之重要工具，运用之于国内，可以易俗移风，繁荣社会，推进教育，协助国防。运用之于国际可以缩短时距空距，促进国内外文化之交流，提高国际政治经济之国际地位。二十世纪之今日，物质文明之昌明正与日俱进，欲谋国家独立完整生存于世界，电信事业之经营，实有全力以赴之必要。我国交通当局有鉴于此，特自本年起，规定十二月廿十八日为我国电信节，藉以使国人重视电信事业，盖自有深长之意义在焉。

吾国电信事业创办迄今，仅有六十余年之历史，其间由草创以至粗具规模，历受内乱之阻忧，外患之摧残，几经惨淡经营，不断改进，就机械设备而言，已自莫尔斯而至雷达，可谓我国现代科学接近顶峰之翘楚，要皆由我国电信同人之悉心协力，方克臻此，并非悻至。

1947 年国内长途电话通达地点图

交通部电信总局举办第一届全国电报工作技能竞赛留影

第九节　举办第一届电报工作技能竞赛

民国三十六年（1947年12月28日）下午一点钟，交通部电信总局在大礼堂举行第一届电报工作技能竞赛。

钱代局长亲自主持并致词，他说："今天举行电报技能竞赛来纪念这个大会，是有重大意义的，因为电报工作的第一要义是迅速和准确，倘然不能把握把这个要意，那么非但不能发展它的功用，并且将发生遭误的不良影响，是怎样去达成迅速和准确呢？最要紧的是要使技能精炼，由精炼而纯熟而达到最高的效率。"

钱其琛强调说："凡百事业不能脱离物竞天择的原则，进步要从竞争中得来，而技能竞赛和考试不同，前者是积极性的，提高和扩大其功用，后者是消极性的，抵有淘汰性的作用。他诚挚地勉励各地选派来的优秀选手，在竞赛场上表现其卓越的技能，尤其要具有一种古人所谓'揖让而升射而饮其争也君子'的风格和襟怀，还要发挥再接再厉的精神继续求进步。这次先办设备工作技能大赛一项，今后，总局要陆续进行各种竞赛，如工务方面的架设路线、调整电路、接线记录等，都可从竞赛中增进其效率，其他的工程设计、技术论文、革新建议等，亦希望各本所学尽量发挥，把提倡学术，改进技能，蔚成一种普通的风气，全面推进电信的改进。"

电报工作技能竞赛项目有音响机收发、蜂鸣机收发、键盘凿孔、三柱凿孔、打字、译电6种。参加竞技的单位有31个，近的有上海、南昌、无锡等局，远的有

第九章　光复后的电信建设成就

交通部电信总局举办第一届全国电报工作技能竞赛留影

桂、滇、黔、陕、粤、平、津、台湾等局，选派人员一共是66人，这正好是电信66周年的数目。他们中间有很多人是早年的伙伴，多年不见的他们，在赛场上握手言欢，殷情话旧，珍惜着这个盛会带给他们的一份温馨的友情。

竞赛开始前，各地的领队代表和竞技员都有一番热烈而神秘的计议，讨论着如何夺取锦标。竞赛中，以打字一项最受注意，与赛的上海的两位小姐和南京的一位选手，当评判员拿着计时器说"开始"的时候，六只手一齐动作，就系万珠落玉盘似的，奏着一种轻快乐曲继续不断，使四周围看着的人愈聚愈多，都替每一个竞技员捏着一把汗。结果是南京选手因为镇定功夫好，自始至终丝毫不乱，所以占了优胜。而两位上海局参赛的选手，平时打字成绩是很出色的，可惜临赛时不免有点心慌而屈居第二、第三名，竞赛后，同仁们纷纷来祝贺她们取得的成绩，并祝她们在来年的技能竞赛中能充分发挥卓越的技能。

紧张的竞赛进行了5个小时，竞赛的各个项目中，各地领队与竞技员们一般成绩都超过了预赛标准，第一届电报工作技能竞赛优胜人员姓名及其成绩如表11所示。

会上，为了鼓励同人的努力，俞部长还选择了几位工作努力有成绩表现的人员，向他们分别颁发勋章奖状。

谭次长亦在会上致辞，他鼓励同人努力，更希望已发明中文电传打字机有所成就的高仲芹先生与王柏年先生的技术合作，克服中文在电报上先天的困难。凌次长则在台上作了一次训词，语多嘉勉。最后，由竞赛委员会许组长代表所有来宾致辞后，首届电报工作技能竞赛胜利结束。

表 11 第一届电报工作技能竞赛优胜人员姓名及其成绩

项　目	名　次	姓　名	单　位	成　绩
音响收音机	1	宗世龙	上海局	收报：华文 164 字　洋文 114 字 发报：华文 161 字　洋文 133 字
音响收音机	2	计养田	北平局	收报：华文 164 字　洋文 114 字 发报：华文 125 字　洋文 111 字
音响收音机	3	马云龙	无锡局	收报：华文 164 字　洋文 114 字 发报：华文 144 字　洋文 114 字
蜂鸣机收发	1	陈昌基	上海局	收报：华文 172 字　洋文 126 字 发报：华文 115 字　洋文 107 字
蜂鸣机收发	2	马錡	昆明局	收报：华文 172 字　洋文 126 字 发报：华文 143 字　洋文 114 字
蜂鸣机收发	3	李汉良	台北局	收报：华文 172 字　洋文 126 字 发报：华文 145 字　洋文 116 字
键盘凿孔	1	严德锺	国际电台	华文 369 字　洋文 256 字
键盘凿孔	2	赵启明	国际电台	华文 361 字　洋文 228 字
键盘凿孔	3	钱公章	南京局	华文 322 字　洋文 240 字
打　字	1	徐震	南京局	华文 416 字　洋文 225 字
打　字	2	龚惠贞	上海局	华文 400 字　洋文 201 字
打　字	3	高铭华	上海局	华文 364 字　洋文 223 字
三柱凿孔	1	邓诚忠	柳州局	华文 165 字　洋文 122 字
三柱凿孔	2	沈祖武	昆明局	华文 158 字　洋文 125 字
三柱凿孔	3	熊树基	南昌局	华文 162 字　洋文 120 字
译　电	1	谷源栋	总局	字译码 182 字　码译字 130 字
译　电	2	黄超聪	贵阳局	字译码 159 字　码译字 125 字
译　电	3	朱长纪	上海局	字译码 170 字　码译字 149 字

第十节　建立国际电台台北支台

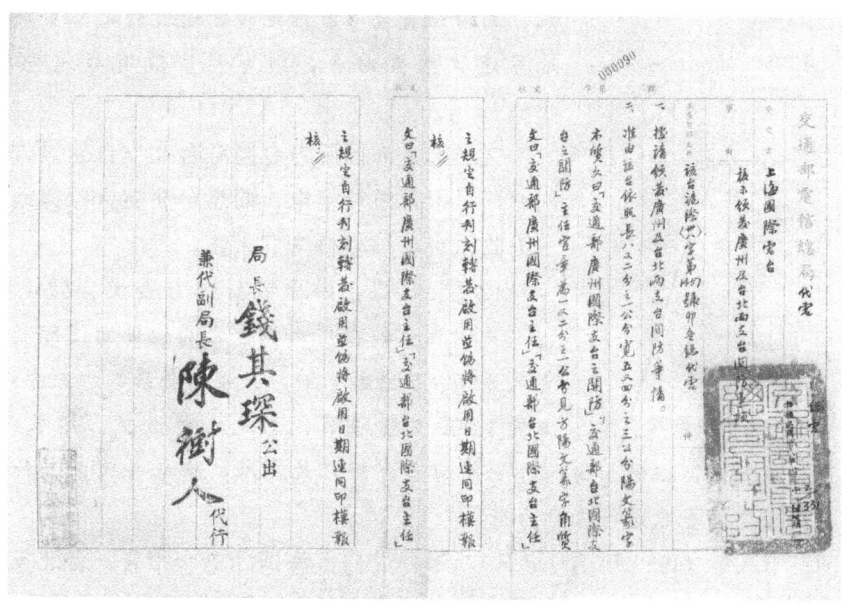

电信总局局长陈树人签发台北、广州国际电台支台关防令

民国三十七年（1948年11月），交通部筹建国际电台台北支台工作启动。

奉电信总局令，京（南京）支台主任王德棻[①]任主任，工程师陈勤任副主任，往台北建立台北支台筹备处。南京国际支台主任一职由业务科科长张有德兼任。时首先拨往台北的无线电通信机件为：25 kW、7.5 kW 发报机各两部。

王德棻、陈勤到台后，向台湾邮电管理局商借临时办公地一处，成立台北国际支台筹备处，就建立台北支台对台北无线电设施进行勘察调研后，于12月3日就建立台北收发讯台向台湾邮电管理局、上海国际电台发电进行报告，并附发台北支台择址建议及机线布置图。其报告内容如下。

甲：前大园标识局原有房屋，现已空置，其中机房祇有 11 m×6 m，地位不大，祇可作为收报台其他办公室库房。电力室均有，唯需大加修理方可应用。该地距桃园20余公里，交通虽有公路车，然仅通至桃园，遥控线架设至桃园及台北距离甚远不无困难，电力输送也成问题。

乙：淡水收报台房屋已拨给省政府改作海滨饭店，由省政府公共工程局另建淡

---

① 王德棻，交通大学毕业，历任北平天坛无线电台助理工程师，上海无线电管理处收讯处主任、业务科科长，芜湖电报局、镇江电话局局长，成都国际电台支台业务主任，重庆国际电台秘书，国际电信局工程师，南京国际电台主任工程师等职。

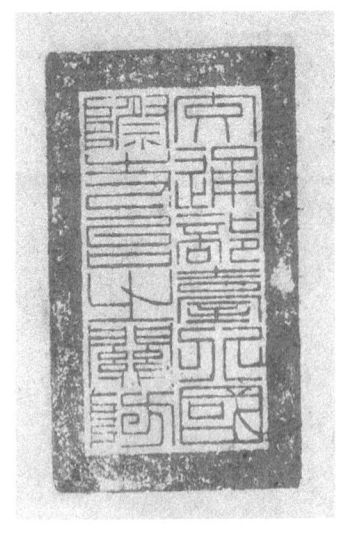

台北国际电台关防

水海线房屋交换。该海线房12月初可以完工,适合作收报台之用。机房与大圆者相仿,环境甚忧,筹措困难,且当此窃线风炽,维护实在不易,如能就台北、高雄纵贯地下载波电缆,通过处之三重埔附近择地另建收报台房舍,则可利用现有载波电缆做遥控线[1]。

交通部上海国际电台同意台北支台建设方案,并向总局呈报,总局复电:同意台北支台拟择地,以淡水为收讯台,以板桥为发讯台。

12月28日,中央银行贴方委员会致电国际电台:关于贵台拟在广州、台北两地设立国际支台,请贷款2500万金圆一案,业经本会第二十次会议决议,准贷1000万金圆,以核定经费做抵,期限一个月,利率月息一角五分,担保,由本行业务局洽办语记录在卷,除电并通知本行业务局办理外,相应复请查照迳行洽办为荷。

民国三十八年(1949年1月8日),筹办处向上海国际电台报告:台北支台筹办处在台湾邮电管理局内正式成立,开始办公,开始在淡水建造收讯台、板桥建造发讯台。所装主要机件为2.5 kW报话双用机3部,7.5 kW报话双用机2部,1 kW报话双用机1部,马可尼分集式收讯机5部,马可尼cr100/2收讯机10部,移频设备7部。

为加速国际电台的建设,1月10日,经行政院核定,将铺贴电信经费作抵,并将还款期限展至两个月[2]。款项落实后,电信总局即电至国际电台:台北支台收发讯台工程应速进行。

4月11日,电信总局副局长陈澍人代局长钱其琛签发局长令,核示颁发台北支台关防(印章)。

5月12日,台北国际支台建成。5月15日,台北国际支台筹办处主任王德棻向时已迁至广州的电信总局及在上海的国际电台发电,内容如下。

本处奉命筹备台北国际支台业经数月,现重要欧美电路均已先后通达,并于4月15日起开始营业,兹拟自本月15日本处工作结束,5月16日起正式成立台北国际支台。

台北国际支台正式建成。

---

[1] 《关于台北支台筹备概况及工程进度之文件》,上海电信公司档案馆,国际电台,长期,第103号,第3页。

[2] 《关于台北支台筹备概况及工程进度之文件》,上海电信公司档案馆,国际电台,长期,第103号,第35页。

第十章

中国人民解放军接管全国电信与广播

　　1945年至1949年年初，中国人民解放军先后完成东北、华北、河北等地的电信与广播接管工作。1949年5月30日，中共中央、中央军委批准成立中国人民革命军事委员会电信总局。成立伊始的电信总局就接管全国电信机构进行部署，并在原电信企业主管与工技人员的支持和配合下，顺利完成军事接管任务。

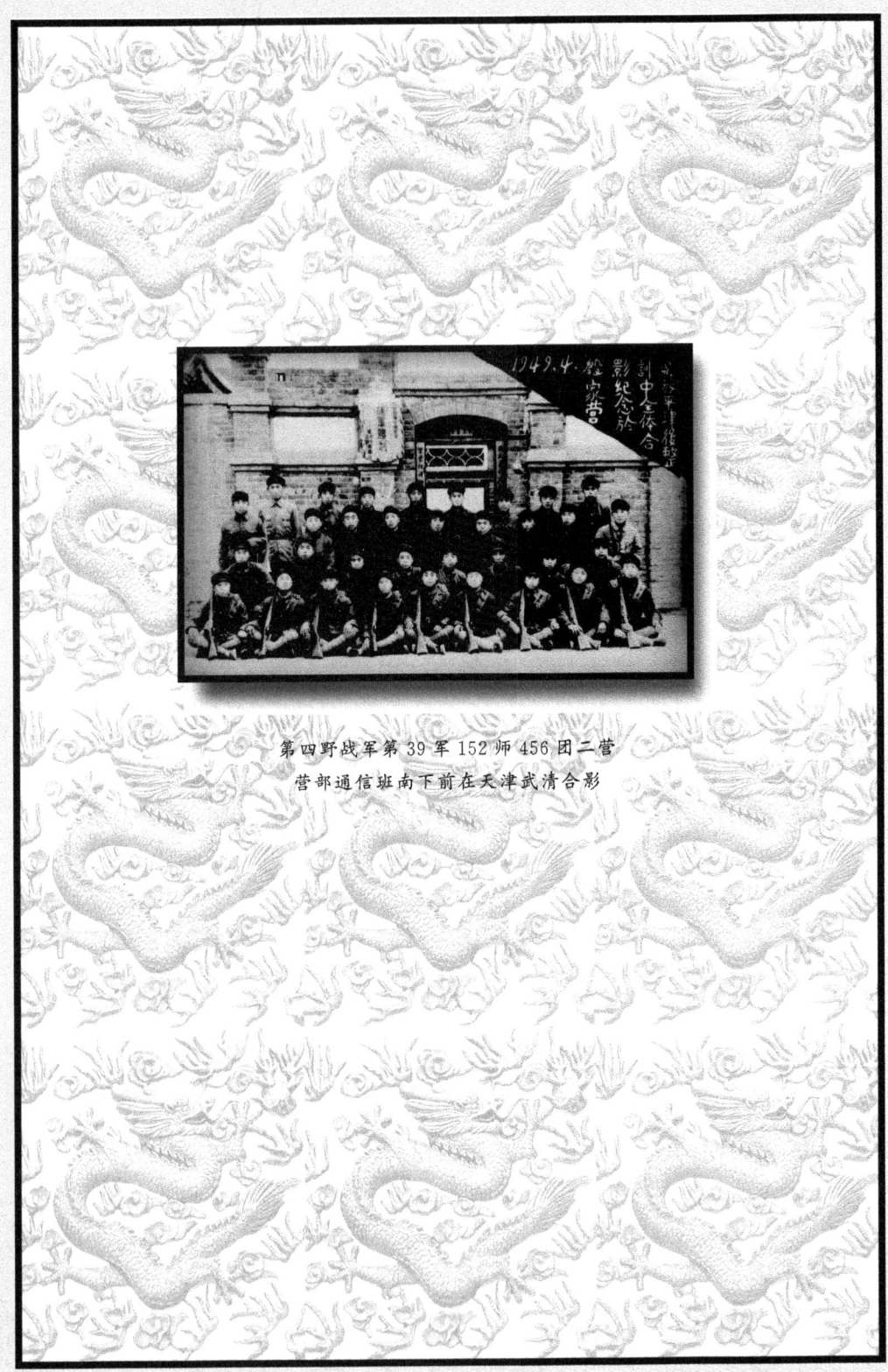

第四野战军第 39 军 152 师 456 团二营
营部通信班南下前在天津武清合影

第十章　中国人民解放军接管全国电信与广播

第一节　召开关内通信工作会议

抗日战争胜利后，随着中国人民解放军在东北战场及日后解放战争中新解放区的推进，接管原由国民政府管辖的全国电信、广播系统的工作亦同时进行。其时间跨度从 1945 年起至 1951 年全部结束，具体分为两个阶段进行。

第一阶段为 1945 年 8 月至 1949 年 10 月前。所在的区域为：一、在东北与内蒙古地区；二、西北地区；三、晋冀鲁豫地区；四、华东地区。

第二阶段为 1949 年 10 月以后，地区为：一、东南地区；二、中南地区；三、兰州、宁夏、新疆地区；四、西南地区；五、中南地区；六、西藏地区。

1945 年 8 月 11 日，朱德总司令下达第七号大反攻命令，要求各部队司令员在进入日占领的城镇要塞后，要负责实施紧急军事管制，控制一切邮政、电话、电报、无线电机关[①]。中国人民解放军接管全国电信和广播系统的工作拉开了帷幕。

11 月 2 日，中共中央书记处发出《关于整理通信机要工作的指示》，其中提出组织接收新区的电信和广播电台，对接管城市"旧的电报局、电话局、无线电台、电气工业等技术人员，应尽量争取留用"[②]。这一指示成为日后接管政策中重要的一个方针。此后，各级部队在新解放区充分吸收和使用接收电信局的通信技术人员，为保证平稳接管电信创造了条件。

1946 年 1 月 10 日，国共双方代表正式签订停战协议。同日，双方下达于 13 日午夜开始生效的停战令。但与此同时，国共两党也都在扩充军队，准备战争。6 月 26 日，国民党军队围攻中原解放区，重庆谈判后的双十协议成为一张白纸，全面内战爆发。此时距抗日战争胜利仅为 10 个月。

1947 年 2 月，周恩来副主席主持召开中央军委广播工作会议，新华社社长廖承志[③]、军委三局局长王铮、副局长王子纲、军委三局科长兼新华社电务处处长耿锡祥[④]参加，重点研究安排新华广播电台的转移与保障问题，要求确保新华社的文字、语言广播不中断，并增配通信设备，加强对外广播[⑤]。

3 月 26 日，中共中央、中央军委撤出延安。中共中央率领的机关精干人员正

[①] 张进，《历史大空的红色电波》，总参谋部信息化部，长城出版社，2013 年 10 月，第 483 页。
[②] 张进，《历史天空的红色电波》，总参谋部信息化部，长城出版社，2013 年 10 月，第 535、第 548 页。
[③] 廖承志（1908—1983 年），后任政务院华侨事务委员会副主任委员、中央外联部副部长、中日友好协会会长、世界和平理事会理事、国务院外事办公室副主任、外交部顾问等职。
[④] 耿锡祥（1909—1990 年），后历任红四方面军总指挥部电台报务员、股长，红军总司令部电台台长，中央军委三局二科副科长兼电器材料厂厂长、一科科长，军委三局干部训练队队长，新华总社电务处处长，南京军区通信兵部副主任、主任，国防工业委员会电子工业小组组长兼三机部电子工业局副局长，第四机械工业部顾问等职。
[⑤] 张进，《历史天空的红色电波》，总参谋部信息化部，长城出版社，2013 年 10 月，第 572 页。

胡备文

黎东汉

崔伦

范长江

式组成了由任弼时任司令、陆定一①为政委的昆仑支队，下设4个大队：一大队由作战、机要、警卫、行政、卫生等小单位组成；二大队（军委二局前梯队）负责情报侦听，胡备文②为大队长；三大队为通讯电台队，由军委三局派出的4部电台组成，总台副台长黎东汉③任大队长，后由崔伦④接任；四大队由新华社的新闻与广播电台组成，范长江⑤为大队长，报务员由三局派出，负责无线电广播宣传。另有4个武装连，中央昆仑支队共有400余人。

1948年5月，中共中央机关到达河北西柏坡。此后，随着解放战争的不断发展，中共中央、中央军委决定，由军委三局组建电信接管部，新解放区的邮政、电信和广播系统由通信兵派出人员接管。三局还相继建成了晋冀鲁豫、东北、华东地区通信学校及一批电讯及电讯工程专科学校等，加上各部队开办的各类集训队和短训班，共计培训通信技术人员5 000多人⑥，既满足了前线的急需，也为日后储备了电信接管人员。

9月16日，军委三局在平山县王家沟召开了关内部队通信会议。出席会议的有局机关办公室和无线电总台负责人、华北军区通信联络处处长钟夫翔、华东军区通

---

① 陆定一（1906—1996年），后任中共中央宣传部部长、中央人民政府文教委员会副主任、国务院副总理、兼任文化部部长等职。
② 胡备文（1916—1986年），后任军委情报部第三局局长，军委技术部二局局长，中国人民解放军总参谋部三部副部长、部长、顾问。1995年被授予少将军衔。
③ 黎东汉（1914—2007年），后任军委通信部干部处副处长、业务处副处长、通信学院第一副院长、中国人民解放军军事电信工程学院（现为西安电子科技大学）院长、中国人民解放军通信兵部副主任、总参谋部通信部副主任、顾问等职。
④ 崔伦（1920—2001年），后任中央军委通信部副处长、中国人民志愿军通信处处长。回国后，任总参谋部通信部处长、通信兵部副参谋长，后历任通信兵部参谋长、副主任、总参谋部通信部主任、部长。
⑤ 范长江（1909—1970年），民国时期《大公报》著名通讯记者，中华人民共和国成立后担任《解放日报》社长、新闻总署副署长、《人民日报》社长、国家科委副主任等职。1991年，中国记者协会与范长江新闻奖基金会联合设立了"范长江新闻奖"，后改为长江韬奋奖。
⑥ 总参谋部通信部，《通信兵意识》，长城出版社，2007年，第114页。

第十章　中国人民解放军接管全国电信与广播

前排左起：荆振昌　龙振彪　王子纲　刘　寅
后排左起：钟夫翔　黄　荣　王　铮　曹丹辉

信局局长曹丹辉和副局长黄荣[①]、陕甘宁晋绥联防军通信科科长龙振彪[②]、晋绥军区通信科科长荆振昌等。

会上，军委作战部部长李涛出席会议作了形势报告。局长王铮主持会议并作了总结，阐述了通信工作面临的形势与任务，就目前通信联络情况和改进意见，提出了逐步实行党、政、军通信系统分设、地方电信军管与发展电信工业的设想等问题。副局长刘寅就在职干部教育与争取旧技术人员问题做了专题讲话。会议还研究了如何接管新解放大城市的邮政、广播与电信系统，如何团结、改造旧政府电信技术人员等问题。

10月13日，周恩来副主席出席会议，在接管电信工作时谈道：要准备争取和接收5万通信人员，团结他们像血肉一样地进行工作，要大量吸收蒋管区的青年知识分子、工人、职员等。在谈到通信建设时，他特别要求：要首先把我们现有的6 000多名通信干部变成骨干，使得我们将来能够管理整个中国的通信工作，要有这样的气魄[③]！

会议作出了5项工作部署，其中就做好接管大城市电信企业的准备工作决定：

[①]　黄荣（1911—2012年），壮族，后任华东电信管理局副局长兼上海电信局长、广西壮族自治区交通厅厅长、广西机械工业厅厅长、交通指挥部主任等职。

[②]　龙振彪（1914—2000年），后任东北军区通信处副处长、高级通信学校校长、中国人民解放军军事电信工程学院院长、中国人民解放军通信兵部副主任、总参谋部通信部副主任、中国无线电运动协会副主席等职。

[③]　张进，《历史天空的红色电波》，总参谋部信息化部，长城出版社，2013年10月，第590页。

原则上实行军事管制。要准备好实行接管的大批技术人员和领导干部,掌握接管所必需的知识,积极团结改造旧技术人员。

会议对全国胜利后的军、地通信工作关系提出了几点设想:

一、在保障军事通信为主的基础上,准备实现党、政、军通信系统的分立;

二、要使华北成为支援前线通信标准的重要补给基地;

三、统筹考虑通信技术人才的收集培训与器材的筹划分配,统筹考虑前线作战的通信保障和胜利后全国电信试验的恢复与发展。

关内部队通信会议开了27天,它为战略决策和进军全国的通信保障做了思想上、组织上和物资计划上的准备,也为迎接全国胜利、接管全国的电信事业做了准备。

会议结束后,军委三局梳理关于接管大城市电信企业的准备工作,为中共中央和中央军委起草了相关文件。

1948年11月,中共中央、中央军委先后发出了《对解放城市原广播电台及其人员的政策决定》《关于建立政府系统的电信管理机构与统一电信工作领导问题的指示》《关于争取解放电信技术人员问题的指示》,对如何接收管理全国电信行业的工作作出了组织安排与政策规定[①]。

规定的主要内容为:

一、人民政府将全部接收国民党政府、军队管理的邮政系统、电信部门、广播电台和电信工厂;

二、迅速恢复邮政、电信、广播电台的营业、播音和生产;

三、接管时,按照系统、整套接收、调查研究、逐步改造,不打乱企业组织的原来机构,保持企业生产管理制度,不取消旧的实际工资标准和等级及实行多年的奖励制度;

四、对原有邮电系统的从业人员,特别是技术人员,要争取和团结,在政治上宽大,社会上略加优待,使用时任人唯贤;

五、军事管制委员会接管后,逐步在各级人民政府的管理下建立电信局、邮政局,从军队通信部门调干部担任局长等职务,参加接管的军队人员转入地方邮政、电信系统[②]。

第二节 接收调整东北邮电管理体系

东北地区电信机构的接管在东北抗联、苏联红军、中共中央北上部队、东北民主联军间进行。时间跨度为从1945年日本投降开始,至辽沈战役完成后,由东北野

---

① 张进,《历史天空的红色电波》,总参谋部信息化部,长城出版社,2013年10月,第591页。
② 张进,《历史天空的红色电波》,总参谋部信息化部,长城出版社,2013年10月,第543页。

第十章 中国人民解放军接管全国电信与广播

战军、中央军委东北通信工作委员会及东北各省政府完成全部接管任务。

首先进行对满洲电电、蒙疆电电所辖广播系统实施接收。

1945年8月19日，中共中央派遣抗日联军教导旅无线电连连长王一知[①]、乔邦信担任军代表，会同苏军一起接收了满洲电信电话株式会社放送总局[②]，改称长春广播电台，呼号为"格瓦里，长春"（俄语，含义为这里是长春）。播送唱片，为苏军飞机导航。

1946年4月18日，东北民主联军解放了长春市。中共中央东北局宣传部派《东北日报》新闻台台长周叔康以军代表身份，接管长春广播电台，改称长春新华广播电台。

王一知

哈尔滨广播电台的接管颇具戏剧性。8月20日下午，时任苏联红军上校、随苏联红军来哈尔滨的刘亚楼[③]正式接管哈尔滨广播电台。在电台，他找到赵乃禾为他引路，到电台各处看一下。每到一屋，他都和大家打招呼，最后来到播音室，他让赵乃禾[④]把放送局改为哈尔滨广播电台，并指示电台应马上开始广播。赵乃禾说："行，可是播什么呢？"刘亚楼说："就说几句我们解放了的话吧。"于是，赵乃禾写了哈尔滨广播电台几个大字，挂在电台门前的立柱上。刘亚楼看到后非常高兴地连声称赞："很好！很好！"然后，在播音室，刘亚楼口授广播稿，由赵乃禾朗读，哈尔滨广播电台向全市人民广播了第一篇全城解放的消息[⑤]。

刘亚楼

冀热辽部队在进军东北时，接管了锦州广播电台。9月18日，军委三局派出段子俊等人到达沈阳，组织接收了满洲电电沈阳放送局（电台），接着又组织人力和车辆，收集日军电台100多部（套），加上日军的电子管、

---

① 王一知（1916—1987年），周保中将军夫人，历任抗联第二支队分遣队政治指导员兼无线电台台长、无线电连政治指导员、无线电营政治副营长等职，1950年历任云南省人民政府处务处处长、省妇委第一书记兼省妇联主任、北京市工商行政管理局副局长、中共北京市顾问委员会委员等职。

② 满洲电信电话株式会社放送总局管辖4个"中央"放送局（即新京、奉天、大连、哈尔滨），除"中央"放送局之外，各地还有次级放送局。

③ 刘亚楼（1910—1965年），任中国人民解放军空军首任司令员、国防部副部长兼国防部第五研究院院长、国防科委副主任等职。

④ 赵乃禾（1907—1995年），后在中苏友好协会、哈尔滨市政府任职，还担任过劳动人民文化宫（后来的话剧院）第一任经理、中苏友谊宫第一任经理、工人文化宫第一任经理等职。

⑤《哈尔滨广播电台回归记》，新晚报，2013年4月21日，第C04版。

程明升

变压器、漆包线等，足足装了一整节火车皮，交由冀热辽部队运往华北解放区。段子俊还给军委三局局长王铮发报，请指定专人接收。但由于李运昌部负责运输的部队在途中与国民党军队打了起来，这一整节火车皮的通信器材因此损失。后通信联络处又组织收集了很多通信器材和有关物资，由朱虚之、罗兴英等组织了20多台马车，将其运往通化、延吉，最后在安东（今丹东）的仓库储存。

1945年9月21日，中共中央急电东北局，要求迅速在东北各路部队之间建立无线电通信网。25日，中央军委三局向中央军委呈送了《关于东北通信工作布置与请求》[①]，提出了收集贮存东北通信器材，接管电信工业，开设电料电器公司，争取利用旧技术人员等具体办法，并提出由三局派出的段子骏、程明升[②]、陆亘一[③] 3人组成东北通信工作委员会[④]，统一处理东北地区的电信事业。中央军委立即批准了三局的方案。自此开始，东北电信的接管工作，由军委三局东北通信工作委员会与中共中央建立的地方省政府共同负责，渐次展开。

10月起，中共中央派出的军队和干部进入电报地区，开始建立东北根据地，对电信机构进行接收，时以其所占领的根据地区域划分。

1945年10月12日，中共中央东北局组建辽宁省政府。省政府成立后，派员接收和改组辽宁地区电信机构、东北电信机构，其具体情况如下。

一、辽宁地区电信机构

（1）建立辽宁省电报电话管理局。1945年10月，省政府派员接收满洲电电奉天管理局及沈阳电报局、电话局，将两局改组为沈阳市电报电话局。孟贵民[⑤]任局长。1946年6月下旬，辽宁省委撤出沈阳，于7月在通化市重新成立。9月1日，

---

① 张进，《历史天空的红色电波》，总参谋部信息化部，长城出版社，2013年10月，第483页。
② 程明升（1903—1990年），历任热河电业局局长、哈尔滨东北军区军工部副部长、东安电气修造厂厂长、东北局财经委员会工矿处副处长、东北电业管理局局长、燃料工业部电业管理总局局长、中央水利电力部副部长、中国电机工程学会第一任理事会副理事长、中朝鸭绿江水力发电理事和中方理事。曾主持编写第一部中国电力工业法规。
③ 陆亘一，1932年毕业于交通大学电机系，1937年参加八路军，1939年加入中国共产党。曾任中央军委三局通信材料厂工程师、厂长，陕北新华广播电台工程师，中央军委通信部总工程师、雷达管理处处长。曾获二级独立自由勋章、二级解放勋章。
④ 张进，《历史天空的红色电波》，总参谋部信息化部，长城出版社，2013年10月，第596页。
⑤ 孟贵民（1904—1994年），1928年毕业于沈阳东北无线电专门学校。曾任绥远电报局工程师、延安抗大学员、延安军委通信工程专门学校教务主任，为解放区培养了一大批通信人才。邮电部成立后，历任邮电部市内电话总局局长、设计局局长，1957年至1981年先后任北京邮电学院党委书记兼副院长、院长。

省政府决定在通化市成立辽宁省电报电话管理总局,隶属于省政府建设厅,领导省属各县电报电话局。11月又随省政府迁至临江县,因辖区缩小,合并于临江县电报电话局。1947年4月15日,东北民主联军的夏季攻势即将在东满、南满、西满及热河、冀东地区发动,为适应战事需要,辽宁省政府与辽东军区在临江重建辽宁省电报电话管理局,由省政府直接领导,并于军区通信部门建立指导关系,与各县电报电话局建立垂直业务领导关系。同年6月,该局随省政府迁至梅河口,时管辖县局3处、分局1处、代办所7处。春季攻势结束后,管辖局所增至市县局15处、分局1处、电话所37处(这些局所均属于现吉林省)。

(2) 建立安东省电报电话局—安东省电报电话管理局。1946年3月,安东省政府决定成立安东省电报电话局,办理安东市的电报、电话业务,并与省属各县电报电话建立业务领导关系。10月,因国民党部队占领安东而撤退。1947年7月,国民党兵败退出安东。安东地区重建安东省电报电话总局。1948年1月,改称为安东省电报电话管理局。

(3) 建立旅大电政总局—旅大邮电总局—关东邮电总局。1946年5月,大连市民主政府正式接收满洲电电大连管理局及电信局所,成立旅大电政总局,管辖大连电话总局、大连电报局和旅顺、金县电话局。6月,旅大电政总局与邮电管理局合并,改组为旅大邮电总局,现业机构仍为邮、电分设,1947年4月4日改称为关东邮电总局,隶属于关东公署。

(4) 建立辽南邮电管理局、辽东电报电话管理总局。1947年7月8日实行邮电合一的机构体制。1947年11月5日,根据东北行政委员会辽东办事处命令,在通化市成立辽东电报电话管理总局。统一领导辽宁省、安东省电报电话管理局和辽南邮电局的电信业务工作,隶属于东北行政委员会辽东办事处。1948年1月13日,东北行政委员会辽东办事处与东北人民解放军辽东军区司令部联合发布命令,明确辽东地区电信工作的基本方针为解放战争服务,在不妨碍军事通信的原则下,对行政工作、经济工作等必须予以便利。同时规定,对于新解放区通信的恢复与建设工作,必须协同野战兵团配合进行。经各级野战部队恢复、建设的电信线路,在部队移动时必须交予当地电报电话局。6月16日,为适应东北解放区日益扩大,邮电通信亟须加强统一领导的新形势,东北行政委员会决定撤销辽东电报电话管理总局。此后,辽东地区3个电报电话管理总局的业务工作,由设在哈尔滨的东北邮电管理总局统一领导。

二、黑龙江、吉林地区电信机构

1945年11月14日,黑龙江省政府成立,驻地北安。省政府成立后,对北安邮政实施接管,并向后建立了由省政府直接领导的邮电管理机构,其具体情况如下。

(1) 建立西满邮电管理局。1945年12月,西满邮电管理局在郑家屯(今吉林双辽市）建立。局长为孟贵民①，副局长由军区孙继述②兼任。军区三科科长靳子云③兼任监理委员。1946年，齐齐哈尔解放，西满邮电管理局迁入齐齐哈尔市，1947年11月，西满邮电管理局分为辽北、嫩北、黑龙江3个邮电管理局，共辖有49个邮电局、16个邮电所。

（2）建立黑龙江省电报电话总局和邮政局。1945年12月，在北安建立了黑龙江省电报电话总局和省会邮政局，分别管辖原黑龙江省的电报电话和邮政工作。1946年7月21日，成立由黑龙江省政府和省军区直接领导的黑龙江邮电管理委员会，由省军区司令部三科科长赵心田兼任主任，邮电管辖区包括北安、德都、依东、克东、克山、拜泉、明水、兰西、绥化、通北、海伦、通肯、绥棱、庆安、铁骊、青冈、望奎。11月改称为黑龙江省邮电管理局，仍由省政府和军区领导。局长由军区参谋长关靖寰④兼任，副局长为赵心田、王为。1947年3月划归西满邮电管理局领导，改称西满邮电管理局北安邮电办事处。西满邮电管理局撤销的同时，将北安邮电办事处改为黑龙江省邮电管理局，局址仍设在北安，主管原黑龙江省的邮电工作，隶属东北邮电管理总局领导，第一局长由黑龙江省建设厅厅长刘咸一兼任，第二局长为赵心田，副局长为梁小平，管辖19个邮电局和20个邮电所。1949年5月，与嫩江省邮电管理局合并为齐齐哈尔邮电管理局。

孟贵民

关靖寰

---

① 孟贵民（1904—1994年），1928年毕业于沈阳东北无线电专门学校，曾任绥远电报局工程师、延安抗大学员、延安军委通信工程专门学校教务主任，为解放军培养了一大批通信人才。邮电部成立后，历任邮电部市内电话总局局长、设计局局长，1957—1981年先后任北京邮电学院党委书记兼副院长、院长。

② 孙继述（1911年生人），沈阳电报学校毕业，历任沈阳电报局国际电报报务员、天津电报局打字员、无线电报务员，后又在汉口电报局国际电台、西安电报局工作，后到延安"抗大"八队司令部三科任通讯参谋，之后又任沈阳电信局局长。

③ 靳子云（1910—1983年），先后担任东北军区三科科长、西满（当时东北唯一解放区）邮电管理局监理委员兼科长（即军代表）、东北行政委员会工业交通党委书记及东北邮电管理局党组书记兼副局长。

④ 关靖寰（1903—1990年），锡伯族，姓瓜尔佳氏，蒙古镶黄旗人，东北军军人。抗日战争时期，历任国民党111师师部参谋、666团团长。1942年8月在山东率部起义，任八路军山东军区111师333旅旅长、"抗大"一分校教育长。1945年任东北挺进纵队参谋长。1946年任黑龙江军区参谋长。1947年任黑龙江军区副司令员。1948年10月任第四野战军整训3师师长，独立169师师长。1955年9月被授予大校军衔。

第十章　中国人民解放军接管全国电信与广播

刘咸一　　　　　聂鹤亭　　　　　刘转连　　　　　王昌荣

（3）建立哈尔滨电报电话局。1946年4月28日，哈尔滨解放，东北民主联军接管哈尔滨。5月2日，东北民主联军哈尔滨卫戍司令聂鹤亭①、副司令刘转连②委派骆北页、王昌荣③为军队代表，正式接管哈尔滨电信局。22日，奉司令部命令，将哈尔滨电信局改称为哈尔滨电报电话局，任命朱连贵为哈尔滨电报电话局局长，王昌荣为副局长。1947年9月19日，哈尔滨电报电话局划归东北邮电管理总局。

（4）调整合并建立嫩江省邮电管理局和齐齐哈尔市邮电管理局。1946年6月至11月，东北野战军建立了哈尔滨、齐齐哈尔在内的整个北满并联结东满、西满一部分的大块根据地（面积占东北的3/5）及南满根据地，牡丹江、合江、松哈邮电管理局先后成立。1947年11月，撤销西满邮电管理局，成立嫩江省邮电管理局，局址设在齐齐哈尔市，管理嫩江省的邮电工作。1948年8月，牡丹江建制撤销，牡丹江所属各14个局划归松哈邮电管理局领导。1949年5月，松江与合江两省合并，合江邮电管理局管辖的20个邮电局和15个邮电所与松哈邮电管理局合并为哈尔滨邮电管理局。嫩江邮电管理局管辖的35个邮电局、2个支局、13个邮电所与设在北安的黑龙江省邮电管理局合并为齐齐哈尔市邮电管理局。至此，东北邮电管理总局将8个管理局、4个特别市直属局合并组成沈阳、长春、哈尔滨和齐齐哈尔4个管理局。

---

① 聂鹤亭（1905—1971年），历任松江军区司令员、东北民主联军总部参谋长、哈尔滨卫戍司令员兼中共哈尔滨市委书记、辽北军区司令员、第四野战军副参谋长。

② 刘转连（1912—1992年），历任东北人民自治军第359旅旅长、东北民主联军第359旅旅长、东北民主联军独立第1旅旅长、哈北军分区司令员、中共合江省委委员、合江军区副司令员、佳木斯卫戍司令部副司令员、佳合江军区第一军分区司令员、东北民主联军独立第1师师长、东北民主联军第10纵队第29师师长等职。

③ 王昌荣（1918—1968年），历任东北民主联军总部参谋，民主联军后总通信科科长，哈尔滨市电报电话局军代表、副局长、局长，齐齐哈尔嫩江邮电管理局局长、东北邮电管理局处长、副局长，安徽省邮电管理局局长，吉林省邮电管理局局长等职。

三、东北邮电干部南下接管新解放区邮电系统

黑龙江武装支前工程队员在前线架线队

1945年8月至1948年年底,东北邮电机构接收、并组、整合的过程,也是东北电信工技人员为东北民主联军建立根据地提供通信保障的过程。据黑龙江电信资料显示,从1947年夏到1948年春,仅黑龙江就先后抽调67名邮电干部、职工奔赴前线,担负抢修通信线路任务,并组织了一支武装支前架线工程队,他们翻山越岭,边架线,边战斗,军队打到哪里,线路就架到哪里,先后架设通信线路3 970公里,保证了长春以南地区与新解放区城市间的通信线路的畅通。

1948年9月10日,在完成了黑龙江全省的解放与剿匪行动以后,林彪、罗荣桓、刘亚楼确定了辽沈战役计划。东北地区邮电部门发出号召,全力支援辽沈战役。

1948年11月2日,东北野战军解放沈阳,辽沈战役胜利完成。百万东北各族人民子弟组成的东北野战军,告别父老乡亲,告别年迈的父母和新婚的妻子,离开生养他们的黑土地,在第四野战军无线电通信网的电报嘀嗒声中,铁流万里进关。在浩荡进关的队伍里,有东北邮电系统抽调的大批干部,他们亦集结在沈阳随军南下,参与接管新解放区邮电工作,创建人民的邮电事业[①]。

第三节 接管天津、北平电信与广播电台

1948年9月26日,根据中共中央指示,在原晋察冀和晋冀鲁豫两边区政府的基础上建立华北人民政府。时董必武为华北人民政府主席,薄一波、蓝公武、杨秀峰为副主席,并通过任命各部长、各会主任、各院长、华北银行总经理及秘书长、劳动局长等职。会后发布通令,华北人民政府正、副主席于9月26日就职视事,启用华北人民政府印信,华北人民政府宣告成立。自此,原晋冀鲁豫边区政府和晋察冀边区行政委员会已完成其历史使命,宣告撤销。华北人民政府开始工作。

根据《华北人民政府组织大纲》第七条的规定,华北人民政府设立秘书厅、民政部、教育部、财政部、工商部、农业部、司法部、劳动局、财经委员会、水利委员会、法院、监察院和银行、华北邮电总局等政府工作机构。

---

① 本篇内容综合辽宁、吉林、黑龙江邮电志料。

第十章　中国人民解放军接管全国电信与广播

12月25日,华北邮电总局《人民邮电》社写信给毛主席:咱华北邮电全体员工决定出版一个《人民邮电》周报,报型四开版,是一个集业务教育,交流经验,指导工作,提高技术,树立事业观念与作风,提高工作效率与文化的综合性刊物,在讨论这个刊物出版的会议上,大家都说咱们若能求到毛主席给写个报头可就好了,但又顾虑毛主席工作太忙,不一定能写,经过讨论,最后大家一致认为,毛主席最关心工人,不论多么忙,一定给写。所以就决议写信求毛主席给写一个报头。是年年底,毛泽东为华北邮电总局书写了3个"人民邮电"的题词,华北邮电总局挑选了其中的一个,这个题词成为新中国的邮电通信事业的服务宗旨。这个题词亦是中国人民解放军接管全国电信、建立人们电信事业的指导方针。

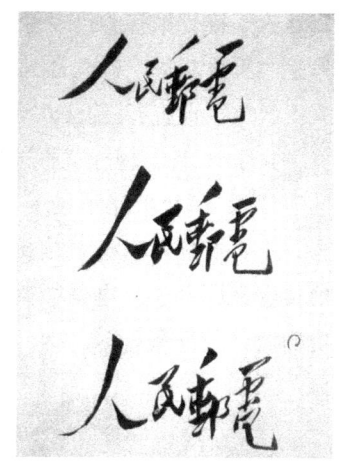

毛泽东的题词"人民邮电"

1949年1月初,中共中央军委三局局长王诤、副局长王子纲从西柏坡出发,前往获鹿县白沙村,与华北军区司令部三处处长钟夫翔①、政委林伟②商讨北平、天津解放后的通信业接管工作,研究制定了电信接管政策,要求各城市电信接管在市军事管制委员会的统一领导下进行,至于电信接管机构和名称由各地军管会自定。

1月15日,天津战役结束。天津市成立军事管制委员会,军管会主任为黄克诚③,军管会副主任为黄敬④。军管会下设接管部,其下设若干个接管处,分别接管各相关单位。是日,电信接管处处长钟夫翔、副处长宋德仁带领接管电信100多人分两批进入天津,分别接管天津电信局和天津广播电台。时接管的天津电信局为6个分局、18个营业处、1个收信台。电信工业方面接管了国民党资源委员会电工一厂(下属3个分厂)、电工二厂(无线电厂)、中美无线电厂及军用电讯器材仓库等⑤。

是日晚20点10分,天津市军事管制委员会来到原国民党天津广播电台,该台编

---

① 钟夫翔(1911—1992年),后任北京邮电学院首任院长,邮电部副部长、部长等职。
② 林伟(1914—1979年),历任红一军团三师司令部参谋处书记、译电员,八路军总部通信科副科长,晋冀鲁豫军区通信局政委、通信学校政委,华北军区司令部通信处政委,海军通信学校校长,解放军总参谋部通信兵部副主任等职。
③ 黄克诚(1902—1986年),中国工农红军及中国人民解放军主要领导人之一,军事家,中国人民解放军大将。曾任中央书记处书记(1956年)、中国人民解放军总参谋长。
④ 黄敬(1912—1958年),后任天津市市长、中央人民政府政务院第一机械工业部部长。
⑤ 钟夫翔,《天津解放时接管电信工作回忆》,《天津通志》,天津社会科学院出版社,1995年1月,附录,648页。

辑贾惠璞接受军管会代表指令，第一次代表天津新华广播电台播音①。播出使用的呼号是"天津新华广播电台（XTNC）"。播出的内容是：天津市军管会第一号令、《中国人民解放军宣言》《约法八章》《三大纪律八项注意》。

1月16日，傅作义②与中国人民解放军北平部队达成《关于和平解决北平问题的协议》，率北平守军接受改编。中央成立了以叶剑英为主任的北平军事管制委员会，王铮兼任军管会电信接管部部长，副部长为李强、王子纲，刘寅兼任军管会电信接管部副部长。电信接管部的成立为中共中央进驻北平、筹建新中国的电信领导机构做好了准备。

中国人民解放军第四野战军进入北京

30日，中国人民解放军先头部队进京。东北野战军司令部通信处接管了傅作义总部通信团团部和一个通信营，另两个营分别由华北军区通信处和电报野战军炮兵司令部接管。王铮、王子纲率局机关部分人员组成接管小组进驻良乡，准备接收北平的电信单位。

31日，北平实现和平解放。是日晚，王铮、王子纲进城，到电信局憩村工人宿舍会见中共北平市政工委领导人陆禹③、中共电信局部分地下党员，连夜研究解放军入城式的通信准备工作，并对接管北平电信局的步骤和方法交换了意见。

1月31日，范长江、徐迈进④、李伍⑤、杨兆麟、齐越⑥等新华通讯社和广播电台人员，进入西长安街3号原北平广播电台，这时电台正在播音。徐迈进写了一个通告，让播音员齐越送进去，交给值班播音员。通告接连播出几遍后，机器关闭，立即停止广播，等待接管。

---

① 1949年5月18日改名天津人民广播电台。
② 傅作义（1895—1974年），后担任中华人民共和国水利部（后来的水利电力部）部长、四届全国政协副主席、国防委员会副主席等职。
③ 陆禹（1917—1999年），后任北京市副市长。
④ 徐迈进（1907—1987年），后历任中央人民政府新闻总署办公厅主任兼国家广播事业局副局长、中共中央宣传部副秘书长兼新闻广播处处长、政务院文教委员会办公厅主任、国务院文教委员会党委副书记、文化部顾问等职。
⑤ 李伍（1914—1980年），后任中央广播管理处办公室副主任、中央广播事业局副秘书长、副局长，新华社后勤部顾问、技术部主任等职。
⑥ 齐越（1922—1993年），历任陕北新华广播电台播音员、播音组组长、播音艺术指导、播音部副主任，北京广播学院教授等职。

第十章　中国人民解放军接管全国电信与广播

2月1日，北平军管会各个接管部门工作人员入城，城内外有关单位由北平电信局立即用电话联通。同时，电信局所收、发讯台开机待命，为新华社、人民日报社等单位广播和报道准备了通信条件。

2日，接管后的电台更名为北平新华广播电台①，并开始播音："北平新华广播电台，波长353 m、850千周。各位听众，现在播送以和平的方法解放北平战事的经过……"

北平新华广播电台播音员齐越在播音

3日上午10时整，在东北野战军参谋长、入城式总指挥刘亚楼的陪同下，林彪、罗荣桓、聂荣臻、程子华、黄志勇，以及新任北平市市长叶剑英、北平地下党负责人刘仁等人登上前门箭楼，刘亚楼随即下达入城式开始的命令，随着4颗红色信号弹从正阳门城楼上腾空而起，设在前门箭楼指挥所里的无线电话机、有线电话机一齐向各方入城部队呼叫：部队立即入城！

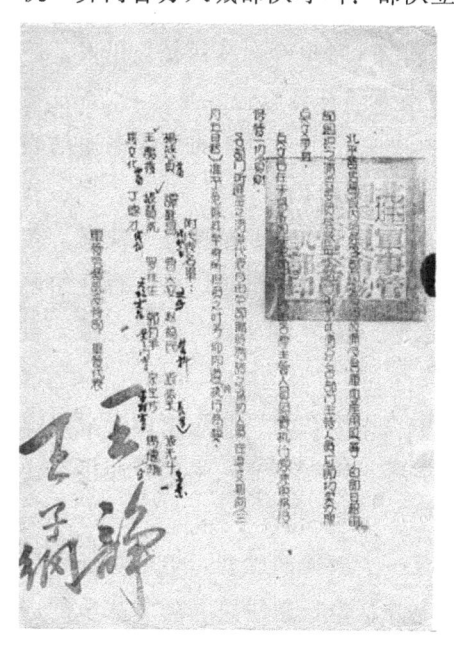

接管北平电信通令

几十万市民走上街头迎接解放军。在前门大街上，早已迎候在路边的北平市民和学生，潮水般涌向入城部队，不断高呼"欢迎解放军""解放全中国"等口号，广大市民和学生自发组织的秧歌队尽情地扭起了秧歌。入城部队的官兵纷纷举手敬礼致意，感谢人民群众的支持和欢迎。

整个入城式中，在北平电信局中共地下党的组织下，城内城外通信畅通无阻。是日，军代表王诤、王子纲、成安玉带领接管人员分别进驻北平邮政局和电信局，军事管制委员会制定了3项主要任务：①接管通信设备，迅速修复，保证中共中央在北平的机构、北平市军管会、华北人民政府和北平市政府的通信，并担负支援解放战争的通信任务，同

---

① 后为北京人民广播电台。

北平香山毛主席办公室

时维持正常的民用通信；②保证北平与各地的通信联系，每解放一个城市、一个地区，就联通一城，通达一城；③为中共中央和中央军委领导机关进入北平准备专用的通信设施。

按照军管会的部署，北平电信局于3月10日撤销原北平香山营业处，在香山、八大处、玉泉山、青龙桥一带架设中继线及两条临时专线和小交换机，并扩充部分郊区线路，装设150门西门子式自动交换机和其他通信设备，建立香山专用局。与此同时，北京电信局为新华通讯社、广播电台、人民日报等新闻部门抄收新闻、开通文字、语言广播开通线；华东、中南、西南、西北等各省区的无线电收发通信都准备就绪；北平至张家口、石家庄、唐山、大沽、沈阳、济南的有线电路，北平至沈阳、郑州、洛阳、开封的无线电路也先后开通，一张为中共中央建立的专用通信网全面完成。

军队的通信中心迁移工作亦同时进行。王铮与总台副总台长刘法墉率领先遣电台队报务员，加上机要通讯员、警卫员约20多人，携4部电台，从西柏坡出发，迁入北平西长安街13号的原交通部第七区电信管理局大院开设电台。至3月20日零点开始接替南北两线各野战军联络对象，至此中共中央、中央军委的无线电通信联络全部接替完毕[①]。

3月23日，中共中央、中央军委和中国人民解放军总部从西柏坡迁入北平。新华通讯社、广播电台、人民日报也在当天迁入北平，25日延安新华广播电台开始使用北平新华广播电台呼号，对全国播音。新华社国际广播电台开始向世界广播。至此，电信业中心也随着中央政府迁到了北平。

7月15日，朱德总司令代表中共中央和中共中央军委在北平欢送第四野战军南下工作团，勉励走入革命队伍的青年学生们努力学习，树立革命人生观，迎接新任务，完成伟大的历史使命。

南下的路程里，随着第四野战军一个战役连着一个战役的胜利，电信总局组织的线路工程一、二大队全体工技人员，也一路向南方赶修长途线路。随着战争的进程，野战部队解放一城，后续部队和南下工作队就接管一城，接管一个邮电局，一张新的长途通信网即将呈现在中国大地上。

---

① 张进，《历史天空的红色电波》，总参谋部信息化部，长城出版社，2013年10月，第521页。

第四节　接管南京电信局与广播电台

1949年4月20日,国共双方和平合作破裂。21日,毛泽东主席和朱德总司令签发了给中国人民解放军全体将士的《向全国进军的命令》。

人民解放军第二、第三、第四野战军遵照中央军委的命令和总前委的《京沪杭战役实施纲要》,先后发起渡江。百万雄师以沿江湖区渔民的木帆船为主要航渡工具,在炮兵、工兵的支持配合下,在西起江西省的湖口、东至江苏江阴的千里战线上强渡长江,解放并接管了九江、安庆、贵池、铜陵、芜湖和常州、无锡、镇江等城市,同时接管了电信单位和广播电台。

23日,南京解放。原国民政府、军队、警察人员全部撤退。当天,北平新华广播电台奉中央命令,指示播音员齐越在广播里向南京呼叫:"请南京广播电台注意:明天早晨8点半以后,北平新华广播电台用640千周向你们呼叫,请你们用9 730千周和我们联络。"

但此时的原南京中央广播电台的大功率设备已于此前拆卸运往台湾,仅剩下一部20 kW的中波广播电台和一部7.5 kW的短波广播电台。原电台台长在22日留下5根金条作为其他工作人员的"应变费"后已撤退,电台停止了播音。电台资格最老的职员蔡骧①成为电台的实际管理者。在此政治真空期,南京治安维持委员会发电北平电信局至毛泽东电,恳请解放军入城,以慰民望②。

24日清晨,蔡骧接到发射台的电话,问军队已经撤离了,还要不要开机。"开!"蔡骧说:"但不能再用中央台了,改用南京台。"

7点30分,原南京中央广播电台播音员蔡美娴开始使用"这里是南京广播电台"这9个字进行播音,播出方式为每15分钟播报一次,间隔时间放两遍音乐。1个小时后,电台接到北平新华广播电台"呼叫南京广播电台"的声音,双方约定9点钟通话。因还不清楚南京情况如何,双方约定11点钟再次通话。11点钟,蔡骧将《大刚报》记者钱文源采访的内容传给新华广播电台,由其播出。内容大致为"南京市面平静,新街口至下关一带可以看见三三两两的解放军,手里拿着'欢迎解放军'旗子的学生和老百姓围着他们谈话,大部分商店尚未开门"③。

---

①　蔡骧,后任北京电视艺术中心导演、北京电视艺术家协会副主席、中国电视艺术委员会委员、研究员。

②　《毛泽东年谱》,人民出版社、中央文献出版社,1893—1949年下卷,1993年12月,第487页。

③　中国江苏网,《扬子晚报》,2013年5月24日。

28 日，南京市军管会成立，刘伯承①任军管会主任，宋任穷②为副主任。军管会下设秘书长、供给部、财经接管委员会、交通接管委员会、军事接管委员会、政务接管委员会、文教接管委员会、公安部等多个部门。是日，军管会发布"军管字第 1 号"布告：

南京已获解放，为保障全体人民生命财产，维护社会安宁，确立革命秩序，决定在南京市实行军事管制，成立中国人民解放军南京市军事管制委员会，为该市军事管制时期的最高权力机关，统一全市军事、民政等管理事宜。

5 月 6 日 南京市军事管制委员会人教委员会派军代表李强、陆亘一正式接管了国民党中央广播电台和国防部所属军中电台。19 日起，两台合并，改为南京人民广播电台播音③。

南京的解放宣告了国民党政府在中国大陆统治的结束。同时也宣告了南京作为民国时期中国电信业管理中心的结束。时南京地处京（南京）沪杭地区，为经济、金融、通信发达地区，是国民政府、第二区电信管理局所在地，所辖的电信系统为第二区电信管理局，辖江苏、浙江、安徽各地市电信局。另有直接管辖的南京电信局、南京国际电台支台、上海电信局、上海国际电台等电信单位，是国家电信网中重要的国内通信枢纽局、唯一的国际通信出口局。

时第三野战军通讯处派出军代表聂鑫、刘颖水、陈问心、郭凤舞、张滚、张涛、张继感、汤翠娣（女）、陆一、陈明等对南京电信局进行军事接管④。尔后，黄萍接管工作。

第二野战军亦派出叶云章⑤、马唤樾、赵延永等人接管了南京邮电系统各单位仪表数百部，各种有线电整机 9 821 部。郭克刚⑥代表南京市军事管制委员会交通接管委员会接管交通部南京电信局，设立驻军局军代表室。军事接管后，原属第二区电信管理局的载波机务站、无线电超短波机务站、长途线务站划归南京电信局建制。8 月 1 日，南京电信业务工作按系统归华东电信管理局管理。9 月，华东电信工作会议定南京电信局为特等局，实行由华东电信管理局和南京市双重领导体制⑦。

---

① 刘伯承（1892—1986 年），中华人民共和国元帅，先后担任中央红军总参谋长、八路军 129 师师长、第二野战军司令员、军事学院院长、中央军委副主席等职。
② 宋任穷（1909—2005 年），中国人民解放军高级将领，先后担任中央红军、八路军、晋冀鲁豫野战军、华东野战军、中国人民解放军、国家国防工业等重要领导职务。
③ 辉煌 60 周年：回顾我国广播电视发展巨史（1936—2009 年）。
④ 吕少清，《我在军队通信学校担任招生处主任·回忆》，邮电离退休干部回忆文集，信息产业部离退休干部局编，人民邮电出版社，2004 年 9 月，第 116 页。
⑤ 叶云章，后任邮电部电信总局局长。
⑥ 郭克刚，后任邮电部办公厅副主任。
⑦ 南京市地方志编撰委员会，《南京电信志》，海天出版社，1994 年 3 月，第 10 页。

第五节　中共中央军委电信总局成立

南京解放以后，中共中央指示第三野战军进军福建，建立攻取台湾的前进基地，第一、第二、第四野战军采取大迂回、大包围、大歼灭的作战方针，中国人民解放军向东南、中南、西北、西南进军。

1949年4月25日毛泽东主席、朱德总司令签署发布《中国人民解放军布告》，布告中规定：凡属国民党反动政府和大官僚分子所经营的工厂、商店、银行、仓库、船舶、码头、铁路、邮政、电报、电灯、电话、自来水和农场、牧场等，均由人民政府接管。这布告通过新闻电报的传播，迅速传遍全国。

军委三局在完成了接管济南、天津和北平电信、邮政、广播系统以后，开始部署全国电信的恢复与建设工作。5月18日，中央军委关于成立电信总局及其日常工作任务致各中央局、各军区电[①]：

各中央局、各军区：

为使全国国营电信事业有统一的领导，决定在军委下成立电信总局，并由军委三局局长王诤兼局长，李强、刘寅、王子纲、钟夫翔为副局长。总局日常工作任务为：（一）全国通电的组织指导与监督（包括各电信局、无线电通信、市内电话与长途报话在内）；（二）制订有关电信事业之规章与对外合同之订定，并对执行情况之经常检查；（三）器材干部之统一筹划与调剂；（四）全国电信网的策划与各区电信建设计划之审查；（五）关于电信营业器材购发之经济核算与拨汇；（六）直接管理华北区内各电信局全盘事宜；（七）直接管理国际通信业务；（八）组织电信工程技术之研究工作；（九）组织指导全国电信工业之经营，电到之后，请即转知各区电信管理局与各中心城市之指挥局与总局建立关系。

中央军委　辰巧

5月30日，中共中央在北平市成立中国人民革命军事委员会电信总局（以下简称军委电信总局），暂由中央军委领导。与军委三局在西长安街3号大院合署办公，负责管理和经营全国公用电信（电报、电话）系统。由王诤兼任电信总局局长，李强、刘寅、王子纲、钟夫翔任副局长，周涴白任秘书长。电信总局下设局

[①]　此电报选自《通信兵·文献》(6)(1948—1949年)，终审稿，第1049页。

务处，处长为杨迪哲①，副处长为李乾；业务处处长由王子纲兼任，副处长为崔伦、傅英豪②；技术处处长为孙俊人③，副处长为董兆龙；器材处长为申光④，副处长为李荫苍⑤；干部处处长为王颉纲，干部科科长为梁茂成⑥；工业处处长由钟夫翔兼任，副处长为王士光；电器公司总经理为钱文极⑦。

电信总局下设第一电信机械修配厂、第二电信机械修配厂。下辖北平、天津、唐山、秦皇岛、山海关、石家庄、张家口、察哈尔、大同、太原、保定、冀南等电信局。

军委电信总局指定北平电信局和天津电信局为华北区（电信）指挥局，统一管理华北地区各电信局。

5月30日，中国人民革命军事委员会电信总局及北平电信管理局日正式成立。在2 000人的成立大会上，首先由军委会电信总局王诤局长传达军委决定，宣布总局及北平电信局机构正式成立，并对这一组织形式作如下说明：

这个组织形式还是暂时的，将来全国解放之后，还要作适当的调整，以便更广泛地吸收人才。新的组织成立后，要逐渐实现管理的民主化，成立企业管理委员会，今后人员任用与薪金的规定，应视其能否完成工作任务、他过去的经验与现在的工作技术和劳动效果、为人民办事的态度。继由王子纲副局长宣布北平电信局机构的成立和人事任命。最后由北平市总工会筹委会副主任刘来福讲话，说明成立企业管理委员会是为了达到管理民主化的目的，是在军事代表或厂长的集中领导之下，集中全体职工力量，把工厂搞好。

---

① 杨迪哲（1914—2003年），历任军委三局通信学校教员、队长，军委三局二处科长，军委三局集中台政治指导员，军委三局秘书、供给科科长、总务科科长，军委电信总局计划科科长，军委通信部管理处处长、高级通信学校副校长等职。

② 傅英豪（1917—1994年），武汉新华日报任报务员。后在重庆由新华日报调八路军办事处任机务员。抗战时期在延安参加筹建延安新华广播电台。历任张家口新华广播电台主任，天津712厂军代表，电信总局技术处军用机组组长，军委通信部业务处副处长、技术处长，防空军对空发报兵指挥部主任等职。

③ 孙俊人（1915—2001年），上海交通大学电机系，1938年毕业，电讯专业学士，后历任邮电部电信总局副局长、军事通信工程学校一部主任、军事通信工程学院副院长、解放军通信兵部副主任兼科技部部长、第四机械工业部副部长、第十研究院院长兼党委书记、电子工业部科技委主任、工程院院士等职。

④ 申光，历任中央军委电台报务主任，军委三局科长，北平军事调处执行部中共方面第三处处长，中央军委三局办公室主任，邮电部电信总局材料处长、办公厅主任、部长助理、副部长、顾问。

⑤ 李荫苍，历任邮电部供应局长、邮电部科技司司长、邮电部部长助理等职。

⑥ 梁茂成（1919—2006年），历任军委三局办公室干部组组长、中央军委电信总局干部处副处长、中央人民政府邮电部人事司副司长、邮电部干部司司长、北京市市内电话局局长、北京市电信局党委书记兼局长、邮电部政治部主任、邮电部纪律检查组组长、中央纪律检查委员会委员等职。

⑦ 钱文极（1916—2006年），历任中央军委通讯局材料厂技术员、股长及实验室副主任，晋冀鲁豫军区司令部通信分处二处器材料科长，华北军区司令部通信处科长，天津市军事管制委员会电信接管处军代表，天津中央电器公司总经理，天津电工二厂厂长，总参通信部器材处处长，总参通信部通信技术研究所主任，军事电子科学技术研究院副院长，国防部第五研究院第二研究分院副院长，第七机械工业部第二研究院副院长，第四机械工业部第十九研究院院长，兼国家计算机工业管理总局副局长等职。

企业管理委员会委员的条件是：

一、拥护管理民主化的原则；

二、熟悉自己的业务技术，有正确的劳动态度，很好地遵守劳动纪律；

三、为群众所拥护，能代表广大职工的意见，联系群众，了解群众的意见和要求。选举时应经过很好的酝酿和讨论，在这些条件之下来研究具体的人选。发挥全体职工的力量和积极性，树立职工正确的管理企业的态度，先进的带领落后的，就能把企业管理工作做好[①]。

电信总局正式成立后，制定下发了全国电信接管政策，明确各城市电信接管工作在当地军事管制委员会统一领导下进行。

第六节　上海战役中的上海国际电台

上海战役即将开始。上海是中国通信业重要的枢纽局。其电信机构有如下两个。

民国政府交通部上海电信局有员工2382人，是国内六大通信枢纽局之一，其拥有的电报、长途电话电路通达各省，是全国重要的电报中转中心。同时，上海电信局还负责管辖上海所有的无线电广播电台。

交通部上海国际电台是中国唯一的国际通信枢纽局，有职工1023人。由真如发信台、刘行收信台、南京路中央报房、滇池路营业厅组成，为亚洲第一大电台。国际电台通信设备均由美、英、德、日进口。国际电路通达欧、亚、非、美、澳五大洲。其开通的国际无线电报话电路是用来与外国签订电信业务合同并保持通信的。如果一旦因为战争停止通信，原有的合同就随之失效，通信就将中断，必须待国家与国家间建立外交关系，重新订立合同后才能恢复通信。因此，是否能保全上海电信系统的通信机件完整和通信畅通都至关重要。

一场在国共双方进行的解放和接管，保卫与破坏上海国际电台的争夺战，在国共两党、两军高层极度关注下展开。

1949年春，根据中共中央、中央军委决定，三局对上海及华东地区的电信、广播接收工作作出部署，上海地区的电信由华东军区负责接收，电信工业由军委电信接管部派员接收，广播系统由三局副局长李强带队接收。

渡江战役发起之前，华东军区根据中共中央《关于调度准备随军渡江南进干部》的指示，华东局组织接管上海及华东地区约300余名的南下通信干部纵队，成立华东

---

① 《人民日报》，1949年5月31日。

刘化乡　　　　　李临川　　　　　曹丹辉　　　　　黄　萍

曹维廉

通信局干部营党委,由书记刘化乡①、副书记李临川②接管上海电信局、国际电台。

4月24日,华东局机关与干部纵队到达丹阳。在陈毅③、曾山的领导下,成立上海市军管会及直辖各部、委、处机构,其中财经接管委员会以曾山为主任,许涤新④、刘少文⑤为副主任,下辖财政、金融、贸易、工商管理、电讯、公用等15处。5月,财经接管委员会设立电信处,负责接管上海电信。处长为曹丹辉,副处长为黄萍、曹维廉⑥。接收上海电信局、国际电台是进入上海的重大关键工作,要按华东局军政委员会主席兼中共中央华东局第一书记饶漱石⑦"按照系统、整套接收、调查研究、逐步

---

① 刘化乡(1921—1968年),后任上海电信局副局长、上海市邮电管理局党委书记兼局长、管理局党委书记、北京邮电科学研究院党委书记。

② 李临川(1917—2012年),后任苏南行署电信指挥局局长兼书记,安徽省邮电管理局局长、书记,邮电部办公厅副主任、主任,邮电部器材供应管理局、工业管理局局长,邮电部副部长,国家经委交通组副组长等职。

③ 陈毅(1901—1972年),华东野战军司令员,后历任上海市市长、国务院副总理、中央人民政府人民革命军事委员会副主席、国防委员会副主席、外交部部长、中央军委副主席等职。

④ 许涤新(1906—1988年),历任武汉、重庆《新华日报》编辑,《群众》杂志主编。中华人民共和国成立后历任中共上海市委委员、统战部部长、华东财委和上海市财委副主任、上海市工商局局长、中共中央统战部副部长、国家行政管理局局长、中国社会科学院副院长、经济研究所所长、汕头大学校长等职。

⑤ 刘少文(1905—1987年),后任上海市军事管制委员会轻工业处处长、华东纺织工业部部长、军委四部代部长、中国人民解放军总参谋部二部部长、总参谋部顾问。1955年被授予中将军衔。

⑥ 曹维廉(1916—1984年),毕业于福州英华书院,以优异成绩考入欧亚航空公司,从事电讯机务工作。1938年春,在新四军总部任通讯机务主任,负责筹建华东新华广播电台。1949年任上海军管会成员。后历任华东工业部电器工业处处长,上海市电器工业局局长,国家机械工业部科学技术司司长、副部长,新华社香港分社副社长等职。参加了香港回归的中英谈判。

⑦ 饶漱石(1903—1975年),后任华东军政委员会主席兼中共中央华东局第一书记、中央人民政府委员、中央人民革命军事委员会委员,后调到中央任中央组织部部长。因卷入高饶反党联盟和潘汉年案件被解职、逮捕、判刑。

第十章　中国人民解放军接管全国电信与广播

改造"的指示，把上海电信局和上海国际电台这两个电讯企业接管得很漂亮。并把"全力迅速恢复上海市内电话和国内国际通信"作为中心任务。拟定接管组织机构：

电信局由黄萍、李临川为军事代表，联络员为崔雨文①、段云甫、白建义、徐继岩、左仲秋、刘庆立、郭金海，助理员为张和卿、王君臣、刘维成、徐保山、高子纯、吴坤、尹学全、朱学新、彭元文、杨文圻、周恩源、张恩全、李文周；

国际电台由力一、刘化乡为军事代表，联络员为陈仁达、文克、施文信、许志尧、顾舜、齐会川、张凤翔，助理员为陈士忠、于德荣、鞠文、刘思仁、张明、董世堂、张德毅、钱乃慧。

一、中共中央制定上海国际电台接管原则

5月13日，中共中央华东局就关于对沪通信联络致中央电②。

中央：

一、对沪通信联络电台，在我们接管后应保持与各国联络，但这种就须承认伪与各国以前所订之联络合同。我们认为，对上述合同予承认或默认是否妥当，抑有其他更好方式。一切与国外之来往电报是否准用密码和简语，倘是公开性之简码，我们认为可准其使用，是否妥当。

二、上海电台甚多，始无法处理，我们提议对一切电台（公营民营外侨业余电台）仅进行登记，备查以后再行分别处理。

三、对一切电讯电报，拟暂不公开宣布检查。

以上各点是否有当，请电示。

华东局
辰元

5月20日，中共中央就关于上海通联络台接收后有关事项致华东局等电③。

华东局并告南京市委、华中局：

辰元电悉。上海通讯联络台接收后应仍保持与各国联络，原合同是否有效可暂不表示态度，但应积极研究主要电讯原则。属我中央电信总局经中央新编制后再作决定。凡我们能译出之公开电码及简码均准使用，密码非特许一律禁用，来电所提二、三两点均同意。

中央
辰哿

至此，对上海国际电台的接收原则、接管组织均已落实到位。

---

① 崔雨文（1917—2007年），后任江苏镇江电信局局长，南京电信管理局副局长，苏州邮电局局长、邮电部供应华东供应处处长，邮电部上海器材厂厂长，邮电部505厂厂长、党委、书记，福建省邮电管理局顾问等职。

② 此电报选自《通信兵·文献》(6)（1948—1949年），终审稿，第1052页。

③ 此电报选自《通信兵·文献》(6)（1948—1949年），终审稿，第1057页。

二、中共地下党秘密开展保护国际电台行动

交通部国际电台

为使国际电台顺利完成接管并迅速恢复国际通信,上海国际电台中共地下党组织于5月22日派人来到丹阳驻地,向国际电台接管组详细介绍了国际电台的网络、通信技术和电台工程技术人员等情况。

在上海战役进行期间,国际电台地下党秘密组织职工开展护局行动,以沙逊大厦(今和平大厦)报房、中央室、天潼路上的海岸电台为重点,由朱镇宜、蔡葆苓、裘学良、李蕾带领职工们坚守,由沈尧泉、吴世元、高永德在天潼路海岸电台部署守卫工作。同时用电话通知其他单位,加强通信值班和巡岗,务必保持通信畅通。

考虑如果因为战事而发生交通中断,会因人员缺乏而影响通信,地下党员和几十名职工一起住进了电台的宿舍和国际报房里。没有床铺,就睡在饭厅饭桌上或者是走廊里。与此同时,为保证通信畅通,国际电台在全市6个地点架设了临时电台,安装了较好的收、发信机。为保证紧急情况下发电机用油,购置和储备了近2 000加仑的柴油和汽油备用。在国际电台的报房、中央室和电台办公机构,加强了安全防范,还组织了消防组、救护组,并组织职工进行了训练①。

在国民党军队封锁了苏州河上所有的桥梁后,沈尧泉、吴世元立即发动了华善根、华海根、吴醉梅等30多个职工,连夜把海岸电台的门窗用铁皮、木板加固,在大门口堆上路障,派出人员守卫。

三、国民党淞沪警备司令部命令拆迁电台

国民政府国防部、京沪杭警备总司令部、淞沪警备司令部:

京沪杭守军在真如、南翔、刘行一带修筑碉堡,广筑工事,守卫国际电台。同时又决定在迫不得已撤退时炸毁国际电台。在台北国际电台已建成

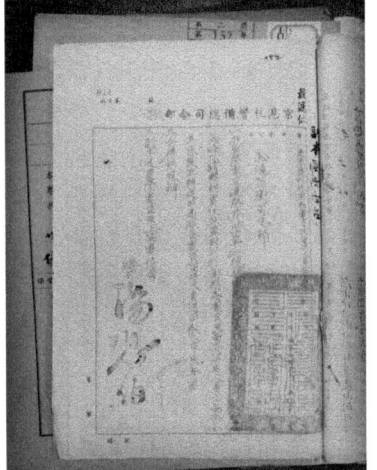

汤恩伯签发国际电台迁台令

的情况下,动员上海电信局、上海国际电台工技人员赴台工作,同时部署真如国际

---

① 梅绍祖、宋刚刚主编,《百年电信铸辉煌》,中国计划出版社,1998年6月,第137页。

第十章　中国人民解放军接管全国电信与广播

电台的拆迁撤运，或者炸毁，然而，偌大的国际电台在战火中要进行如此大规模的拆迁和搬运是非常棘手的事，一封封加急密电在于4月15日撤退到广州的国民党交通部电信总局、国防部、京沪杭警备总司令部、上海电信局、上海国际电台之间频繁往来。

5月6日，京沪杭警备总司令部下发由汤恩伯①签发的《为拆迁国际及国内收发讯电台由》之函至上海电信局。

一、准致电上海电信局。准国防部本月6日综（92）号代电略：以上海国际电台规模宏大，恐临时撤运不及，嘱饬该台停止通报，将主要部分机件撤除南运台湾等，由国际通信是否可即停通及主要机件撤运如何进行，本部已饬电信总局转饬该台就迳商承贵部指示处理。

二、查刘行真如国际收发讯台及南翔国内发讯台拆迁事宜，业经

汤恩伯

石　觉

本部于五月十日召集各主管局台派员商定，除电请加速装设广州、台湾国际电台，以备接替上海国际电台广州之外，真如台暂不拆迁，刘行、南翔两台即分别在10日内拆迁市区继续工作，以上各台候广州或台湾国际分台装设成立后再行撤运台湾。

三、除电复外，希查照办理②。

5月7日，奉汤恩伯之命，淞沪防护司令部司令石觉③签名下发防炎字第62号代电通知上海电信局：奉京沪杭警备总部电，除真如电台应尽量设法保护外，南翔、刘行两电台均不易保护，着上海电信局及国际电台将该两处电台迅即卸迁④。

接到国民党淞沪警备司令部拆迁电台的命令，郁秉坚与卢宗澄立即召集工务处处长沈树仁、材料科科长金家仁等人研究对策，作为亲身参与国际电台的建设和管

---

① 汤恩伯（1898—1954年），中华民国陆军二级上将，黄埔系骨干将领。历任中国第20军团长、国民革命军第31集团军总司令等职，先后参加武汉会战、随枣会战。1949年撤退台湾后任战略顾问。1953年任蒋介石政府驻日本军事代表团团长，后迁居东京。

② 《关于京沪杭总司令部和电信总局电令抢拆本台收发讯机件分运穗台两支台装用的有关文件》，上海电信档案馆，国际电台，永久11号，第10页。

③ 石觉（1907—1986年），黄埔军校第三期毕业，国民党高级将领，对日作战历南口战役、台儿庄战役、武汉会战、枣宜会战、广西作战等。北平和平解放后，石觉、李文等蒋介石嫡系将领表示，愿意保持军队稳定，不破坏和平解放，但必须带领师以上将领离开北平。经傅作义同意后，蒋介石派飞机将石觉、李文等少数嫡系将领接出北平。此后，石觉任京沪杭警备总司令部副总司令。后率所部十二万余人撤退到台湾，历任联勤总司令、考试院铨叙部部长、国策顾问、国民党中央评议委员等职。

④ 《关于京沪杭总司令部和电信总局电令抢拆本台收发讯机件分运穗台两支台装用的有关文件》，上海电信档案馆，国际电台，永久11号，第4页。

理，并亲手维护这些通信机件多年的通信人来说，无不满怀着要在战争中保护好国际电台全部机件安全的希望，经商量后，复电京沪杭警备总司令部：

一、电信局拆迁南翔电台机件办法，由本局派员与京沪杭警备总部第四处第二科会商结果；

二、除酌留最低限度之对外通信必须机料外，其余悉数拆迁市区，以策安全；

三、所需十辆卡车，除由本局尽量调度外，请京沪杭总司令部抽拨征用车五辆应用；

四、拆迁时限以十日为度；

五、卡车所需油料及司机伙食费统由本局供应；

六、请京沪杭警备司令部发给行车证明文件，以利通行；

七、拆迁成事后所有征用车辆由本局负责交还京沪杭警备司令部；

八、留守南翔电台维持最后通信人员请京沪杭警备总部发给证明文件，以便随时通行，于必要时撤退市区之用；

九、请京沪杭警备总部转饬当地驻军，在转退留守时通知南翔电台留守人员，以便随行。

5月10日，淞沪警备司令部下发由司令陈公度签发的团体放行证明书：

一、兹有国际电台真如发讯台值机技术员钱尚平等38名（名单附发）因公来上海市区，经本部查核无不合适，准予进入市区，仰各驻军及检察机构查明放行；

二、本证明书夜间戒严时间亦具同等效力；

三、本证明书以使用一次为限①。

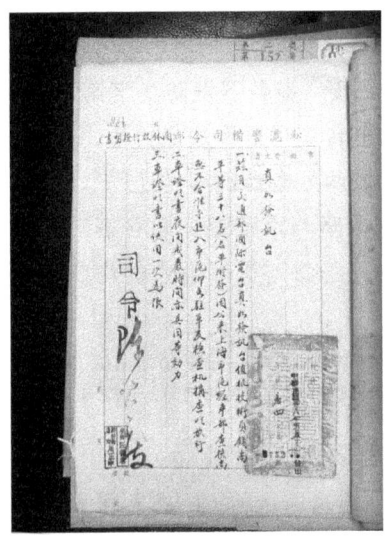

陈公度签发的团体放行证明

11日，汤恩伯再次签名发电至上海电信局：

一、准辰虞穗电：准国防部本月6日济综（92）号代电，略以上海国际电台规模宏大，恐临时撤运不及，嘱饬该台停止通报，将主要部分机件撤除南运台湾等，由国际通信是否可即停通及主要机件撤运如何进行，本部已饬电信总局转饬该台就近商承贵部指示处理；

二、查刘行真如国际收发讯台及南翔国内发报台拆零事宜业经本部于5月10日召集各主管局、台派员商定，除电请加速装设广州、台湾两国际电台，以便接替上海国际电台工作外，真如暂不拆迁，刘行、南翔两台即分期在10日内拆迁市区，继续工作；

三、除电复外，希查照办理。

---

① 《关于京沪杭总司令部和电信总局电令抢拆本台收发讯机件分运穗台两支台装用的有关文件》，上海电信档案馆，国际电台，永久11号，第10页。

四、战火中的上海国际电台

12日,淞沪警备司令部通知国际电台:刘行收信台地处战区前沿,须即日拆迁,否则必要时即予以炸毁。

由于此时刘行、瑭桥、蕴藻浜已经封锁,为保护国际电台免被炸毁,国际电台管理工程师卢宗澄与总务科科长童祖庆、工务处工程师叶鹿祥等商量对策,决定立即拆迁,组织全体工技人员连夜拆除设备,并派出技术员汪永年去警备司令部落实运送电台设备之事。

南翔发信台内国民党部队的碉堡

5月13日,汪永年带领着20辆国民党军车,沿着硝烟弥漫、流弹纷飞的公路疾驶。那时,解放军先头部队距离刘行收信台只有5公里,国民党飞机在不停地俯冲扫射。车队一路直奔,一到达刘行收信台,等在台里的过宗汉、周兆祺、顾蔚青、高佐良、张斌安等工技人员一起涌了上来,惊心动魄的抢运立刻开始。这些并非搬运工的工程技术人员,以决不让电台设备毁于战火的职业忠诚,置个人安危而不顾,搬的搬,抬

刘行收信台附近的碉堡

的抬,扛的扛,将前一天连夜抢拆的通信设备装车,一车一车又一车,装完一车走一车,有的因为负重扭伤了腰,有的因负重累得吐了血,到下午四点半,终于将最后一部电台设备装上车。

5月14日,汪永年再次带领20辆军车抢运真如发信台设备。在隆隆炮火声中,沈德根、吴德祥、祝汝兴、钱惠林等人与职工们经过一天半奋战,抢运出了重要的电台设备,完好地将国际电台保存了下来。

与此同时,电信总局一再下达指令,命上海电信局局长郁秉坚、国际电台主任工程师迅速将已拆迁的250吨机件与南京拆运2000吨的机件拆运至广州、台北[①]。

然而,此时刘行地区已进入战争状态。5月15日,国共双方部队在国际电台刘

---

① 《关于京沪杭总司令部和电信总局电令抢拆本台收发讯机件分运穗台两支台装用的有关文件》,上海电信档案馆,国际电台,永久11号,第32页。

行收信台一带激战，解放军第 28 军攻击部队遭敌子母地堡群阻击，在开阔地带遭到严重杀伤，好不容易攻到近处，却突遇地堡前的地雷区、电网和竹签阵，攻击部队伤亡殆尽。经组织部队反复冲击，至夜深才拿下 4 个地堡群。但国民党军突然以猛烈炮火反击，进占地堡群的解放军猝不及防，伤亡惨重。国民党军借助海军舰炮和空军飞机的支援，以坦克、装甲车开道，不断向解放军发起反击。双方激战终日不休。连天的炮火里，机房被炸毁，天线被炸倒，电台成为一片废墟。至 19 日，第 28 军攻占刘行国际电台。

5 月 24 日，国民党溃败。淞沪警备司令部从军舰上发出电报，要求所有军舰立刻撤退到台湾。这一重要电报，被时值机的海岸电台报务员曾文辉扣下未发，打乱了汤恩伯的撤退计划。此时，远在郊区的真如发信台面临被烧毁的命运，国民党交通警察中队王队长急匆匆地带着七八个人和汽油等燃烧品来到机房，命令值守在电台机房里的魏宝泰、周伯兴、钱宝松、黄振禄等人："你们赶快离开这里，我们要在这里执行任务！"当得知王队长是奉命来炸毁电台时，黄振禄和机务员们一起，以电源短路打火花的方法，造成电台设备被破坏的假象。不懂电台机器设备情况的王队长信以为真，带着部下撤离了真如电台。

5 月 25 日，解放军第 26 军占领真如车站、真如国际电台、大场机场，第 27 军、23 军及 20 军主力全部占领苏州河以南市区。

上海国际电台在战火中得以完整保存下来。

第七节　大陆至台湾电路全部关闭

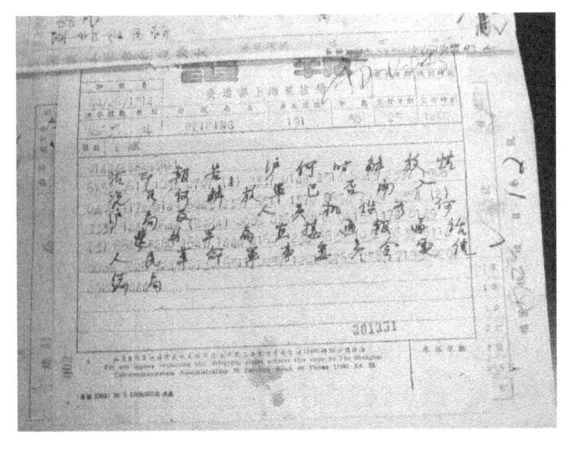

军委电信总局向上海电信局拍发的电报

1949 年 5 月 25 日清晨，南京路上升起第一面红旗，大街小巷张贴出《中国人民解放军布告》，广播电台连续播出布告和嘹亮的革命歌曲，此时，坐落在四川北路横浜桥边上的上海电话局长途台班长台的电话"丁零零……"响了起来。

话务员李惠珍拿起电话，"喂。""长途台，我是报房，现在我们这边的情况是，旁边的警察局里挂起了白旗，听说解放军已经进入上海了，就在南京路的人行道上休息过夜，老百姓都说解放军的纪律真好，我们这边已经在放鞭炮庆祝解放了！"

第十章　中国人民解放军接管全国电信与广播

打电话来的是时电报局的报务员张关福[①]，他回忆道：那时，电报局、电话局都成立了护局队，我在福州路报房做纠察，由于我们的送报员有通行证，所以，他们每天都能带回来新的消息，解放军打到宝山了，打到苏州河了，我们一知道了，就马上打电话告诉横浜桥电话局的同事们，直到5月25日苏州河以南解放。由于警察都投降了，我们又成立人民保安队来维持秩序。

5月25日中午12时，中国人民革命军事委员会电信总局（以下简称军委电信总局）直接向上海电信局拍发电报：请即报告，沪何时解放，情况如何，解放军已否开入，沪局及人员机件如何，速与平局直接通报通话。人民革命军事委员会电信总局[②]。

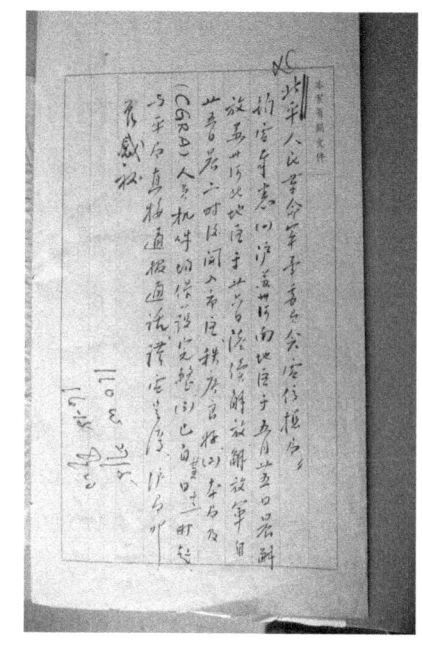

上海电信局发军委电信总局回电

当日16时15分，交通部上海电信局局长郁秉坚和副局长兼总工程师孙洪钧签发复电，向军委电信总局汇报上海解放与上海电信局、上海国际电台的人员机件情况：

北平人民革命军事委员会电信总局钧电奉悉：①沪苏州河南地区于5月25日晨解放，苏州河北地区26日陆续解放，解放军自25日晨2时后开入市区，秩序良好；②本局及人员机件均保护完整；③已自25日12时起与平局直接通报通话，谨电呈复，沪局叩良感祀[①]。

26日清晨，根据市军管会电讯处关于"电报与解放区通，与国外、香港保持，与匪区不通"[③]的接管方案，上海电报局的报务员王里备[④]受命以一份机上公电告知台湾基隆局：上海已解放，从现在起关闭上

上海电报局报务员　王里备

[①] 张关福，后任上海邮电工会主席、上海市长途电信局党委书记、上海市邮电管理局办公室主任、上海市邮电开发公司总经理等职。

[②] 《关于电复电信总局上海解放日期及本局与国际电台人机保护完整以及与北平局通讯情况的有关文件》，上海电信档案馆藏，档案号：战备479，1949年5月。

[③] 《1949年接收上海电信会议记录本（丹阳会议记录）》，1949年5月6日，收于《本局1949年5～12月局务会议记录》，上海电信档案馆藏，档案号：1949年永久251。

[④] 王里备，上海电报局报务员，后担任上海市长途电信局史志办公室主任。

赵祖康

海—基隆电路①。至此，上海与台湾的无线电报话电路全部中断。此后，南京、厦门、广州、福州、浙江等地与台湾通连的电报、电话线路也先后全部中断。

26日，驻守在邮政大楼的国民党37军204师611团3营的赖营长在电话中与上海代理市长赵祖康②达成协议，率部向解放军缴械投降。27日，驻守在上海杨树浦发电厂和自来水厂的国民党青年军第21军230师代理师长许照经蒋子英电话说服，率部向解放军投降③。上海全部解放。

在上海战役的战火中，上海电信局、上海国际电台及上海的市内电话通信始终保持畅通无阻，时任中国人民解放军第三野战军副司令员、指挥上海战役的粟裕曾评价说："在上海攻城战斗中，没有停过电，没有停过自来水，电话局照常工作，成为战争史上的奇迹"④。

第八节　接管上海电信局与国际电台

1949年5月25日中午，中共中央华东局机关与接管上海干部大队在陈毅、张鼎丞⑤的率领下，于中午时分集结向上海进发，其时接管上海电信局的人员为23名，接管上海国际电台的人员为47名。上海全部解放。陈毅等率领华东局机关和接管上海干部大队于中午时分集结向上海进发。接管上海电信局的人员为23名，接管国际电台的人员为47名。当天深夜，接管人员抵达

上海市军管会主任陈毅（右）与副主任粟裕（左）

---

① 上海市邮电管理局台湾事务办公室编，《沪台邮电通信和交流交往二十年（1979—1998）》，内部资料，2000年，第172页。

② 赵祖康（1900—1995年），著名道路工程专家，中华民国国民政府最后一任上海市代市长，中华人民共和国成立后，任上海市副市长，与詹天佑、茅以升并称为中国交通工程三杰。

③ 朱国明，《1949—大上海破晓（六）》。

④ 粟裕，《钳击吴淞解放上海》，《上海战役》，学林出版社，1989年，第75页。

⑤ 张鼎丞（1898—1981年），后历任中共中央华东局第四书记，华东军政委员会副主席兼政法委员会主任，中共中央组织部第一副部长、代理部长，最高人民检察院检察长等职。

第十章　中国人民解放军接管全国电信与广播

上海市区金门饭店（今南京西路 108 号金门大酒店）。

5 月 27 日，陈毅、粟裕签发上海市军事管制委员会军密字第一号布告，宣布上海市军事管制委员会成立，对上海实施军事管制。

时上海的电信企业分别由军管会的 3 个部门接管：

上海电信局（含其管辖的无线电广播电台）、上海国际电台（含其所管辖的海岸电台）由上海市均属管制委员会电信处接管；

中央无线电器材公司、中央有线电器材公司、上海电器工业研究所由中央军委电信接管部涂作潮为军代表接管；

美商电话公司由于是外商企业，由上海市公用局派驻联络员。

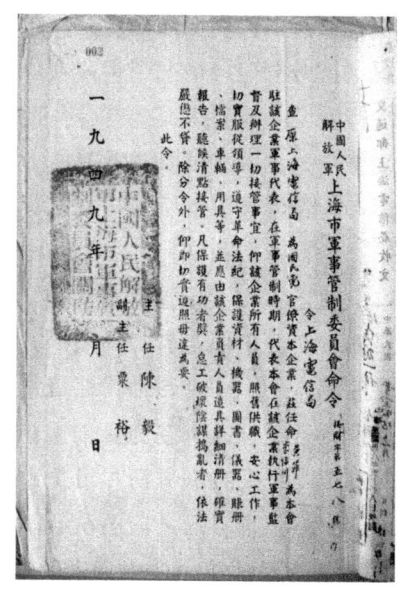

接管上海电信局令

一、接管上海电信局

28 日，中国人民解放军上海市军事管制委员会向原上海电信局发出接财字第 578 号命令①。

令上海电信局：

查原上海电信局为国民党官僚资本企业，兹任命黄萍、李临川为本会驻企业军事代表，在军事管制期间，代表本会在该企业执行军事监督及办理一切接管事宜。仰该企业所有人员，照旧供职，安心工作，切实服从领导，遵守革命纪律，保护资财、机器、图书、仪器、账册、档案、车辆、用具等，并应由该企业负责人造具详细清册，确实报告，听候清点接管。凡保护有功者奖，怠工破坏阴谋捣乱者，依法严惩不贷。除分令外，仰即切实遵照毋违为要。

主任　陈　毅　副主任　粟　裕

黄萍、李临川随即率军事接管组正式进驻上海电信局。并在上海电信局办公室约见郁秉坚、孙洪钧和局中层主管人员谈话。

军事接管组进驻上海电信局后，将原交通部上海电信局更名为上海电信局，并启用新的圆形公章，停止使用原长方形"关防（今公章）"。通信工作仍由郁秉坚在军代表的领导下负责。

29 日下午 1 时 30 分，上海电信局会议室召开了有全体军代表、原电信局各级

---

① 《中国人民解放军上海市军事管制委员会命令》，上海电信档案馆藏，战备 475，第 2 页。

主管和职工代表参加的会议。郁秉坚以会议主席身份向军代表致欢迎辞,并简要介绍了上海电信局情况。黄萍在讲话中宣布了人民解放军接管政策:保护人民的生命财产安全,且与人民保持合作的态度;保护民族工商业,对发展生产有利,且予激励扶持;没收官僚资本及其企业,旨在保护资产发展,发展事业,使之变为人民的财产,希望员工继续保护资产;按照共产党的城市政策,增加生产,繁荣经济,公私并顾,劳资两利。

他还宣布了接管上海电信局的方针:本局一切员工一律按原职原薪进行工作;过去曾有压迫职工者,均须痛改转变作风,准其将功折罪;员工应取坦白率直的态度互相合作、团结帮助;保障员工生活;过去员工组织之福利事业一律照常,但须改变其性质,须真正为员工谋福利;人民政府量才用人,决无失业危险;每一同仁对事业方面及福利方面尽可提出意见;人民政府重视科学及技术,使每一个科学工作者有其发挥自己才能的机会。

接管上海电信局军管干部与原管理人员合影

李临川在会上宣读了上海军事管制委员会布告全文,宣布军事接管代表的职权为:军事代表为军管会和人民政府派在局方之全权代表,乃本局业务及行政管理之最高领导者;保证人民解放军及人民政府颁布之命令、政策及法令之执行;在军管时期实行军事监督并办理一切接管事宜。他还就军事管制期间上海电信局的日常工作、制度变更、工作计划、人事调动、对外联系等事宜作了规定,要求局方将局产清册及电信局的图表设备、营收统计报表、报话资料等在一星期以内造册报送。

7月5日,郁秉坚电请军代表辞去上海电信局局长、上海电信人员训练所所长职务,而专任上海交通大学电信管理系主任。9日,报请辞职获批准。15日,郁秉坚以卸任局长身份与军事代表李临川、副局长孙洪钧共同签署上海电信局印章交接清册后,正式离职,工作移交给李临川和孙洪钧。

二、接管上海国际电台

5月28日,军代表力一①、刘化乡率领47名军管小组成员进驻国际电台。

在各部门负责人会议上,军代表宣读了上海市军事管制委员会下发的接财字

---

① 力一,后任上海市长途电信局副局长。

第十章　中国人民解放军接管全国电信与广播

第579号命令①，宣布对上海国际电台实行军事管制，并将原国际电台更名为上海国际电台。

令上海国际电台：

查原上海国际电台为国民党官僚资本企业，兹任命力一②、刘化乡为本会驻该企业军事代表，在军事管制期间，代表本会在该企业执行军事监督及办理一切接管事宜。仰该企业所有人员，照旧供职，安心工作，切实服从领导，遵守革命纪律，保护资财、机器、图书、仪器、账册、档案、车辆、用具等，并应由该企业负责人造具详细清册，确实报告，听候清点接管。凡保护有功者奖，怠工破坏阴谋捣乱者，依法严惩不贷。除分令外，仰即切实遵照毋违为要。

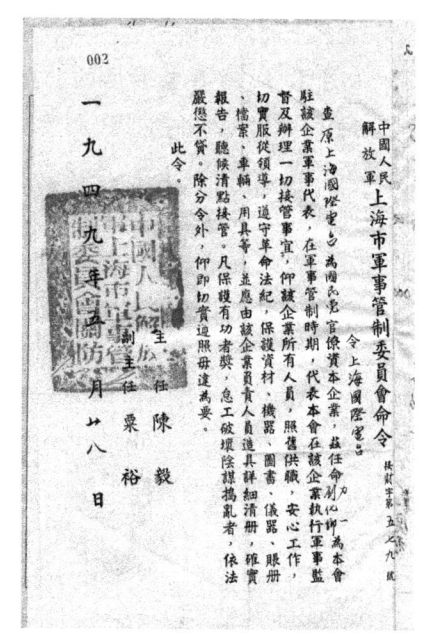

接管上海国际电台令

　　主任　陈　毅　副主任　粟　裕
1949年5月28日

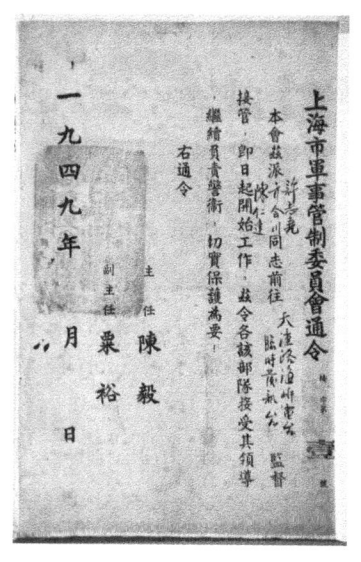

接管海岸电台令

军代表进驻上海国际电台后，即与该台举行了交接会议。会上，由军代表报告开会的意义，卢宗澄作了表态，各部门主管人员移交了电台档案文卷。

在接管上海国际电台的同时，上海市军事管制委员会发布接财字第一号通令，宣布对位于天潼路上的海岸电台临时收信台实行监督接管。

本会兹派许志尧、兀会川、陈仁达同志前往天潼路海岸电台临时收讯台监督接管，即日起开始工作，兹令各该部队接受其领导，继续负责警卫，切实保护为要。

　　主任　陈　毅　副主任　粟　裕

6月初，经电信总局请示中共中央批准，上海国际电台同愿意保持通信联系的25家外国和中国港澳的电信机构，继续保持通信联系②。

---

① 《中国人民解放军上海市军事管制委员会命令》，上海电信档案馆藏，战备/585。
② 《当代中国的邮电事业》，当代中国出版社，1993年，第1章，新中国邮电事业的开创与初建，第24页。

新的上海国际电台成立后,启用圆形公章,停止使用原长方形"关防"。

8月4日,军事接管后的上海国际电台由力一主持召开了第一次台务会议,重新制定了国际电台各项工作制度。9日,市军管会电讯处任命上海国际电台军代表特派员分驻所属单位:许志尧为工务处特派员,兀会川为真如发讯台特派员,张凤翔为刘行收讯台特派员,葛次元为海岸电台特派员,贾修吉为修配所特派员。国际电台各级管理人员全部安排到位,接管工作顺利完成[1]。

至此,原在上海的电信企业军事接管工作完成。回顾从军事接管之初,到平稳过渡地完成军事接管工作,这是军事代表遵守接管纪律、认真执行接管政策的结果,是他们以对原电信管理层和工技人员的尊重,换来了"驻局军事代表具有刻苦耐劳之精神,谦冲虚心之抱负,尤能开诚合作,处处为民众办事业着想,皆值得我人敬佩效法者"[2]的赞誉,换来了真诚的合作。

完成了对原交通部上海电信局、上海国际电台的接收之后,新的电信管理体制建立。1949年7月1日,华东区电信管理局办公厅成立。

8月1日,华东区电信管理局办公厅正式改为华东电信管理局,由曹丹辉任局长,黄荣、黄萍任副局长。随后,上海电信局军管工作结束。至此,原六大特等局之一的交通部上海电信局,负责全国国际电台支台、全国海岸电台管理的交通部上海国际电台的管理职能由华东电信管理局取代。

第九节 电信专营与无线电统一管理

长久以来,中国有线电通信的电报、电话及国际电报、电话基本是成体系的,由电信总局负责管理与经营,但无线电通信的管理却未成体系,在无线电通信中,既有注册登记的公、私营广播电台,又有一些非法广播电台,还有一些如原中央银行、原中央信托局及各地设置的无线电台。这些机构往往利用各自电台收发私务电报,妨碍社会治安,同时,还对今后统一全国电信后带来多头经营、管理不能统一的弊病。

1949年6月,中共中央决定单独成立中央广播事业管理处,直属中共中央宣传部,统一领导全国广播事业并直接领导北平新华广播电台。因此决定,军委三局原承担的广播管理体制和军委电信总局电信接管部从原国民党接管的广播电台管理体制以及原广播电台一并划出,交由中央广播事业管理处管理[3]。各地广播电台亦整

---

[1]《本台关于干部任免的文件》,收于《关于本台干部任免配备情况的文件》(战备585补充本),上海电信档案馆藏,档案号:1949年5月至1951年6月,战备585。
[2]《上海电信局第三次局务会议记录》,上海电信档案馆藏,1949年,永久251。
[3] 张进,《历史天空的红色电波》,总参谋部信息化部,长城出版社,2013年10月,第575页。

体划归各地新闻和广播管理部门管辖。

在中央军委电信总局的部署下，对无线电通信实施统一管理和整顿。首先进行的是各大城市军管会对无线电台、广播电台进行登记。上海市军管会于1949年6月2日发布接财字第二号《无线电台登记与管制暂行条例的布告》，规定：为确立民主秩序，保障社会治安，特颁布《无线电台登记与管制暂行条例》。凡本市区一切公营、私营及业余等之长短波无线电发报、发话电台，均须至本会财政经济接管委员会电讯处按本条例各项规定办理登记，逾期未进行登记者，以违令论处。并规定：无线电台广播电台的移交工作，由上海电信局负责实施。

6月13日，上海市军管会财经接管委员会电讯处下发电字第4号通知：

着电信局将所存关于公、私营广播电台之一切档案文卷全部移交军管会文化教育管理委员会新闻出版处[①]。

据此通知，上海电信局于6月17日将原所管辖的上海公、私营广播电台的档案、文卷、图表及没收机件列入清单移交：

时移交的文件为：①前上海电信局管理本市公、私营广播电台有关文卷十七卷（列C类六项），又关于广播节目文卷五卷（列C类六项一目），卷内文件细数各如每卷首尾目录；②沪市解放后上海市民营广播电台商业同业公会呈上海电信局（38）字第98号文一件（上海电信局收文（38）解字第六一号）附稿一件；③广播无线电台设置规则一份；④上海市广播电台整理登记表一册（计一〇七页）；⑤上海市核准广播电台负责人保证书一册（计十八页）；⑥上海市核准广播电台设备状况调查表一册（计二十页）；⑦上海市核准广播电台机械线路图二十副；⑧广播稽查台日报表合订本三十八册；⑨查扣非法广播电台机件清单一份；⑩查扣非法广播电台机件收据二十份（除去查扣私设商报电台机件收据两张外，查扣非法广播电台机件收据实收十八份）。

至此，于1933年起由中华民国政府上海电信局建立并负责管理的上海广播电台，正式划归上海文化新闻系统管理。

随后进行取消专用电台的工作。1949年6月14日，上海电信局设计考核委员会在考字第107号文中，向军代表报送了关于"限制与取消专用电台之设置"等3项建议。其中对专用电台的建议是：

查各较大机关银行、公司等现在均有专用电台之设置，除传递其规定许可之电报外，每每收发私务电报及秘密情报，不特妨碍电局收入，且影响一般治安，亟宜严加制止，以杜流弊。此项电台似应由军管会电讯处一律予以接管。此后，除航空

[①] 上海电信档案馆，《为移交有关广播电台档案文卷等请派员来局领取》，发文（38）解字第149号，《关于上海市军管会派军事代表接管上海电信局及任免多级领导以及移交广播电台档案机件等文件》。1949/战备475，第10～13页。

公司等电台其通信业务非电信局所能办理者准予案置外，其余一律撤销。再核准设置之电台，应严格规定其传递电报之性质，以确系属于本身业务者为限。凡属私务电台均应送交电信局拍发，不得私行传递电信，为防止专用电台作非法活动起见，并宜随时严密访查，或于必要时特设稽查电台，随时查听[①]。

9月8日，中国人民革命军事委员会下发《关于充分利用各地国营电信局发电办法》，文中指出：

由于我各级高级机关转入城市后，更要求与各方建立较广泛与及时的联系，过去各部的专用电台，多已不适于担任此项任务，且发报数量与阅报人数增多，公开性电报比例增大，如人民政府、财经新闻系统电报内容多可公开，但因经过密台与绝密密本，致使时间延误与传阅范围受到限制。全国国营电信设备，百分之七十为我人民政府所接管，均经逐步整理改造，转而为人民事业服务，虽有完整现代设备与广泛联络网，多因业务清闲而人员设备过剩，甚至处于停顿状况。另一方面我们自己机关多要增设大台，各私营企业仍沿旧习私台林立，致造成空中之极度混乱，已到无法管制的程度。为合理解决这一问题，决定以国营电信局系统直接承办各级人民政府之财经与治安、公私企业、航运邮政与公路及各种新闻事业之通电事宜。凡已设有电信局之处上述范围各部分之来往电报均交当地电信局传送，不另设专用电信网，凡已经设立者应予撤销[②]。

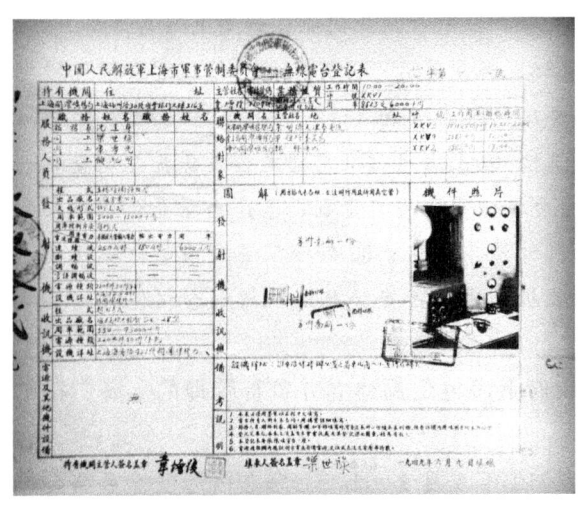

上海市军事管制委员会接收无线电台登记表

9月15日，华东财经委员会下发秘字第四号《关于取消专用电台的决定》，决定将华东财经委员会总台及其所属各公营企业机关所设的专用电台一律取消，其业务由电信局负责经营。据此规定，上海电信局先后对中华人民共和国成立前在沪的原中央银行、中央金库、中央信托行、民生银行、中央通讯社、资源委员会、上海邮政储金汇业、民航、开滦煤矿公司、电业总局上海办事处所等设置的共计69部100 W以上的专用电台、103部五灯以上收报机

---

① 《呈送关于：限制专用电台之设置等三项建议请鉴夺》，收于《关于奉令取消专用电台及接收专用电台的有关文件》，上海电信档案馆藏，档案号：1949年次要85，第2页。

② 《关于充分利用各地国营电信局发电办法规定》，《华北电信会议特辑》，1949年10月，上海电信档案馆藏，档案号：电1—10，第1、2页。

及附件、149名报务员进行了接收。同时接收了在沪各地新华分社与北京新华总社来往之新闻电报的业务①。

公私营广播电台管理划出，专用电台取消以后，电信业务由电信局统一经营，无线电通信实现统一管理。

第十节　联合召开华北电信工作会议

军委三局在京办公地址

1949年春，军委三局总结了接管济南、天津和北平邮政、广播和电信系统的经验，并向各大军区推广。随着人民解放军解放了东南、中南、西北、西南广大国土，随军前进的通信兵代表相继接管了新解放区的邮政、电信、广播电台和电信工厂。据统计，全军通信部门先后抽调通信骨干2 634人参加接管工作。其中，军委电信总局410人，华北军区271人，华东军区1 500人，中南军区301人，西南军区119人，西北军区33人②。

参加接管新解放区邮电、广播、电信系统的通信兵代表，作为当地军事管制委员会的组成人员，以军事管制委员会的名义，按照邮政局、电信局、广播电台和电信工厂四大系统分别接管，实行军事管制。

在接管四大系统的过程中，由电信接管部派出的军代表，根据各军事管制委员会的统一政策规定，没有打乱原有技术组织与生产系统。

---

① 《电台接受京新华社总社与各地往来新闻电》，收于《关于接收新华社移交通信业务的有关文件》，上海电信档案馆藏，档案号：1949年次要37。

② 张进，《历史天空的红色电波》，总参谋部信息化部，长城出版社，2013年10月，第543页。

留用了全部职工,并参照原职原薪发给工资;在企业内部实行民主管理,号召职工恢复营业和生产,支援前线作战。

实行军事管制后,逐步将各地电信局、邮政局改建为人民政府下的电信局、邮政局;广播电台改建为人民广播电台,电信工厂改建为国营电信工厂,逐步过渡到由人民政府的各级部门来管理,相当数量的通信兵代表转业到了四大系统担任地方政府相关机构的领导职务。

由于接管政策深入人心,军代表以身作则,被接管的四大系统广大职工坚守岗位,通信线路畅通,通信生产有所发展。至1949年6月,全国电报电话营业收入为20多亿元(旧币),9月增至60亿元,12月又增至300亿元。全国的邮政生产很快并逐年增加。

电信生产也迅速恢复。

南京无线电厂的工人在生产收发信机

自1949年5月被接管以来,南京电器厂、南京有线电厂和南京无线电厂,生产没有停顿,到年底分别生产电子管28万多只,电话机1 800多部,交换机1 400门,收发信机314部,试制成功新中国第一只国产化电子管——高压水银整流管,共创价值21.7万元,利润11.28万元。天津4家电信工厂,1950年与1949年相比,商品生产价值增加5.82倍,全员劳动生产率增加5.78倍[①]。

上海电信局和国际电台总计清理电信材料74 323种,2 871 312件,完成重新过盘的电缆312盘,发信电子管3 300只均经机上测试,整修复活了7 064只电子管,及时地支援了军队、北京国际电台及其他地区电信设施的建设。

1949年7月,鉴于全国解放在即,政治协商会议即将召开,中共中央军委决定筹建全国统一的电信网。由中共中央华北局、华北人民政府、华北军区和中国人民革命军事委员会电信总局联合召开华北电信会议[②]。

12日上午10时,华北电信会议在北平电信总局礼堂开幕。上午由电信总局副局长刘寅报告,他说,这次会议主要解决六大问题:

一、成立华北区各指挥局与划分各局辖界;

二、地方电信之建设管理与各地军政电信机关之相互关系;

---

① 张进,《历史天空的红色电波》,总参谋部信息化部,长城出版社,2013年10月,第545页。
② 杨泰芳、吴基传主编,《当代中国的邮电事业》,当代中国出版社,1993年,第25页。

三、各指挥局之组织与整理计划；

四、各指挥局之建设计划与经营预算之审订；

五、通过华北统一的电信规章；

六、已实行企业化之电信局之薪资标准与电报电话价目之规定。

会议由王诤主持并作了主报告。会议提出了电信工作要实现3个转变：

一、党的工作重心转入城市后，长期以农村为根据地的电信网，要以城市为中心重新布置，使城市电信网与农村的电信网结合起来；

二、由长期的分割与分散办法转向集中统一与正规化；

三、由适应战争需要过渡到和平建设。

军委电信总局还就国家电信建设提出了规划设想，中国的电信事业除军事电信系统、专用电信系统外，国家公用电信系统是全民所有制的国营电信企业。国家公用电信系统服务的对象与业务范围是：为国家各级政权机构服务；为国营与公、私企业以及合作事业服务；为国家及私人办的新闻事业服务；为铁道以外的交通运输服务；为人民社会团体以及一般城乡居民联系服务。

这次会议提出了华北区电信一年建设计划，使华北区电信成为沟通全国的中枢。

会上还作出了《关于华北军用电信与国营电信局发电（报）办法的决定》《关于华北军用电信与国营电信、地方电信关系的决定》《关于整顿华北地方电信网的决定》《关于统一华北国营电信事业组织的决定》及《关于统一华北地区电信制度规章问题的决定》等。

上述决定，确定了军委电信总局系统直接承办各级人民政府的民政、财经、治安与公私企业、航运、邮政、公路及广播、新闻事业的电信业务，明确华北区内所有长途线路（特别是交通干线）与大小城市的电信设备，均为国家电信企业的财产，任何单位均不得擅自拆迁与任意占用。同时，对于华北地区的地方电话网，作为总局下辖的一个部分，实行统一管理。北平电信局承担全国电信业务调度指挥的任务[1]。

参加这次会议的人员除华北地区和各省、市电信局负责人外，还有其他大区的军队和地方代表共105人，实际上这是一次全国性的电信会议。

8月5日，华北人民政府副主席薄一波[2]到会讲话指出：这次会议不仅解决了华北电信建设中的一系列问题，而且对全国电信建设具有重要指导意义。

6日，会议圆满闭幕，中国人民解放军总司令朱德到会并做重要讲话："电信部门是个很重要的部门，电信是科学进步的产物。要求电信职工克服一切困难，作艰苦的斗争，把电信事业办好。"在此期间，华北、华东、东北、东南等大区的邮政总

---

[1] 杨泰芳、吴基传主编，《当代中国的邮电事业》，当代中国出版社，1993年，第26页。

[2] 薄一波（1908—2007年），历任华北局第一书记、军区政委、财政部部长、国务院第3办公室主任、国家建设委员会主任、国家经济委员会主任等职。

北京电信工程大队在修复电信线路

局亦分别召开了地区的邮政工作会议，调整了邮区，明确了各区内的领导关系，积极准备统一全国邮政的工作。

9月，中共中央决定，军委三局与军委电信总局分别领导管理军队与地方电信工作，军委三局迁至西城区广宁伯街和机织卫胡同3号南北两座四合院办公。电信总局着手组建电信施工队伍，修复全国长途通信电路，为即将召开的中国人民政治协商会议第一届会议提供通信服务，为中华人民共和国开国大典提供重要通信保障工作。据原邮电部电信总局资料记录：在各大区电信局抽调技术员工1 500多人组成8个工程总队，用8个月的时间，架设长途线路8 000多公里，整修因战争而损坏的线路4 000多公里，使北京到各大区都有了有线直达电报、电话电路。

9月21日，第一届中国人民政治协商会议在北平隆重举行，会议通过了《中国人民政治协商会议共同纲领》，选举中华人民共和国中央人民政府委员会，选举毛泽东为中央人民政府主席。大会规定以五星红旗为国旗，以《义勇军进行曲》为代国歌，以北平为首都，并将北平改名为北京，采用公元纪年。大会选举毛泽东为中华人民共和国中央人民政府主席，朱德、刘少奇、宋庆龄、李济深、张澜、高岗为副主席，周恩来、陈毅等56人为中央人民政府委员。大会还决定在首都天安门广场建立人民英雄纪念碑，以表示对革命先烈的无限崇敬和缅怀。

至9月30日，已解放地区的公用电信干线全部联通成网。

第一次全国政协会议